# 2014-2015年世界信息化发展蓝皮书

The Blue Book on the Development of World
Informatization ( 2014-2015 )

中国电子信息产业发展研究院　编著

主　编／　樊会文
副主编／　杨春立　潘　文

人民出版社

责任编辑：邵永忠　刘志江

封面设计：佳艺堂

责任校对：吕　飞

**图书在版编目（CIP）数据**

2014 ～ 2015 年世界信息化发展蓝皮书 / 樊会文 主编；

中国电子信息产业发展研究院 编著 . —北京：人民出版社 , 2015. 7

ISBN 978–7–01–014989–9

Ⅰ . ① 2… Ⅱ . ①樊… ②中… Ⅲ . ①信息产业—产业发展—白皮书—

世界— 2014 ～ 2015 Ⅳ . ① F49

中国版本图书馆 CIP 数据核字（2015）第 141399 号

### 2014–2015年世界信息化发展蓝皮书

2014–2015NIAN SHIJIE XINXIHUA FAZHAN LANPISHU

中国电子信息产业发展研究院　编著

樊会文　主编

**人民出版社** 出版发行

（100706　北京市东城区隆福寺街 99 号）

北京艺辉印刷有限公司印刷　新华书店经销

2015 年 7 月第 1 版　2015 年 7 月北京第 1 次印刷

开本：710 毫米 ×1000 毫米　1/16　印张：20

字数：335 千字

ISBN 978–7–01–014989–9　定价：88.00 元

邮购地址　100706　北京市东城区隆福寺街 99 号

人民东方图书销售中心　电话（010）65250042　65289539

# 代　序

## 大力实施中国制造2025　加快向制造强国迈进

### ——写在《中国工业和信息化发展系列蓝皮书》出版之际

制造业是国民经济的主体，是立国之本、兴国之器、强国之基。打造具有国际竞争力的制造业，是我国提升综合国力、保障国家安全、建设世界强国的必由之路。新中国成立特别是改革开放以来，我国制造业发展取得了长足进步，总体规模位居世界前列，自主创新能力显著增强，结构调整取得积极进展，综合实力和国际地位大幅提升，行业发展已站到新的历史起点上。但也要看到，我国制造业与世界先进水平相比还存在明显差距，提质增效升级的任务紧迫而艰巨。

当前，全球新一轮科技革命和产业变革酝酿新突破，世界制造业发展出现新动向，我国经济发展进入新常态，制造业发展的内在动力、比较优势和外部环境都在发生深刻变化，制造业已经到了由大变强的紧要关口。今后一段时期，必须抓住和用好难得的历史机遇，主动适应经济发展新常态，加快推进制造强国建设，为实现中华民族伟大复兴的中国梦提供坚实基础和强大动力。

2015 年 3 月，国务院审议通过了《中国制造 2025》。这是党中央、国务院着眼国际国内形势变化，立足我国制造业发展实际，做出的一项重大战略部署，其核心是加快推进制造业转型升级、提质增效，实现从制造大国向制造强国转变。我们要认真学习领会，切实抓好贯彻实施工作，在推动制造强国建设的历史进程中做出应有贡献。

**一是实施创新驱动，提高国家制造业创新能力。**把增强创新能力摆在制造强国建设的核心位置，提高关键环节和重点领域的创新能力，走创新驱动发展道路。加强关键核心技术研发，着力攻克一批对产业竞争力整体提升具有全局性影响、带动性强的关键共性技术。提高创新设计能力，在重点领域开展创新设计示范，推广以绿色、智能、协同为特征的先进设计技术。推进科技成果产业化，不断健全以技术交易市场为核心的技术转移和产业化服务体系，完善科技成果转化协同推进机制。完善国家制造业创新体系，加快建立以创新中心为核心载体、以公共服务平台和工程数据中心为重要支撑的制造业创新网络。

**二是发展智能制造，推进数字化网络化智能化。** 把智能制造作为制造强国建设的主攻方向，深化信息网络技术应用，推动制造业生产方式、发展模式的深刻变革，走智能融合的发展道路。制定智能制造发展战略，进一步明确推进智能制造的目标、任务和重点。发展智能制造装备和产品，研发高档数控机床等智能制造装备和生产线，突破新型传感器等智能核心装置。推进制造过程智能化，建设重点领域智能工厂、数字化车间，实现智能管控。推动互联网在制造业领域的深化应用，加快工业互联网建设，发展基于互联网的新型制造模式，开展物联网技术研发和应用示范。

**三是实施强基工程，夯实制造业基础能力。** 把强化基础作为制造强国建设的关键环节，着力解决一批重大关键技术和产品缺失问题，推动工业基础迈上新台阶。统筹推进"四基"发展，完善重点行业"四基"发展方向和实施路线图，制定工业强基专项规划和"四基"发展指导目录。加强"四基"创新能力建设，建立国家工业基础数据库，引导产业投资基金和创业投资基金投向"四基"领域重点项目。推动整机企业和"四基"企业协同发展，重点在数控机床、轨道交通装备、发电设备等领域，引导整机企业和"四基"企业、高校、科研院所产需对接，形成以市场促产业的新模式。

**四是坚持以质取胜，推动质量品牌全面升级。** 把质量作为制造强国建设的生命线，全面夯实产品质量基础，提升企业品牌价值和"中国制造"整体形象，走以质取胜的发展道路。实施工业产品质量提升行动计划，支持企业以加强可靠性设计、试验及验证技术开发与应用，提升产品质量。推进制造业品牌建设，引导企业增强以质量和信誉为核心的品牌意识，树立品牌消费理念，提升品牌附加值和软实力，加大中国品牌宣传推广力度，树立中国制造品牌良好形象。

**五是推行绿色制造，促进制造业低碳循环发展。** 把可持续发展作为制造强国建设的重要着力点，全面推行绿色发展、循环发展、低碳发展，走生态文明的发展道路。加快制造业绿色改造升级，全面推进钢铁、有色、化工等传统制造业绿色化改造，促进新材料、新能源、高端装备、生物产业绿色低碳发展。推进资源高效循环利用，提高绿色低碳能源使用比率，全面推行循环生产方式，提高大宗工业固体废弃物等的综合利用率。构建绿色制造体系，支持企业开发绿色产品，大力发展绿色工厂、绿色园区，积极打造绿色供应链，努力构建高效、清洁、低碳、循环的绿色制造体系。

**六是着力结构调整，调整存量做优增量并举。**把结构调整作为制造强国建设的突出重点，走提质增效的发展道路。推动优势和战略产业快速发展，重点发展新一代信息技术产业、高档数控机床和机器人、航空航天装备、海洋工程装备及高技术船舶、先进轨道交通装备、节能与新能源汽车、电力装备、新材料、生物医药及高性能医疗器械、农业机械装备等产业。促进大中小企业协调发展，支持企业间战略合作，培育一批竞争力强的企业集团，建设一批高水平中小企业集群。优化制造业发展布局，引导产业集聚发展，促进产业有序转移，调整优化重大生产力布局。积极发展服务型制造和生产性服务业，推动制造企业商业模式创新和业态创新。

**七是扩大对外开放，提高制造业国际化发展水平。**把提升开放发展水平作为制造强国建设的重要任务，积极参与和推动国际产业分工与合作，走开放发展的道路。提高利用外资和合作水平，进一步放开一般制造业，引导外资投向高端制造领域。提升跨国经营能力，支持优势企业通过全球资源利用、业务流程再造、产业链整合、资本市场运作等方式，加快提升国际竞争力。加快企业"走出去"，积极参与和推动国际产业合作与产业分工，落实丝绸之路经济带和 21 世纪海上丝绸之路等重大战略，鼓励高端装备、先进技术、优势产能向境外转移。

建设制造强国是一个光荣的历史使命，也是一项艰巨的战略任务，必须动员全社会力量、整合各方面资源，齐心协力，砥砺前行。同时，也要坚持有所为、有所不为，从国情出发，分步实施、重点突破、务求实效，让中国制造"十年磨一剑"，十年上一个新台阶！

工业和信息化部部长

2015 年 6 月

# 前 言

2014 年，世界信息化取得突飞猛进的发展。全球信息网络更加普及并日趋融合，信息资源成为重要的创新财富和生产要素。智能终端基本实现全民普及，信息平台用户规模急剧膨胀，移动互联网应用快速扩散，信息通信技术、产品、内容、网络和平台等加速融合发展，电子商务交易额爆炸式增长，新的经济增长点不断涌现，智慧城市和各类智慧应用渐成气候。信息化发展愈发体现出互联、移动、智慧的新趋势，信息化与全球经济发展相互促进，推动着经济结构和产业分工的转变，重塑着全球竞争新格局。

本书主要跟踪世界主要发达国家和地区信息化发展最新趋势，内容涵盖信息网络建设、信息通信技术创新、信息服务业、企业信息化、信息安全、信息资源等方面。在此基础上，总结归纳 2014—2015 年世界信息化主要进展，并对未来世界信息化趋势进行研判。

由于时间和水平有限，错误和疏漏之处在所难免，恳请读者批评指正。

# 目 录

# 发 展 篇

# 领 域 篇

# 政 策 篇

# 热 点 篇

# 展 望 篇

# 附　　录

# 综合篇

# 第一章  2014年世界信息化发展现状

## 第一节  世界各国纷纷制定推进信息化的新举措

世界各国继续强化在信息技术领域的统筹协调能力，为经济发展提供新的动力。各国纷纷制定新的战略应对，如美国发布了《创新战略：确保我们的经济增长与繁荣》，提出要重建在基础研究方面的领先地位，建设先进的物质基础设施，发展先进的信息技术生态系统。[1]日本在《面向2020年的ICT综合战略》中设置了五个重点领域，制定了相应的五大战略和具体措施，旨在实现"活跃在ICT领域的日本"的目标。[2]发展中国家和新兴经济体借信息化和全球化融合发展的契机，积极参与全球产品和服务市场的竞争。韩国政府信息化的实施战略由多个部门联合制定，旨在保持半导体、平板显示、智能终端等电子信息制造产业的全球领先地位，俄罗斯、印度、巴西等金砖国家在新的形势下纷纷采取措施，充分利用信息技术推动国家经济社会发展转型。如作为转型经济大国的俄罗斯，实施了赶超发展战略，大力倡导经济创新以推动其产业结构调整和经济结构进一步优化。大力发展信息技术产业被俄罗斯视为后工业化时期经济社会发展转型的重要抓手，为此专门出台了《俄罗斯联邦2014—2020年信息技术产业发展战略和2025年前景展望》，其中详细描述了俄罗斯信息技术产业现状、发展前景、战略重点等。[3]

---

[1]  https://www.whitehouse.gov/innovation/strategy/。
[2]  涉及日本政府内阁、政府内阁总务省官、ICT基本战略委员会等部门。
[3]  于凤霞编译：《俄罗斯联邦2014—2020年信息技术产业发展战略和2025年前景展望》，《信息化研究》2014年第12期。

## 第二节　信息网络正成为重点发展的关键基础设施

网络空间以前所未有的开放性和互动性，为人类社会创造了一个全新的交流与合作空间，缩短了人们生活的时空距离，创造了一个人类生产活动、科学实验的新平台。[1]信息基础设施正进入宽带普及提速的新时期，光纤接入和宽带无线移动通信的创新发展将构建无缝连接的高速网络环境。下一代互联网和新型网络架构加快部署，无线频谱与空间轨道资源战略价值和基础作用日益凸显。目前世界已有145个国家和地区已经采用或计划采用全国性政策、战略或计划来推广宽带。这些国家和地区出台的很多宽带政策和计划专注于打造全国性的宽带基础设施，扩展宽带连接范围来提供普遍接入。物联网、云计算、大数据、工业互联网等应用基础设施加速推进，无处不在的信息网络正成为经济社会发展转型的关键基础设施。国家宽带战略纷纷出台，信息基础设施更新换代加速。发达国家及发展中国家都纷纷提出了国家宽带战略，提出了在普及率或速率方面的发展目标，并相应提出了具体的政策和措施（表1-1）。

表1-1　部分国家的宽带发展战略目标

| 国家 | 宽带战略 | 普及率或速率目标 |
| --- | --- | --- |
| 美国 | 国家宽带战略——连接美国 | 至少每秒100M的下载速率和每秒50M的上行速度；每一个美国人都能以负担得起的价格接入健康的宽带服务。 |
| 加拿大 | "宽带加拿大：连接农村"计划 | 在未来三年内提高全国的宽带覆盖，使尽可能多的非宽带接入家庭和上网速率低的家庭能够获得宽带接入设施。 |
| 欧盟 | 欧盟数字议程 | 到2020年，50%或者更多的欧洲家庭能够使用速率在100Mbit/s的互联网接入。 |
| 英国 | "数字英国"计划 | 到2015年每个家庭都能接入10Mbit/s的宽带线路。 |
| 奥地利 | 宽带2020战略 | 到2020年在全国范围实现至少100 Mbit/s的传输速率。 |
| 新西兰 | 超快宽带计划 | 2010年开始，未来十年内使75%的国民用上光纤网络。 |
| 瑞典 | 瑞典宽带发展战略 | 到2020年使瑞典90%的家庭和企业都能接入100Mbit/s的高速网络。 |

来源：赛迪智库整理，2014年12月。

---

[1]　William Sims Bainbridge, "The Scientific Research Potential of Virtual Worlds", Science Magazine, July 27,2007,P472.

3

## 第三节　ICT产业为经济可持续发展提供可行路径

近年来，全球经济在充满不确定因素的情况下继续缓慢复苏，以云计算、大数据、智慧城市、物联网、移动互联网为代表的ICT技术及其应用不断用事实和数据证明其为拉动全球经济复苏、促进社会健康持续发展做出了积极贡献。2011—2014年全球ICT产业年均增长2.6%，高于全球GDP增长速度。[1]世界经济论坛在其发布的报告中也提出ICT创造出巨大的经济价值，在创造就业和推动经济增长方面的效用显著。[2]有研究表明，欧盟实现GDP的增长有25%是靠ICT产业推动的，ICT产业对生产力增长的贡献率达40%。[3]同时，信息化还提供了一条高技术、高效率、高附加值却几乎不增加污染的可持续发展道路。智能制造、智慧农业、智慧城市快速发展正在引领产业转型升级，变革生产方式。国际电信联盟在临近Rio+20大会之际[4]强调ICT产业有助于实现，是发展和脱贫的催化剂，且应视为可弥合社会鸿沟并实现可持续发展必不可少的基础设施这一理念。国际电信联盟秘书长哈马德·图埃博士表示："ICT对可持续发展的三个支柱——经济增长、社会包容和环境可持续性均可产生催化剂式的影响。特别是宽带连通性有利于在电力、运输、建筑、教育、卫生和农业等各种关键行业带来彻底变革，具有实现我们可持续发展目标的潜力。"

## 第四节　互联网对经济发展的推动力异常明显

互联网起初仅是一种改善通信的重要工具，但现在已转变为一种无处不在的支撑经济体系内所有行业的技术。互联网通用性、转换性的特点使其在众多领域、各种层面上的经济影响力不言而喻。目前全球特别是经济合作与发展组织（OECD）国家，大多数政策制定者们都认为互联网与电力、供水和交通网络一样，是一种

---

[1] http://www.gartner.com/technology/research/predicts/.
[2] 世界经济论坛：《2014年全球信息技术报告》，2014年12月。
[3] 《里斯本议程》，2010年9月。
[4] "Rio+20"是指在里约热内卢召开的联合国可持续发展大会。该会议云集了世界各国领导人以及数以千计来自政府、私营部门、民间团体和其他组织的代表。

基本的基础设施。美国信息技术创新基金会研究表明，到 2025 年全球经济总量的一半来自于基于互联网创新应用的数字经济。据波士顿公司研究，2016 年 20 国集团（G20）的互联网经济将达 4.2 万亿美元，未来五年发展中国家的互联网经济将平均以 17.8% 的速度增长，远超过其他任何一个传统产业。从 2006 年至 2014 年间，在十三个经济领先的国家——巴西、加拿大、中国、法国、德国、印度、意大利、日本、韩国、俄罗斯、瑞典、英国以及美国，互联网创造的价值占 GDP 增长的 21%。（占据全球 GDP70% 的经济大国，互联网促使 GDP 增长了 34%）。[1] 在某些国家，互联网经济在 GDP 中的比重超过 8%。根据 BCG 公司 2014 年 3 月发布的报告，就国家而言，英国的互联网经济价值 1210 亿英镑（约合 1920 亿美元），占到国内生产总值（GDP）的 8.3%。韩国的互联网经济规模排在英国之后，占到 GDP 的 7.3%。中国则位居第三位，互联网经济占 GDP 的 5.5%，但价值达到 3260 亿美元。互联网经济在中国和韩国为第六大产业。[2]

## 第五节　社会领域信息化创新应用层出不穷

目前，人类已进入全面互联的智能生活新时代，消费的行为随着信息化的深入渗透已经发生了深刻的改变。社会领域信息服务正在呈爆发趋势，成为继信息的互联网（以新闻门户为主）、娱乐的互联网（以网游、音乐应用为主）、商品的互联网（以消费品的电子商务为主）之后的下一个爆发点。同时，新一代移动通信网开始普及，新型终端大量涌现，信息内容更加丰富多彩，移动应用呈现出井喷式发展。

在教育领域，世界各国注重新一代信息技术创新教学方式，加快从知识传授为主向能力培养为主转变，传统的教育的生产组织方式和传播方式加快数字化、网络化转型，网络教育等新的生产和传播组织方式正加速形成，互联网的信息传播和知识扩散功能进一步强化。例如，美国所有的大中小学已经开设了 3D 打印课程，并计划引入"创客空间"，配备 3D 打印机和激光切割机等数字开发和制造工具。新加坡理工学院推出机器人设计计划（RMA），通过旨在培养中小学生

---

[1]　数据来源：Dr.Shahram Amiri,Shawnrece D.Cambell,and Yuwen Ruan, "China's Government Expenditures, Policies,and Promotion of the ICT Industry," *International Journal of Applied Science and Technology*。
[2]　波士顿咨询公司：《2013年互联网经济报告》，2013年9月。

的计算机思维及掌握基本的编程技能。英国开放大学在SecondLife（基于互联网的三维虚拟世界）中开展教学工作，教师与学生在虚拟世界进行实时互动和交流。

在医疗保健领域，新一代信息技术的创新应用和移动终端的快速普及，催生出远程医疗、移动医疗、网上预约等医疗服务新模式，为现代人群提供随时随地、高效便捷的个人健康跟踪服务和管理，满足民众多层次、多样化的医疗卫生服务需求，提高医疗卫生资源的公平性、可及性，降低患者的医疗费用，推动医疗体系改革由医疗救治向高效化、精细化、智慧化的健康服务转型。为应对老龄化社会的到来，发达国家纷纷以信息技术的应用推动医疗保险体制的改革，英、法、德、美等发达国家先后把国民数字健康档案建设作为应对病源谱变化的决策支持系统，以提高和预警公共卫生应急处置和响应的级别，德、意、澳等国把医疗救治建立在远程医疗的基础之上，有效实现了医疗保险和医疗救护之间的科学配置。

在就业和社保领域，由于城市化进程加快，人们在城市间的迁徙增加，流动人口对社保异地业务办理和就业信息联网提出了更多要求。就业和社保信息化建设呈现从分散向统一的发展趋势，就业和社保领域跨区域的信息共享和互联互通成为各国提升就业和社保服务水平的重要保证。例如，美国的社保系统信息化平台，不仅可以在国内各州登陆使用，而且在全球很多国家都可以缴纳社保、享受福利。澳大利亚将社保、医保、儿童三大领域服务合并成一个全面的服务交付体系，从而简化了各部门间的数据交互，可为市民提供更便利地服务。

## 第六节　网上公共服务和协同治理成为电子政府工作重点

当前，世界各国积极开辟、创新利用网络空间打造在线政府，各国积极推行基于网络空间的政务工作模式，实施政务主动服务，促进资金流、信息流、服务流向网上迁移。美国《联邦企业架构》（FEA）开创了电子政务顶层设计先河。《欧盟电子政务行动计划》（EU e‑Government Action Plan）的总体目标是向公众提供"一站式"电子政务服务。新加坡建设了"电子公民中心"。英国"ICT战略"拟整合绝大部分政府公共应用系统。美国、欧盟、日本、澳大利亚、印度等国都颁布了一系列法律法规、行动方案、标准规范，并建立统一门户网站，积极推动信息资源开放共享。近年来，世界发达国家政府着眼未来，纷纷制定新的战略和计划，进一步加快电子政务顶层设计、平台集中和公共服务。整体政府建设水平较好的大都是欧洲国家，其次是亚洲国家（见表1-2）。

表1-2　整体政府建设得分超过66.6（百分制）的国家[1]

| 阿尔巴尼亚 | 亚美尼亚 | 澳大利亚 | 奥地利 | 巴林岛 | 比利时 |
|---|---|---|---|---|---|
| 文莱达鲁萨兰国 | 加拿大 | 智利 | 丹麦 | 埃及 | 爱沙利亚 |
| 埃塞俄比亚 | 芬兰 | 法国 | 爱尔兰 | 以色列 | 意大利 |
| 日本 | 约旦 | 哈萨克斯坦 | 科威特 | 拉脱维亚 | 列支敦士登 |
| 立陶宛 | 马来西亚 | 摩洛哥 | 荷兰 | 新西兰 | 挪威 |
| 葡萄牙 | 韩国 | 沙特阿拉伯 | 塞舌尔 | 新加坡 | 西班牙 |
| 斯里兰卡 | 苏丹 | 瑞典 | 瑞士 | 叙利亚 | 突尼斯 |
| 土耳其 | 阿拉伯联合酋长国 | 英国 | 美国 | | |

　　同时，现在的电子政务聚焦于在各地区或国家间建立跨部门、跨组织、跨地域的电子政务服务体系，对整体政府和协同治理的需求更加迫切。有些国家的政府已经开始在横向或纵向项目中采用整体政府和协力合作的方式。首席信息官及其类似的协调部门成为推动协调工作的重要催化剂。2009年至2014年期间，公布首席信息官信息的国家数量翻了一番，有42%的国家提出电子政务首席信息官。其中，欧洲位居首位，56%的欧洲国家设有首席信息官；其次是亚洲，有51%的国家设有首席信息官；在联合国成员国的35个美洲国家中有14个设有电子政务首席信息官；而大洋洲的14个联合国成员国中有4个设有电子政务首席信息官。[2]

---

[1] 联合国经济和社会事务部：《联合国2014年电子政务调查报告》，2014年8月。
[2] 联合国经济和社会事务部：《联合国2014年电子政务调查报告》，2014年8月。

# 第二章　2014年世界信息化发展特点

## 第一节　全球范围内信息网络加快普及

2014 年，全球互联网使用依旧保持强劲的发展势头，增长率为 6.6%，其中发达国家为 3.3%，发展中国家为 8.7%。发展中国家网民数占全球总网民数三分之二，互联网用户数量在五年中（2009—2014 年）翻了一番。据国际电信联盟《衡量信息社会报告 2014》统计结果显示，固定电话普及率在过去五年间持续下降，2014 年比 2009 年减少近 1 亿用户。[1] 全球移动蜂窝用户数量接近 70 亿，其中亚太地区就有 36 亿用户。发展中国家成为移动蜂窝应用的主角，用户数已占全球总数的 78%。 国际电联数据显示，2014 年移动蜂窝增长率为 2.6%，已为历年来最低水平，这表明市场已接近饱和。非洲和亚太地区成为移动蜂窝增长最强劲的地区，普及率分别为 69% 和 89%。独联体国家（CIS）、阿拉伯国家、美洲和欧洲的普及率甚至已达 100%。

2014 年年底，全球固定宽带普及率达到 10%。非洲的固定宽带普及率尽管在过去四年中保持了两位数的增长，但普及率依然很低，占全球总数不足 0.5%。亚太地区占全球固定宽带用户的 44%，欧洲占 25%。美洲地区固定宽带普及率达到 17%。欧洲的固定宽带普及率比其它地区更高，相当于全球平均水平的三倍。到 2014 年年底，全球拥有互联网接入的家庭达到 44%。发达国家为 78% 的家庭接入互联网，已接近饱和水平，而发展中国家为 31%。独联体国家中二分之一以上的家庭接入了互联网。而在非洲，仅有十分之一的家庭接入互联网。但是，非

---

[1]　国际电信联盟：《衡量信息社会报告2014》，2015年1月。

洲的互联网家庭接入一直保持两位数的增长。[1]

## 第二节　发展中国家成为互联网发展的重要增长极

据国际电信联盟《衡量信息社会报告2014》统计结果显示，截至2014年年底，全球互联网用户将达到30亿。全球三分之二的互联网用户来自发展中国家。这相当于全球的互联网用户普及率将达到40%，其中发达国家为78%，而发展中国家为32%。目前尚未使用互联网的人中，90%以上来自发展中国家。分析表明，家庭互联网接入在发达国家已接近饱和水平。

2014年年底，非洲上网人数将达人口的20%，比2010年增加10%。在美洲，约三分之二的人已用上互联网，成为仅次于欧洲，普及率第二的地区。欧洲的互联网普及率达到75%，居世界第一。亚太地区上网人数将占总人口的三分之一，全球互联网用户中约有45%来自亚太地区。[2]

## 第三节　云服务成为 ICT 领域最具活力的增长点

全球云服务已经与移动智能终端一起成为全球 ICT 产业增长最快的领域，其增长率远高于 ICT 产业平均水平。2013年全球云服务市场约为1317亿美元，年增长率为8%，据 Gartner 预测，未来几年云服务市场仍将保持15%以上的增长率，2017年将达到2442亿美元。2013年，云服务市场规模达到了333.4亿美元，增长率高达29.7%。IaaS、PaaS 和 SaaS 的增长率分别为45.2%、28.8%和24.4%，市场规模分别达到91.7亿、15.7亿和226亿美元，SaaS 市场规模是 IaaS 和 PaaS 市场规模总和的一倍还多；但 IaaS 和 PaaS 的市场规模增速都超过 SaaS。美国、西欧分别占据了全球50%和23.5%的市场份额，欧、美等发达国家占据了云服务市场份额的75%以上。2013年，在全球排名前50万的网站中，约有2%采用了公共云服务商提供的服务，其中80%的网站采用了亚马逊和 Rackspace 的云服务，大型云服务提供商已经形成明显的市场优势。云服务既可以降低互联网创新

---

[1]　国际电信联盟：《衡量信息社会报告2014》，2015年1月。
[2]　国际电信联盟：《衡量信息社会报告2014》，2015年1月。

企业初创期的 IT 构建和运营成本，又可以帮助其形成可持续的商业模式，从而降低运营风险。美国新出现的互联网公司 90% 以上使用了云服务。亚马逊、谷歌、微软、Rackspace 等云服务的企业用户数均已达到 10 万量级。[1]

## 第四节　数字渠道为公众提供更加高效便捷的公共服务

多渠道综合服务途径由于多样性和普遍性的特点越来越受到各国政府的欢迎，除了通过柜台（面对面服务）和电话（语音）这些传统渠道提供服务外，开始利用门户网站、移动应用、社交媒体之类的数字渠道为公众提供更加高效、便捷的公共服务。在那些信息通信技术没有普及的边远地区，人们能够在公共场所通过公共电话来获得在线服务，柜台和电话服务仍然是大多数国家提供服务的基本渠道。据统计，80% 以上的国家（联合国 193 个国家中有 157 个）在其门户网站上提供了至少一个政府机构的详细地址，说明政府普遍认识到保留柜台服务渠道的重要性。同样，电话仍然是电子政务服务的基本渠道。公共电话的使用从2012 年的 24 个国家增加到 2014 年的 36 个国家。以移动终端办理业务的移动政务充分满足了公众无处不在的服务需求，成为政府为公民提供公共服务的新途径。2012—2014 年，使用移动应用程序和移动门户网站的国家数量增加了 1 倍。[2] 目前，在美国、英国、德国、挪威、芬兰、瑞典等发达国家和老挝、孟加拉国、南非、印度、巴西、沙特、厄瓜多尔等众多发展中国家，移动技术已经被广泛应用于农业、应急救险、教育、社区服务、医疗卫生等领域，很大程度上提高了政府的工作效率，方便了政府与公众的沟通以及公众参与政府决策，为公民提供了更优质、高效和便捷的服务。此外，电子邮件、短信服务、公共信息厅、社交媒体等媒介是电子政务服务的有益补充。从 2012 年到 2014 年，国家电子邮件的使用率从原来的 65.3%（126 个国家）增长到 68.4%（132 个国家）；使用短信服务的国家数量从 2012 年的 27 个上升到 2014 年的 32 个；公共信息厅的使用也有显著的增长，从 2012 年的 24 个国家（12.4%）增长到 2014 年的 36 个国家（18.7%）；使用社交媒体的国家数量从 2010 到 2012 年增加了两倍多，2014 年增加 50%，有 118 个国家使用社交媒体进行在线咨询，70% 的国家将其用于电子政务的开展。[3]

---

[1]　工业与信息化部电信研究院：《云计算白皮书（2014）》，2014年6月。
[2]　国际电信联盟：《衡量信息社会报告2014》，2015年1月。
[3]　联合国经济和社会事务部：《联合国2014年电子政务调查报告》，2014年8月。

## 第五节  互联网创新应用平台、产品、内容的多层面互动发展

互联网促进了网络、业务、内容和终端的融合发展，开辟了技术扩散、知识共享和开放获取的新模式，缩短了技术发现、技术发明和技术创新的周期，推动了知识创造和管理服务走向一体化。随着移动互联网时代的到来，基于网络的经济价值创造和创新产生颠覆式变革。经济合作与发展组织（简称经合组织）2014年发布的《APP 经济（APP Economy）》报告中称，手机 APP 应用是经济创新的一个主要来源，在这次经济衰退中依然保持了惊人的增长速度。移动 APP 可以显著地提高人们沟通、访问信息和获取服务的效率。APP 增长速度十分惊人，苹果的移动操作系统（iOS）大约有 827000 个可用 APP，紧随其后的是谷歌操作系统（Android），大约有 670000 个 APP。APP 扩展了互联网的通信潜力，使得用户几乎可以随时随地、随心所欲地获得各种各样的信息服务。可移动穿戴设备的时尚性、新奇感不但受到了用户的追捧，而其广阔的市场前景蓝图更是引起了众多厂商的关注，甚至是英特尔等互联网巨头也开始涉足。谷歌（Google）公布的"Project Glass"中的未来眼镜概念于 2014 年终成现实。谷歌眼镜探索版 6 月上市后，经过不断的升级与改进，目前已集智能手机、GPS、相机于一身，用户只要眨眼就能完成拍照上传、收发短信、查询天气路况、处理邮件等操作。互联网对金融业发展产生了"颠覆性"的影响。2014 年，英国互联网和移动银行每周的交易额达到 64 亿英镑，高于 2013 年每周 58 亿英镑的交易额。银行应用程序的下载量也已经超过 1470 万次，自 2014 年 1 月份以来增加了 230 万次，同时互联网银行服务每天要受理 700 万次登录。根据苏格兰皇家银行的数据，过去三年里该银行 1900 个营业网点的交易总额下降了 30%，这导致该银行将不可避免地关闭更多的营业网点。[1]

---

[1]  数据来源：英国银行家协会和咨询公司 EY 发布的报告。

## 第六节 各国加快超高速光纤宽带基础设施升级

根据联合国宽带发展委员会发布的全球报告称，截至 2014 年初，摩纳哥的超高速宽带普及率为 44.7%，在全球 190 个国家和地区中排名居首。排在第二至第六名的分别是瑞士（43.0%）、丹麦（40.2%）、荷兰（40.1%）、法国（38.8%）和韩国（38.0%）。在超高速移动宽带普及率方面，新加坡以 135.1%（每百名人口）的普及率连续两年称冠全球，第二至第七名分布为芬兰（123.5%）、日本（120.5%）、澳大利亚（110.5%）、巴林（109.7%）、瑞典（108.7%）、丹麦（107.3%）。[1] 2014 年 2 月，Google 宣布其提供的千兆光纤网络服务 Google Fiber 将拓展至 9 个新城区，将覆盖包括圣何塞、波特兰、盐湖城、凤凰城、亚特兰大、圣安东尼奥和夏洛特等 34 座城市。2014 年 4 月，美国第二大移动运营商 AT&T 宣布，将拓展其超高速光纤网络服务"GigaPower"至全美最多 100 座候选城市，其中包括 21 座新城区。

---

[1] 国际电信联盟：《衡量信息社会报告2013》，2014年1月。

# 第三章 2014年世界信息化发展存在的主要问题

## 第一节 网络空间战略利益的角逐日益剧烈

20 年来，互联网已经发展成为信息时代全球和世界各国的信息基础设施，为人类的经济社会发展做出了巨大的贡献，网络空间概念逐步形成并完善。互联网乃至网络空间治理作为信息社会的核心议题已被提上日程。目前，互联网已经覆盖了 224 个国家和地区，全世界网民数量超过 25 亿，部分发达国家网络普及率接近 100%，移动互联网络覆盖全球人口的 90%。[1] 网络化生活已经成为人们生活的常态，网络新边疆的形成，扩大了各国国家安全的领域，成为新的挑战和问题。国际上发达国家纷纷建立并采取战略性、基础性措施，高度重视网络空间治理，依法依规全面提升网络空间治理水平。美、英等国纷纷成立专门网络安全管理机构。美国设立六大网络空间专职机构，分别隶属国土安全部、国防部、联邦调查局、国家情报总监办公室、国家局等部门。英国计划在各军种中成立"网络后备役"，利用工业界专家和其他部门人才来保卫网络安全。德国发布了国家网络安全战略，组建"国家网络安全委员会"，建立"国家网络防御中心"，同时在联邦国防军内组建能够进行进攻行动的"计算机网络作战小组"。俄罗斯为未来网络战做积极准备，组建"高级军事研究基金会"旨在加快提高俄罗斯网络能力，开发先进的武器，帮助优化俄罗斯武器采购程序，2014 年授权联邦安全局立刻建立可探测和反击黑客攻击的统一系统。北约 7 国出资 7 亿美元建立北约网络战防御中心，标志在网络战争中出现国际盟约；加拿大联合丹麦、荷兰、挪威

---

[1] 国家统计局：《中国信息年鉴2014》，2014年12月。

和罗马尼亚五国启动"多国网络防御能力开发项目";同年，北约组织了名为"锁定盾牌"的网络防御演习行动，同时组建一支专家小组来共同对抗来自互联网的威胁。[1]

## 第二节　全球范围内数字鸿沟依旧明显

在区域比较方面，欧洲以平均 IDI 值 7.14 居于首位，紧随其后是独联体国家 IDI 值 5.33，之后的是美洲 4.86、亚太 4.57、阿拉伯国家 4.55 和非洲 2.31。2014 年，平均 IDI 增长幅度最大的区域为独联体和阿拉伯国家。[2] 按照国际宽带委员会确立的目标，到 2015 年，全球互联网普及率将达到 60%，其中发展中国家为 50%，最不发达国家为 15%。如果以目前的增长率，这一目标可能无法实现。在未来，国际发展目标尚未明确，信息通信技术将继续在促进获取信息发挥重要的作用，知识和关键的服务，和数字鸿沟需要弥合。2014 年，发展中国家在互联网接入方面存在明显差距，占到全球尚未使用互联网的 43 亿人中的 90%。通过信息化的发展和接入，还可以确保所有人均等地获得就业、教育、卫生、管理等机会。尽管世界正在向基于高速和泛在连接的信息社会进行转变，但现实是并非所有人均能等同获取信息化发展带来的红利。《千年发展目标》（MDG）以及 2015 年后发展目标的主要目标群体必然是目前尚未实现互联网连接的这 43 亿人口。尽管在过去的几年，全球在信息和通信技术的发展方面取得令人瞩目的成就，但要世界各地人民分享信息社会的成果，还需要各国政府更多的关注。例如，部分国家的民众还不能随时随地地享受移动服务。虽然 2013 年全球农村人口的移动蜂窝覆盖已经达到了一个新的阶段，2G 移动蜂窝信号达到 90%，但 3G 移动蜂窝网络覆盖的农村人口仍然相对较低，农村的学校和企业互联网覆盖率也明显低于城市地区。从已有的数据来看，大部分国家农村家庭互联网接入率远远低于城市家庭，发达国家这一差距平均达到 4%，发展中国家则达到了 35%。尽管世界各国在促进互联网接入和使用方面取得积极的进展，仍有 4.3 亿人不能使用互联网，而这其中 90% 的人生活在发展中国家。

此外，移动终端的持有量分布极不均匀：根据 GSMA 估计，全球移动用户

---

[1]　国家统计局：《中国信息年鉴2014》，2014年12月。
[2]　国际电信联盟：《衡量信息社会报告2014》，2015年1月。

占了约一半的手机用户，转化为渗透率在48%。另一个值得注意的趋势是发展中国家的固定宽带增长逐渐放缓（从2011年的18%至2014年的6%），特别是最不发达国家（LDCs），固定宽带的普及率低于1%。数据还显示，有效解决城乡数字鸿沟成为许多发展中国家普遍存在的一个迫切问题。此外，随着互联网使用的整体增长，互联网内容的数量急剧增长，而其中大部分仍来自发达国家的内容提供商。以2013年为例，发达国家域名注册量占80%以上。[1]

## 第三节　宽带成本和可承受性成为可持续发展的主要制约因素

越来越多的国家和国际政策侧重于发展宽带，纷纷将宽带作为国家社会和经济发展的关键性基础设施。由于宽带采用与宽带服务的价格和可承受性之间联系密切，因此，数字宽带发展委员会确定了有关宽带可承受性的具体目标："到2015年，发展中国家应通过适当的规范和市场力量让入门级宽带服务价格达到消费者可承受的水平（使其价格低于人均月收入的5%）。国际电信联盟（ITU）确定2014年电信和信息社会日（WTISD）主题为[2]：宽带促进可持续发展（Broadband for Sustainable Development）。将聚焦于利益攸关各方关于实现宽带连接与内容普遍获取的承诺，并强化实现这一目标的政治意愿；明确在宽带研发、基础设施以及应用与服务综合发展等方面存在的主要差距；为在宽带划分无线电频谱、普遍接入义务和创新型融资机制各领域采取行动确定政策重点；并力图形成技术解决方案，重点向农村地区、最不发达国家和小岛屿发展中国家推广宽带接入[3]。从全球来看，宽带价格继续走低。2009—2014这五年间，全球入门级固定宽带的价格下降了70%。同期，标准入门级宽带网速从256kbps提升至1Mbps。发展中国家的价格降幅最大，平均价格呈每年递降20%的趋势。但报告确认，大多数发展中国家的固定宽带签约费用仍超出了联合国宽带数字发展委员会制定的价格可承受性目标，即人均国民总收入的5%。该报告亦发现，发达国家移动宽带的价格可承受性比发展中国家高出六倍。报告将市场竞争和最佳ICT监管做法视为提供价格可承受的ICT服务的关键驱动力；报告中采用的最新分析显示，若能改善

---

[1]　国际电信联盟：《衡量信息社会报告2014》，2015年1月。
[2]　国际电信联盟：《Executive Strategic Dialogue on Broadband for Sustainable Development》，2014年3月。
[3]　国际电信联盟：《衡量信息社会报告2014》，2015年1月。

发展中国家的竞争和监管框架，则固定宽带的价格最多可降低 10%。有关收入差距的最新分析显示，各国在家庭收入和支出方面的差距在很大程度上影响着固定宽带服务的价格可承受性。这方面差距最小的是冰岛，20% 最富裕人口的入门级固定宽带价格的可承受性仅是 20% 最贫困人口的 3.5 倍。而在天平的另一端，玻利维亚、巴西、哥伦比亚、洪都拉斯和南非等国，20% 最富裕人口与 20% 最贫困人口的情况相比，价格可承受性差距达 20 倍以上。[1]

## 第四节　网络安全依然是各国共同面临的难题

随着信息技术的飞速发展和日益普及，安全已经从网络扩展到实体经济的各个领域，扩展到人们生活的各个方面，网络安全似乎无处不在、无时不在，全球面临的安全形势更趋复杂。二十一世纪的国家安全已经超越了传统安全范畴，成为了一个涵盖国防、金融、公共安全等领域的全方位、多层次的国家安全体系，网络与信息安全成为最大风险和问题。2010 年 6 月出现的"震网"病毒、2012 年 5 月出现的"火焰"病毒，以及近期发生的"棱镜门"事件使得大家不得不认识到问题的严峻性和迫切性。2014 年，4000 多位美国银行高管的登录账号和个人信息、纳斯达克股票交易信息、美国国会网站 1800 名用户的邮件地址及密码被窃取并公布。面对网络与信息安全面临的新竞争环境，各国把网络安全战略政策的制定和落实，网络组织机构的建设和完善列为重要任务。目前，全球发布网络空间安全战略的国家已经超过了 60 个。由于网络安全事件影响的深度和广度都将越来越大，网络安全的战略地位也不断提升。各国对网络安全的认识也在不断深化，全球的网络安全将总体上呈现"内和外扩"的发展状态。例如，俄罗斯、英国、法国、德国等国家纷纷组建网络攻击力量、发展网络武器，加快建设网络攻击和威慑能力，都将网络攻击列为国家安全的主要威胁之一。美国政府更是出台了首份《网络空间国际战略》，明确提出确保网络的安全、可靠和韧性，强化"网军"以应对二十一世纪的安全挑战，建立有效且多方参与的国际互联网治理架构。这既向外界表明了美国主导这一国际进程的决心，也描绘了美国发挥作用的具体蓝图[2]。同时，以云计算、大数据、移动互联网为代表的信息技术的发展和应用，

---

[1]　国际电信联盟：《Executive Strategic Dialogue on Broadband for Sustainable Development》，2014.03。
[2]　http://www.miit.gov.cn/n11293472/n11295344/n13013001/13759705.html，工信部网站，2011年5月。

一方面带来了安全技术的创新和革命，但同时安全威胁也越来越严重。信息的获取防范、存储形态、传输渠道和处理方式都发生了非常大的变化，云安全、数据安全、移动安全形势都越来越严峻，移动安全威胁等呈现跨平台趋势。[1]

## 第五节　各国政府网络监管面临新的挑战

在全世界多数 ICT 市场，虽然自由化市场已非常普遍，但对于消费者是否能够自如地转换运营商或供应商而不受限制成为业界一大难题。例如，在全球 37% 的能提供移动转换以及 25% 的能提供固定转换的国家，消费者可能在转换其业务时被征收费用。[2] 尽管如此，移动运营商迫于不同移动宽带技术之间的竞争，进行多元化服务，创新其服务套餐的同时压低成本。随着全球发展对带宽的需求不断增加，导致服务提供商利润越来越受到挤压，消费者对虚拟体验的要求越来越高。目前，监管机构面对的是新的干预领域里出现的问题，在增加宽带世界的机遇和福利的同时解决生活在数字社会遇到的各种挑战。电子内容、网络安全、数据保护、隐私和环境问题已经进入监管机构的管理范围。由于网络所承载的服务具备了真正的跨国特征，增强跨境、区域和国际合作仍将是确保世界各国的所有公民都能够从随时随地的、价格可承受的、安全的接入中获益的关键。

---

[1]　国家统计局：《中国信息年鉴2014》，2014年12月。
[2]　国家统计局：《中国信息年鉴2014》，2014年12月。

# 发 展 篇

# 第四章　2014年世界信息基础设施发展情况

## 第一节　发展特点

### 一、LTE/4G发展驶入快车道

自2014年以来,全球4G用户规模持续扩大,LTE网络的部署和应用日益兴起。截至2014年10月底,全球共有112个国家和地区开通331个LTE商用网络(如图4-1),已超过3G网络的一半[1];用户规模达到3.7亿,网络和用户规模增速均超过3G,成为史上发展速度最快的移动通信技术。截至目前,全球有584个移动通信基础网络运营商正投资LTE网络建设或实验。其中,全球正式商用的基于时分双工TDD系统的TD-LTE网络已经达到40个。目前全球4G用户数已突破2.5亿户,在移动用户中的渗透率接近4%。根据市场调研公司IDATE的报告,预计到2017年底,全球4G用户将达13亿。亚太地区以43.3%的比例成为4G用户最多的地区,且未来发展潜力仍然巨大。

---

[1]　全球移动通信权威标准组织3GPP:《mobile broadband syetems wallchart》, 2014年11月。

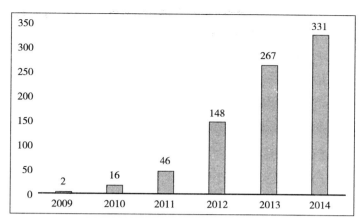

图 4-1　2009—2014年全球4G商用网络总数

数据来源：全球移动通信权威标准组织 3GPP，《mobile broadband syetems wallchart》，2014 年 11 月。

　　虽然 4G 用户规模只有 3G 的 13%，但全球移动通信制造业的重心已向 4G 转移。全球所有主流系统、芯片、终端、仪表厂商均已全力投入 4G 研发。截至 2014 年 10 月底，最能标志产业成熟度的 LTE 终端供应商数为 183 家，同比增长 52.5%；LTE 终端类型达到 2218 款，同比新增 978 款，增长率为 79%。其中 4G 智能手机共 1045 款，4G 路由器及个人热点设备共 559 款，4G 平板电脑共 207 款，4G Dongle 共 191 款，4G 模块共 163 款，4G 笔记本电脑 37 款，4G 家庭基站共 13 款，4G 相机共 2 款，4GPC 卡共 1 款，随着手机价格以前所未有的速度下降，千元机已大量出现，说明 LTE 芯片和终端产业链已完全成熟，进入规模发展阶段。

## 二、5G研究工作已在全球范围启动

　　全球主要国家和企业正积极布局，争夺 5G 发展主导权。欧盟不断加大 5G 研发投入，启动 5GPPP、METIS 等多个研发项目，总经费超过 14 亿欧元。韩国发布国家 5G 战略，成立 5G 论坛并启动重大项目，总投入将达 15 亿美元。爱立信、诺基亚等公司发布 5G 白皮书。三星提出利用高频段的丰富频率资源大幅提升 5G 传输速率。日本 NTTDoCoMo 将联手爱立信、三星、NEC 等 6 家企业开展 5G 技术验证实验。

　　ITU 启动 5G 国际标准化研究，明确 5G 工作计划。ITU 于 2012 年开始组织全球业界开展 5G 需求愿景、未来技术趋势、频谱需求及候选频段等 5G 国际标

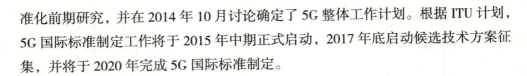

准化前期研究，并在 2014 年 10 月讨论确定了 5G 整体工作计划。根据 ITU 计划，5G 国际标准制定工作将于 2015 年中期正式启动，2017 年底启动候选技术方案征集，并将于 2020 年完成 5G 国际标准制定。

### 三、下一代互联网/未来网络布局加速

针对互联网中长期发展，美欧等国全面布局未来网络的国家发展战略。美国凭借其在互联网领域的领先优势，加紧未来网络的超前布局，强化未来网络技术创新与试验，希望将现有优势延续到互联网的长期演进中。美国国家科学基金会（NSF）从 2002 年开始相继启动了 GENI 计划（全球网络创新环境）和 FIND 行动（未来互联网网络设计），目前已经建立了覆盖全球的具有 2000 多个节点的试验网络，引领了全球未来网络技术发展方向。欧盟期望抓住网络技术新一轮变革的机遇，实现欧盟在互联网领域对美国的赶超。欧盟第七框架计划（FP7）中启动了"未来互联网研究和实验（FIRE）"项目，加强互联网体系结构及关键技术研究以及未来网络实验床的建设。目前欧盟的 FIRE 试验床已经具有近千个节点，实现了与美国 GENI 试验床的互联。我国高度重视未来网络研究和试验工作，在863、973 和 CNGI 项目中都安排了相应的项目，取得了积极进展。

## 第二节　重点地区发展概况

### 一、美国

目前，美国已成为全球 LTE 覆盖面最广、设备和用户最多的国家，LTE 网络已覆盖了超过 90% 的人口，占据全球 LTE 连接的 46%。这归功于 Verizon、AT&T、MetroPCS、Sprint 等运营商的推动，全球 LTE 用户规模超 1000 万的 4 家运营商中，美国 Verizon 和 AT&T 占两席。

目前，Verizon 领跑 LTE，份额进一步提升，Sprint 基本保持不变，而 AT&T 和 T-Mobile 两家呈现下滑趋势，其中 T-Mobile 通过收购 MetroPCS，扭转了份额下滑趋势。到 2014 年初，Verizon 的后付费用户已达 9675.4 万，市场份额为43.4%，LTE 渗透率近 1/3。美国最大的 LTE 运营商 Verizon 的运营战略是使整个网络尽快演进到 LTE 网络，通过终端更新将现有用户尽快转移至 LTE 网络以缓解 3G 扩容压力，这样就保持移动领先的地位，摆脱 CDMA 产业劣势。Verizon

依靠快速部署、资费套餐和终端策略获取市场竞争优势。

## 二、欧洲

在欧洲，俄罗斯是超高速宽带领域的领头羊，用户近 900 万，全部为家庭光纤用户，紧随其后的分别是：英国 522 万用户，其中 59% 为 FTTx/Docsis3.0 用户，40% 为 VDSL 用户；西班牙 346 万用户，其中 68% 为 FTTx/Docsis3.0 用户；德国 314 万用户，其中 50% 以上为 VDSL；法国超过 200 万用户，64% 是 FTTH/B 用户，家庭超高速宽带率为 20%，低于欧洲平均水平 22%，北欧国家平均水平为 40%。4G 方面，欧洲国家与美国和部分亚洲国家相比仍有一定距离，目前欧洲 4G 用户占有率较低。之前的移动基础设施，特别是 3G 让企业和部分用户较为失望，使其对 4G 网络还保持着一定的怀疑。此外，要实现欧洲国家之间网络的无缝对接还有一定难度。

尽管如此，欧洲国家追赶美亚的前景可期。目前，在欧洲市场上，有 1000 种终端可以兼容 4G 网络，而且欧洲各国已经或正在铺设与 4G 网络兼容的网络。同时，欧洲移动手机用户也正开始逐步转入 4G 网络，使用过 4G 网络的用户目前表示比较满意。此外，已有许多制造商开始进行投资下一代移动（5G）和 LTE-Advanced 技术。

## 三、英国

当前，英国的超高速宽带用户数是欧洲五大经济体国家中最多的国家[1]。根据英国电信监管机构通信办公室（Ofcom）发布的《欧洲宽带表现》调查结果显示，2014 年，英国超高速宽带服务使用量在欧洲五大经济体中已经赶超到了第一，四分之三的家庭都可享受超高速宽带服务，而且当前还在持续发展中。目前，超高速宽带服务的覆盖面已由 2013 年的 73% 扩大到 78% 的地方，用户采用率由 2013 年的 17.% 提高至 26.7%，利用程度提升迅速。[2] 由于政府与英国电信和英国宽带传输（BDUK）框架积极合作，旨在于 2017 年将超高速宽带覆盖率提高至 95%，可以预见，英国固线超高速宽带的适用性和采用率在未来几年内将继续提高。

截至 2014 年 3 月底，英国的 4G 链接数突破了 600 万，约占活跃移动订户

[1] 欧洲五大经济体（EU5）包括法国、德国、意大利、西班牙和英国。
[2] 英国电信监管机构通信办公室（Ofcom）：《2014 Communications Market Report》，2014年8月8日。

数的 8%。2013 年 3 月底,英国的 4G 链接数仅有 31.8 万,当时英国最大的移动通信运营商 EE 是该国唯一一家 4G 运营商。在网络接入手段方面,越来越多的家庭同时使用固网和移动方式上网。Ofcom 称,73% 的英国成人购买了固网接入业务,59% 的人使用移动方式,包括通过数据卡、智能手机和平板电脑等。[1]

英国投资了 7.9 亿英镑以保障到 2017 年 95% 的英国地区都能接入超高速宽带。其中,英国政府拨款 5.3 亿英镑用于“宽带传播英国”(BDUK)项目中农村高速宽带的部署,还投资 1000 万英镑探索在偏远地区部署超高速宽带网络的办法。为推动中小企业的宽带接入,英国政府推出了网络连接资助计划。同时,Ofcom 在《2014—2015 年年度计划》中提出,将继续监督和促进网络的部署,并努力提升服务质量。Ofcom 与政府开展合作,清理被公共部门占用的适用于移动宽带的部分频段,将其从公用转为商用,努力增加商用频谱的数量。推进电视广播系统的模数转换,启动数字红利频谱拍卖。运营商拍得频谱后的网络部署进展也受到 Ofcom 的监督。英国独立网络合作协会(INCA)在 2014 年 2 月推出超高速宽带“盲点”登记计划,统计全国超高速宽带服务未覆盖的地区,收集到的信息将提供给宽带服务提供商,以此引导公共资金合理分配。另外,英国内阁办公室 2014 年 4 月公布的《数字包容战略》也得到了包括英国广播公司、英国电信、英国最大的移动通信运营商 EE,以及谷歌、微软、沃达丰等 40 家组织、机构的支持。

## 四、日本

截至 2014 年初,软银移动用户规模达 3476 万,市场份额达 25.5%;NTT docomo 移动用户规模达 6218 万,市场份额下降到 45.5%,年均下降 1.1 个百分点。日本移动运营商推出 LTE 商用时间差异明显,NTT docomo 领先对手一年多,但其中软银的策略可圈可点。它首先通过并购,不仅超过 KDDI 成为日本第二大运营商,而且成为一个跨国运营商,以规模经济保障利益,以协同效应降低成本。在网络部署方面,充分发挥 TDD/FDD 融合组网优势,差异化网络部署,FDD 广覆盖,TDD 深覆盖;在资费方面,软银以语音业务资费吸引客户,以数据业务提升 ARPU 值;在终端方面,高度重视终端的多样化,软银引进了 iPhone,使手机款式远超竞争对手。

---

[1] Ofcom:《欧洲宽带表现》,2014年3月。

随着主要运营商对 LTE 的不断投资，日本的移动市场在 2014 年继续增长。NTT DoCoMo 公司计划在 2016 年 3 月推出 225Mbps 的 LTE-Advanced（LTE-A）服务，软银和世界上最大的电信设备和服务供应商中国华为技术有限公司在 2013 年 9 月完成了 3.5GHz 频谱段的 LTE-A 的试验网络部署。

## 五、韩国

2014 年，韩国已有 3933 万人使用 LTE，LTE 用户渗透率过半，居全球之首。根据美国市场调研机构 Strategy Analytics（SA）预测韩国 LTE 用户比重将在 2015 年达到 91.6%，2018 年达到 99.2%。[1] 韩国三大运营商 SKT、KT 和 LGUplus 在 LTE 商用服务推出和网络部署方面均齐头并进。在 LTE 网络部署方面，三大运营商均采用快速部署策略，只用一年左右的时间便完成全国网络覆盖，LGUplus、KT、SKT 增加了他们各自的 LTE 用户数量。LG Uplus 在 6 个月期间 LTE 用户数量从 5896000 增长到 6549000，增长了 11.1%；SKT 在 6 个月期间的 LTE 用户数量从 11020000 增长到 12273000，增长了 11.4%；KT 在 6 个月期间的 LTE 用户数量从 6057000 增长到 6824000 增长了 13%。[2]

韩国于 2003 年推出 3G 服务。到 2013 年，韩国的移动电话普及率达到 110%。韩国的高移动电话普及率是由智能手机消费和每用户平均收入（ARPU）增长带动的。

在 2009 年，韩国政府宣布实施超宽带融合网络（UBcN）计划。目标是在 2013 年底使 UBcN 达到实现 1Gbs 的固网连接速度和 10Mbs 的无线网络连接速度。该计划的目标是使任何人在任何地方都可以随时使用融合网络。融合网络提供了新的融合服务，更高的速度。在 2013 年 7 月 15 日，韩国政府启动了一个项目，计划在全国范围内扩大使用免费的无线网络，其目的是在五年内为全国 12000 个场所提供免费的 Wi-Fi。该项目目前已经铺设覆盖了 2000 场所，6000 个公共卫生中心、社区中心和福利机构。[3]

2014 年，电信运营商们继续加大在技术领域的投资，比如，智能电网和云计算。进一步增加无线宽带数字用户数量。LTE 的部署将推动电信收入的增长。大力度的 Wi-Fi 投资应该可以让更多的外国游客享受免费的上网服务。

---

[1] 《2014 年韩国 LTE 用户比重有望突破 70%》，环球网，见 http://china.huanqiu.com/News/mofcom/2013-12/4667040.html。
[2] Asia-Pacific Telecommunications Sectors-A Company and Industry Analysis? 2014.2.
[3] Asia-Pacific Telecommunications Sectors-A Company and Industry Analysis? 2014.2.

# 第五章 2014年世界电子商务发展情况

## 第一节 发展特点

### 一、全球电子商务市场规模持续壮大

2014年初,全球电子商务交易额达到33.4万亿美元[1]。2009—2013年全球电子商务交易额的年均复合增长率为19.3%(如图5-1所示)。从全球电子商务产业结构看,刚进入2014年,全球电子商务应用规模就达到29.8万亿美元,基于电子商务服务平台规模达到1.5万亿美元;以物流、支付、平台开发等领域为代表的支撑体系规模达到2.1万亿美元(如图5-2所示)。

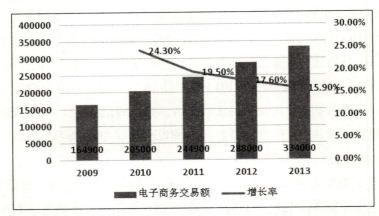

图5-1 2009—2013年全球电子商务交易额与增长率(单位:亿美元)

数据来源:赛迪智库2014年1月。

---

[1] 赛迪智库。

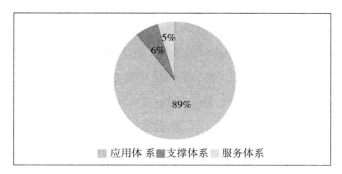

图5-2 2013年全球电子商务产业结构

数据来源：赛迪智库 2014 年 1 月。

根据 eMarketer 公司的报告显示（图 5-3），2014 年全球网络零售（B2C）的交易额将达到 14710 亿美元，较 2013 年增加 20%。[1] 增长的动力主要来自迅速膨胀的在线和移动用户、商业销售的增长、先进的物流和支付手段，以及著名电子商务网站的国际扩张。预计 2017 年，将达到 2.4 万亿美元。[2] 引领电子商务市场增长的除亚太地区几个国家外，还有俄罗斯、阿根廷、墨西哥、巴西、意大利和加拿大。国际性零售商巨头公司在新兴市场上的扩张、移动电子商务的发展、新配送和支付方式的应用将成为未来电子商务发展的巨大引擎。

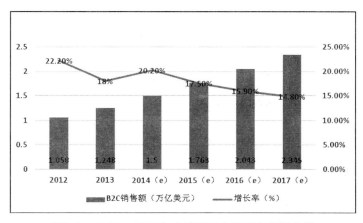

图5-3 2012—2017年全球B2C电子商务发展趋势

数据来源：eMarketer，2014 年 2 月。

[1] eMarketer：Global B2C Ecommerce Sales to Hit $1.5 Trillion This Year Driven by Growth in Emerging Markets [EB/OL]（2014–02–03）2014年4月20日。
[2] eMarketer：Global B2C Ecommerce Sales to Hit $1.5 Trillion This Year Driven by Growth in Emerging Markets [EB/OL]（2014–02–03）2014年4月20日。

## 二、全球电子商务业务提速发展

移动电子商务发展迅猛。2014 年以来，全美数字广告收入达 428 亿美元，[1] 美国行业协会 IAB 发布的美国数字广告市场年度报告显示数字广告收入首次超过广播电视，较 2012 年翻了一番。Hospitality Technology 的调查显示，目前，全球 76% 的酒店在移动互联网站上提供酒店预定服务，移动 apps 的使用率为 40%，Hospitality Technology 预计 2015 年，全球 70% 的酒店会使用移动 apps，移动互联网成为酒店业使用率最高的技术。

网络零售创新模式不断。沃尔玛转型网络零售之后，在收购和产品服务方面的新动作，包括发布针对产品的语义搜索 Polaris，试水当日送达，推出美食按月订购服务、储物柜服务，等等。美国 Warby Parker 首创垂直与 O2O 相结合的电商模式，顾客可以网上选择 5 副眼镜，免费送上门，并且可以在 5 天之内任意试戴直到顾客做出选择再下订单，在两年内成为第一家估值 1 亿美元的线上眼镜品牌。

个性化订制电商模式兴起。Serengetee 采用自筹资金、动机导向的个性化服装订制模式，个性化衬衫上衬衫的颜色和口袋样式，代表客户对公益事业的投入；StyleSaint 公司将图片分享社区与电子商务完美结合，用户可以将自己搜集的图片在线制作成个人"时尚手册"，StyleSaint 会选择其中一部分投入实际生产。

其他领域电商渗透融合创新。Skillshare 推出的是一个类似"点餐"式的教育平台，教学专家可以按照任何学科教授一个班级；Uber 利用按需服务的驾驶员和动态的价格，颠覆了传统出租车 / 交通运输生态系统；Airbnb、Rent the Runway、Lyft、Neighborgoods 等公司则成为分享经济的典范，Airbnb 利用空置房屋、公寓乃至居家帮助旅行者预订到了住所，颠覆了酒店服务行业。

## 三、互联网快速发展优化电子商务发展环境

全球互联网普及率快速增长。据国际电信联盟（ITU）的估计（表 5-1），截至 2013 年年底，世界互联网用户达到 27.49 亿人，相当于世界人口的 39%。[2] 其中，发展中国家互联网的普及率达到 31%，欠发达国家也达到 10%。全球移动电话注册用户达到 68.35 亿，数目与全球人口接近。其中活跃的宽带移动用户数量达到

---

[1]　美国行业协会IAB：《美国数字广告市场年度报告》，2014年11月。
[2]　ITU：Broad band Commission. The State of Broadband 2013: Universalizing Broadband[R/OL]（2013-09-15），2014年4月20日。

20.96 亿 [1]。2014 年世界互联网渗透率有望达到 41.89%，2015 年将达到 44.88%。全球近 50% 人口由 3G 网络覆盖，2013 年全球有约 20 亿移动宽带签约用户，相当于全球范围内近 30% 的普及率。

表 5-1　2013 年世界高速通信情况

|  | 总量（亿） | 宽带总量（亿） | 高速宽带所占比例（%） |
|---|---|---|---|
| 互联网使用人数 | 27.49 | — | — |
| 固定互联网注册用户 |  | 6.96 |  |
| 移动电话注册用户 | 68.35 | 20.96 | 30.7 |
| 活跃的宽带移动电话用户 | 20.96 | 1.5 | 30 |

数据来源：《中国电子商务报告》，2014 年 6 月。

ITU 的全球信息与通信技术发展指数（IDIITU）显示，欧洲、北美信息与通信技术发展依然处于领先地位，独联体、阿拉伯、亚太地区处于中等水平，非洲仍处于比较落后的状态（图 5-4）。韩国连续三年领先世界；紧随其后的是瑞典、冰岛、丹麦、芬兰、挪威、荷兰、英国、卢森堡，中国处于中间地位。发展中国家与发达国家之间仍然存在一定差距。[2]

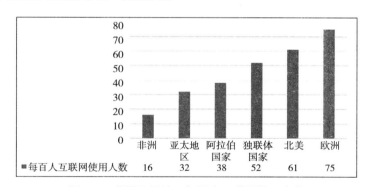

| | 非洲 | 亚太地区 | 阿拉伯国家 | 独联体国家 | 北美 | 欧洲 |
|---|---|---|---|---|---|---|
| ■每百人互联网使用人数 | 16 | 32 | 38 | 52 | 61 | 75 |

图5-4　世界不同地区每百人互联网使用人数

数据来源：ITU，2014 年 4 月。

从衡量宽带的成本和可承受性来看，2014 年初，世界居民每月宽带使用费平均为 76.25 美元，每兆流量费用平均为 1.47 美元。许多欧洲国家和北美国家都

---

[1]　ITU.The World in 2013:ICT Facts and Figures[R/OL]（2013–09–15）2014年4月20日。
[2]　ITU，Broad band Commission.The State of Broadband 2013:Universalizing Broadband[R/OL]（2013–09–15）2014年4月20日。

提供廉价的宽带服务；而生活在中东、非洲和东南亚等一些欠发达地区的用户则要为宽带服务支付较高费用，主要原因是由于基础设施投资较低，应用规模经济较小；亚太地区一般国家都提供畅通的宽带网络，使用价格也比较低。性价比最高的是日本、新加坡和韩国。[1] 根据"互联网实时统计"（Internet Live Stats）显示，截至 2014 年 9 月，全球互联网网站数量已超过 10.6 亿。[2] 在经历了 2012 年 8 月到 2013 年 3 月网站发展的调整后，从 2013 年 4 月起，全球互联网站恢复快速发展的势头，网站数量在不断增长。

## 四、全球跨境电子商务市场增速明显

2014 年初，全球跨境电子商务交易额为 1050 亿美元[3]，五年内有望达到 3070 亿美元。此外，移动跨境网购市场快速成长，增速高于整体跨境电子商务市场规模增速。增长的动力主要来自迅速膨胀的移动用户，快速普及的支付手段，以及著名电子商务网站的移动扩张。

全球跨境电子商务最发达的地区主要有美国、英国、德国、澳大利亚、中国大陆和巴西。2013 年，美国跨境电商消费者有 3410 万人，消费额达到 406 亿美元；英国跨境电商消费者有 1590 万人，消费额达到 85 亿英镑；德国则有 1410 万跨境电子商务购物者，消费达到 76 亿欧元[4]。中国、巴西、阿根廷、俄罗斯等新兴国家的发展速度最快。其中俄罗斯是 2013 年外贸电商最活跃的市场之一，阿里巴巴、敦煌网、DX、中环运、PayPal 在内的多家外贸企业先后推出快速送达俄罗斯境内的物流产品，全球各大电商和服务商都在俄罗斯有较大的销售额，例如淘宝每天有 400 万美元的货物销往俄罗斯。

2013 年世界跨境电子商务国家和地区相互交易比例如表 5-2 所示。

表 5-2　2013 年世界主要跨境电子商务国家和地区相互交易比例（%）

| | 美国 | 英国 | 中国 | 加拿大 | 中国香港地区 | 澳大利亚 | 德国 | 爱尔兰 | 荷兰 | 奥地利 | 日本 |
|---|---|---|---|---|---|---|---|---|---|---|---|
| 美国 | | 49 | 39 | 34 | 20 | 18 | | | | | |
| 英国 | 70 | | 23 | 21 | | | 19 | 15 | | | |
| 德国 | 48 | 46 | 17 | | | | | | 16 | 13 | |

[1]　Point Topic: Global and regional benchmarks for residential broadband services [R/OL]（2014-09-15），2014年4月20日。
[2]　20Minutes：2014年9月全球网站数量已超过10.6亿，http://www.199it.com/archives/275398.html
[3]　Paypalv.Modern Spice Routes [R/OL]（2013-07-22），2014年4月20日。
[4]　《中国电子商务报告》，中国商务出版社2014年版。

（续表）

| | 美国 | 英国 | 中国 | 加拿大 | 中国香港地区 | 澳大利亚 | 德国 | 爱尔兰 | 荷兰 | 奥地利 | 日本 |
|---|---|---|---|---|---|---|---|---|---|---|---|
| 中国 | 84 | 43 | | | 58 | 39 | | | | | 52 |
| 澳大利亚 | 69 | 47 | 31 | 9 | 29 | | | | | | |
| 巴西 | 79 | 17 | 48 | 14 | 17 | | | | | | |

数据来源：Paypal，2014 年 6 月。

## 五、亚太地区预计成为全球最大电子商务市场

全球 B2C 电子商务市场大致可以分成北美、亚太、西欧、中东欧、拉丁美洲、中东和非洲几大区域（表 5–3）。2013，北美地区仍然是世界最大的电子商务市场，但北美市场领引全球的情形在 2014 年有所改变，2014 年亚太地区将超越北美成为世界上最大的地区电子商务市场。[1]

亚太地区电子商务市场一直在快速增长，销售额在 2012 年首次超过西欧地区，成为全球第二大市场，约占全球市场份额的 28.5%。预计 2014 年将首次超过北美地区，在全球的比重将达到 46%[2]，成为全球最大的市场，届时亚太地区电子商务市场销售额将达到 5252 亿美元，北美市场销售额将实现 4826 亿美元。

表 5–3　2012—2017 年全球各地区 B2C 电子商务销售额（亿美元）

| | 2012年 | 2013年 | 2014年 | 2015年e | 2016年e | 2017年e |
|---|---|---|---|---|---|---|
| 亚太 | 3012 | 3839 | 5252 | 6812 | 8557 | 10529 |
| | 32.8% | 27.46% | 36.81% | 29.70% | 25.62% | 23.05% |
| 北美 | 3798 | 4310 | 4826 | 5383 | 5979 | 6604 |
| | 14% | 13.48% | 11.97% | 11.54% | 11.07% | 10.45% |
| 西欧 | 2768 | 3089 | 3420 | 3745 | 4040 | 4326 |
| | 17.1% | 11.60% | 10.72% | 9.50% | 7.88% | 7.08% |
| 中、东欧 | 415 | 495 | 580 | 644 | 689 | 731 |
| | 30.1% | 19.28% | 17.17% | 11.03% | 6.99% | 6.10% |
| 拉丁美洲 | 376 | 481 | 577 | 649 | 706 | 746 |
| | 33% | 27.93% | 19.96% | 12.48% | 8.78% | 5.67% |

[1]　Marketer：Global B2C Ecommerce Sales to Hit $1.5 Trillion This Year Driven by Growth in Emerging Markets[EB/OL]（2014-02-03），2014年4月20日。
[2]　Marketer：Global B2C Ecommerce Sales to Hit $1.5 Trillion This Year Driven by Growth in Emerging Markets[EB/OL]（2014-02-03），2014年4月20日。

（续表）

| | 2012年 | 2013年 | 2014年 | 2015年 | 2016年 | 2017年 |
|---|---|---|---|---|---|---|
| 中东、非洲 | 206 | 270 | 338 | 396 | 455 | 514 |
| | 43% | 31.07% | 25.19% | 17.16% | 14.90% | 12.97% |
| 全球 | 10576 | 12484 | 14992 | 17627 | 20425 | 23450 |
| | 21.7% | 18.04% | 20.09% | 17.58% | 15.87% | 14.81% |

数据来源：eMarketer，2014年2月。

在亚太地区国家中，中国、印度尼西尼（简称印尼）、印度是引领国家，占2013年全球各国增长速度前三位。其次是韩国、日本和澳大利亚，但其增长率较低，2014年预计市场规模增长速度分别为7.4%、7.1%、5.7%。

## 第二节　重点地区发展概况

### 一、美国

美国拥有3.15亿居民，2.55亿网民，1.84亿在线购买者，美国是世界上最大的电子商务市场之一。美国电子商务交易额约占全球电子商务交易的1/4，一直处于连续高增长状态。截至2014年6月，美国电子商务销售额达750亿美元，同比增长15.3%[1]。在在线零售领域，美国是世界上最大的市场。美国在线零售行业从业人数超过40万人，由于手机等移动设备的应用，美国电子商务的销售额在2017年有望达到3700亿美元。美国B2B市场呈井喷式发展，美国数字营销公司Acquity最新发布的报告显示，目前，美国57%的企业已开始进行网上采购，37%的买家表示希望能够在网络采购预算上投入更大的比例。大多数企业从网上采购不是从供应商的网站进行交易，而是通过B2B平台。B2C方面，在美国零售总额持续增长的背景下，电子商务在全部销售中所占比例也在逐渐提高[2]，显示出了强劲的增长势头。

2012年至2013年第四季度美国零售业季度销售额和电子商务销售额如表5-4所示。

---

[1]　http://www.199it.com/archives/268320.html.
[2]　U.S.Census Bureau. Quarterly Retail E-Commerce Sales 4th Quarter 2013[R/OL]（2014-02-18）U.S.Census Bureau website: http://www.Census.Gov/retail/mrts/www/data/pdf/ec_current.pdf.

表 5-4　美国零售业季度销售额和电子商务销售额

| | 零售总额（百万美元） | | 电子商务在全部销售中的比例 | 比上一季度的百分比变化 | | 与上一年同比的百分比变化 | |
|---|---|---|---|---|---|---|---|
| | 全部 | 电子商务 | | 全部 | 电子商务 | 全部 | 电子商务 |
| 2012年第四季度 | 1105348 | 59642 | 5.40% | 1.40% | 4.60% | 4.50% | 15.70% |
| 2013年第一季度 | 1118329 | 61720 | 5.50% | 1.20% | 3.50% | 4.10% | 16.40% |
| 2013年第二季度 | 1126486 | 64653 | 5.70% | 0.70% | 4.80% | 4.70% | 18.20% |
| 2013年第三季度 | 1141077 | 66930 | 5.90% | 1.30% | 3.50% | 4.70% | 17.40% |
| 2013年第四季度 | 1147679 | 69208 | 6% | 0.60% | 3.40% | 3.80% | 16% |

数据来源：美国人口调查局网站，2014 年 3 月。

从全球电子商务占比来看，美国一直居于全球电子商务市场首位，在全球电子商务市场的份额一直保持在 30% 以上。但是美国电子商务的增长速度在逐步下滑，预计 2014 至 2017 年的增速分别为 11.8%、11.4%、10.9% 和 10.4%。美国电子商务市场保持较为平稳的状态，并体现出一些特点：

美国政府对电子商务发展给予高度重视，从基础设施、税收政策引导、市场环境等方面加以推动。早在 1993 年，美国政府就将互联网发展提升为国家战略，实施了"信息高速公路"计划，实现社会经济信息共享，形成"数字社会"的概念，促进了美国互联网信息科技高速发展，极大降低了商贸交易、信息传递成本，使美国经济得以维持黄金十年增长。同时，美国政府积极推进电子商务的全球自由贸易，通过互联网开辟了国际贸易自由区和免税区，将信息科技几乎垄断的优势转化为商贸优势，电子商务发展推动了全美经济持续增长 [1]。

美国网站成为跨境电子商务热门目的地。在 2013 年跨境电商交易中，美国网站是最热门的目的地，占 45%；其次为英国，占 37%，中国占 26% [2]。2013 年到 2018 年，美国整体跨境电子商务的复合年均增长率预计将达 15%，而移动跨境电子商务的增速则将达到 22%。CyberSource 的调研显示，超过半数的美国电子商户都从国外接受订单。他们在考虑到风险、税率和物流等因素的同时，还会阻

[1]　国家统计局：《中国信息年鉴2014》，2014年12月。
[2]　数据来源：中国电子商务中心。

止其他商户向美国以外的网购用户出售产品和服务。虽然跨境电子商务存在各种挑战，依然挡不住巨大的商机。

社交电子商务成为创新点。美国创意 T-shirt 电商 Threadless 开辟了一种新模式，让用户设计和投票，并对作品被采纳的设计者进行奖励，形成了一个高黏度社区。Twitter 与美国运通签署了合作协议推出电子商务业务，将卡号与 Twitter 账户捆绑的美国运通卡持有人，可在 Twitter 发布内容以购买精选的产品。另外美国运通还与 Facebook、Foursquare 和微软合作推出了类似的服务。消费者通过将账户与社交媒体服务进行捆绑，将会极大促进电子商务的发展。

移动电子商务飞速增长。2014 年零售商在移动端的销售额达到 1000 亿美元[1]。美国牛仔裤品牌"真实信仰"公司的客户流量有 65% 到 75% 来自手机网页。美国市场研究机构 Forrester Research 发布的《2011 至 2016 年美国网上零售预测》报告显示，2014 年美国市场通过手机和平板电脑完成的电子商务交易额将达到 1140 亿美元。其中，760 亿美元交易将通过平板电脑完成，其它通过手机完成。在今年所有电子商务交易中，大约三分之一（29%）是通过手机或平板电脑完成的。到 2018 年时，电商交易总额将达到 4140 亿美元，移动电商比重将上升至 54%。作为全球互联网零售巨头，亚马逊早就在平板电脑、智能手机和相关媒体产品上进行布局。沃尔玛也有着自己的 Walmart Labs 实验室项目，从技术上帮助沃尔玛更好地适应网购时代。为更好地获得高科技人才，沃尔玛 2014 年 2 月在硅谷森尼维尔市开设了自己的第二个电子商务中心，加速自己的电商化进程。

体育休闲和电子电器产品引领在线销售。美国电子商务的品类中销售量最大的是运动休闲和电子电器类，根据《零售和电子商务的未来：2014》（BI Intelltgence）显示，根据对各品类商品用于在线销售的比重来分析，自 2001 年以来，媒体、体育休闲与电子电器产品一直保持着领先地位，2013 年这两者所占比重分别为 40% 和 30%，这一领先情况将持续下去。

## 二、欧洲

欧盟国家信息基础设施普及程度较高，8.2 亿欧洲居民中有 5.3 亿互联网用户，2.59 亿在线购物用户，互联网用户网络购物的数量有较大幅度的提高。2013 年有近 1/3 的欧洲互联网用户使用在线购物，尤其是英国、丹麦、卢森堡、荷兰

---

[1] 《美国零售业迎来移动电子商务时代》，新华网，http://news.xinhuanet.com/fortune/2015-01/14/c_1113993371.htm。

等国家，使用的比例超出了欧盟 28 个成员国的平均水平，显示出了强劲的发展态势。[1]目前欧洲约有超过 55 万个电子商务网站，有 200 多万人从事电子商务工作。有 73% 的企业会采用电子商务 B2B 模式进行采购，有 32% 的企业只通过 B2B 模式完成采购。

欧盟国家电子商务发展水平分化。欧洲地区的电子商务发展水平不一，以英、德、法为领先国家的西欧地区在电子商务基础设施、配套服务业等都比较完善。东部地区相对薄弱但是发展快速，随着欧盟成员国的扩大，欧盟力图建立一个统一的电子商务市场，因此，东西部之间的差距在逐渐缩小。俄罗斯共有 6000 万互联网用户、1500 万在线购物用户和很高的移动设备渗透率，在线零售市场依然有望在 2016 年达到 160 亿美元。

电子商务对欧盟经济贡献巨大。早在 2012 年，欧洲 B2C 电子商务的税收同比增长 19%，达到 3116 亿欧元，其中 61% 的税收由英国、德国和法国这三个国家贡献。在欧盟 28 国电子商务销售量达到了 2770 亿欧元，占了整个欧洲市场的88.7%，年增长率达到 18%。欧洲电子商务协会希望，在 2016 年底之前，欧洲 B2C 电子商务市场能够翻倍，达到 6250 亿欧元；在 2015 年前，在互联网经济中的比例（目前是 3.5%）也实现翻倍。网上交易对经济的贡献率逐步增长，互联网对欧盟 GDP 的贡献在迅速增加。

欧盟国家大力发展跨境电子商务。欧洲地区正在着力建设一个统一的电子商务市场，2012 年 12 月欧洲议会通过了有关报告，指出欧洲委员会（简称欧委会）和成员国应制定规划，改善中小企业电子商务办公条件，并且确定和解决跨境支付服务壁垒，包括跨境支付安全和成本问题，同时完善相关知识产权法律框架。根据 2013 年欧盟统计局调查报告，2012 年欧盟 28 国中，有 7% 进行电子商务销售活动的企业进行了欧盟内部的跨境销售活动，这比 2011 年的 6% 得到了进一步提高。在不同地区，消费者的购买速度和商户的销售速度存在着很大差异，甚至包括英国、德国和法国。

欧盟正在建设电子商务诚信体系。欧盟引入欧洲诚信标志（European Trustmarks），确保网上业务全面遵守欧盟法律，实施欧委会提议的网络销售争端解决机制，降低电子书和其他文化类电子产品的增值税。将欧盟各国电子商务增

---

[1]　Eurostat lntemet use statistics−individuals[EB/OL]　（2013−12−11）. Eurostat website: http://epp.eurostat ec.europa. eu/statistics_explained/index.php/lnterne ＿ use ＿ statistics_−_individuals.

值税法律、知识产权和数据保护标准逐步统一。

移动电子商务在欧盟各国都有不同程度的高速发展。在欧洲，英国通过移动设备访问电子商务网站的用户已经达到30%，在线零售额中25%是由移动端下的订单。86%的瑞典企业已经在开展移动营销，有一半左右的企业计划在2014年加大移动互联网方面的预算，其中有23%的企业会有比较大的投入，以适应用户逐步转向移动电子商务的需求。欧盟电子商务协会副主席Wijnand Jongen说，"斯堪的纳维亚国家，荷兰和英国已经率先开始布局互联网移动设备应用。在这些国家，70%—80%互联网用户都是线上买家，其他欧洲国家也在努力追赶。欧洲电子商务协会期待着2016年末能够将规模翻倍，销售额达到6250亿欧元，线上买家数量的急速增长给我们很大的信心"。在欧洲有些地区，电子商务销售量在一年内增长了200%。根据市场研究公司ABI Research调查，2013年，每一美元中约有97美分都花在了北美、西欧、日韩地区。移动设备的应用增加了电子银行和电子支付的使用，为了方便比较产品和服务，通常会把社交软件中同类人的意见也纳入考虑。这改变了移动支付的发展前景，一定程度上刺激了电子商务的发展，也给消费者提供了更多购买商品和服务的可能性。[1]

建立各种合作组织来分享经验。许多协会积极促进跨境电子商务的发展，欧洲电子商务协会便是其中一个首创，是一个旨在提升电子商务利润的协会。目前，该协会代表3000个欧洲公司，拥有23个合作成员，目的是打造一个有效的、灵活的、法规健全的能够刺激电子商务交易的网站。另一个组织是EPSM（欧洲支付服务提供者协会），大部分欧洲收购方和PSP都是它的成员。EPIF（欧盟支付机构联合会）也是一个国际非盈利组织，它成立于2011年6月。为响应支付服务指导意见（PSD），建立了一个全新的支付服务提供商目录来鼓励更多的欧洲电商参与竞争。[2]

## 三、日本

日本电子商务市场发展较早，尤其是日本移动互联网市场。2012年日本是全球第二大电子商务强国，在2013年才被中国超越。2013年电子商务市场进一步增长，尤其是电子商务零售市场的增长潜力更大。日本的电子商务市场年流通额约9万亿日元（约合5583.51亿元人民币），并以每年12%速度持续增长。日

---

[1] 国家统计局：《中国信息年鉴2014》2014年12月。
[2] 国家统计局：《中国信息年鉴2014》2014年12月。

本 B2B 广义电子商务市场规模在 2012 年达到 2620540 亿日元，同比增长 25.7%，而狭义电子商务市场规模在 2012 年达到 1784720 亿日元，同比增长 17.5%，如图 5-6 所示。而 B2C 市场规模在 2012 年达到 95130 亿日元，同比增长 3.11%。[1] 如图 5-7 所示在日本宏观经济低迷的背景下，电子商务尤其是 B2C 显示出很强的发展活力。

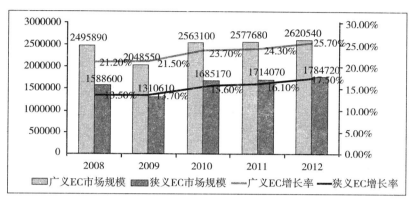

**图5-6　日本B2B市场市场规模和增长率（单位：亿日元）**

数据来源：日本经济产业省：《2012 年度情报经济社会基盘整备（市场调查）报告》，2013 年 9 月。

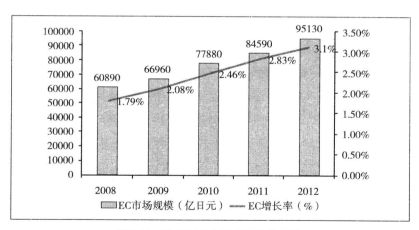

**图5-7　日本B2C市场规模和增长率**

数据来源：日本经济产业省：《2012 年度情报经济社会基盘整备（市场调查）报告》，2013 年 9 月。

---

[1]　日本经济产业省：《2012年度情报经济社会基盘整备（市场调查）报告》[R/OL]（2013-09-27）. http://www. meti. go. jp/english/press/2013/0927 _ 04. Html.

在日本，从事电子商务的企业主要有五种，一是综合电商，如乐天（Rakuten）、日本雅虎等；二是垂直电商，如服装电商 ZOZOTOWN、创意物品电商；三是社交类平台，如日本社交网站（Mixi）；四是日本电信运营商，如日本电报电话公司（NTT DoCoMo），不仅自身开展移动电子商务，还收购了专业电商（Magaseek）；五是传统企业，如日本的大型零售商、传统旅行社、航空公司等大多数都提供在线服务。

日本国内电子商务市场格局稳定。日本电子商务市场呈现乐天、日本亚马逊、日本雅虎三家企业各执一方的局面，在市场份额方面，据乐天推算，乐天约占 29%，亚马逊约占 12%，雅虎约占 6%。日本电子商务巨头乐天实力雄厚，为 4 万家店铺提供全方位的咨询支持，维持和提升店铺质量。打通乐天卡、乐天银行、乐天证券等金融部门和乐天旅游等购物以外部门积分，形成以乐天市场为核心、包括金融在内的"乐天经济圈"。日本亚马逊采取直销模式，销售自己采购的多达 5000 万种的商品，拥有充足的物流基地，订购次日就能送到客户家里。相对落后的日本雅虎以免收开店费和根据营业额缴纳加盟费的策略，奋起直追乐天市场和日本亚马逊。

电子商务资本向国际扩张。日本乐天在收购美国网络零售商 Buy.com 以后，正在进军美国市场，试图以不同于亚马逊的商业模式挑战后者的霸主地位；并在西班牙开设一个新的在线商城销售日用百货，门类包括鞋类、衣物、电子产品和食品；乐天电子商务登陆奥地利，为店主提供现成的网上店铺以及支付结算和交易管理服务，乐天还为订购的所有商品承担支付失败风险。日本在线交易平台最大的集团之一的住友集团，与一家总部设在越南南部胡志明市的电子商务公司签订协议，购买该公司 30% 的股权，进军越南市场，住友集团将在越南运行一个主营食品杂货等产品的电子商务系统，并基于客户信息收集而推出适合的销售策略。

中国是日本跨境电商重要市场。中国在日本各大跨境电商企业的战略版图中占据着非常重要的地位。因此，大部分日本跨境电商要么上线了中文网站，要么提供中文语言服务。日本 istyle 公司联手聚美优品布局跨境电商事业，并计划入驻"天猫国际（Tmall Global）"平台。而日本的跨境消费者主要从美国、中国购入商品，受到通货紧缩、日本大地震和日元升值等影响，2012 年日本从美国和中国购入的跨境电商规模仍然为 155 亿日元，比 2011 年增长 6.9%。

## 四、韩国

在 ITU 的全球信息化发展情况调查报告《衡量信息社会》中，韩国连续多年位于信息化指标排行榜的第一位，优秀的信息化基础设施为电子商务营造了良好的发展环境。韩国电子商务不同交易类型的交易状况如表 5-6 所示，B2B 的交易总额占到 90% 以上的份额，而且每年保持了较高的增长率，而 C2C 的交易总额虽占比很小，却保持了 20.6% 的高增长速度。[1]

表 5-6　韩国电子商务不同交易类型的交易状况

| | 2011年 | | 2012年 | | 比2011年 | |
|---|---|---|---|---|---|---|
| | 总额（10亿韩元） | 占比（%） | 总额（10亿韩元） | 占比（%） | 变化额（10亿韩元） | 变化率（%） |
| B2B | 912883 | 91.33 | 1050985 | 91.81 | 138103 | 15.1 |
| B2G | 58378 | 5.84 | 62259 | 5.44 | 3880 | 6.6 |
| B2C | 18533 | 1.85 | 19641 | 1.72 | 1108 | 6 |
| C2C | 9788 | 0.98 | 11804 | 1.03 | 2016 | 20.6 |
| 总额 | 999582 | 100 | 1144689 | 100 | 145107 | 14.5 |

资料来源：韩国国家统计局，2014 年 3 月。

韩国继续发力建设信息基础设施。韩国政府宣布将投资约合 16000 亿韩元着手开发 5G 移动互联网服务技术，韩国科技部的目标是在六年之内建成新一代的 5G 网络，提供比 4G 网络快 1000 倍的无线上网速度，更快的网速可以帮助韩国企业赢得海外交易订单。并且将降低资费，韩国科技部、信息与通信技术部、未来规划部提出，到 2015 年完全取消用户签约移动服务时所交的费用。

韩国正在改革电子证书制度。韩国正在探讨相关方案，使国外买家不用下载控件或电子证书也可以登录韩国购物网站购买商品，通过输入 VISA、Master 等国际通用信用卡卡号购买物品。而现在韩国的电子证书制度过于繁冗，阻碍了中国消费者在中国境内登录韩国购物网站消费。

电商企业积极发展跨境电商。韩国领先的在线和移动服务平台供应商 SKPlanet，宣布推出其开放性电商平台 Elevenia，正式进军东南亚增长最快的市场——印尼。作为一个开放性电商平台，Elevenia 将提供 24 小时全天候的服务，

---

[1] South Korea National Statistical Office. E-commerce and Cyber Shopping Survey in 2012 and in the Fourth Quarter 2012[EB/OL]（2013-022-27）.

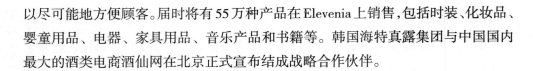

以尽可能地方便顾客。届时将有55万种产品在Elevenia上销售,包括时装、化妆品、婴童用品、电器、家具用品、音乐产品和书籍等。韩国海特真露集团与中国国内最大的酒类电商酒仙网在北京正式宣布结成战略合作伙伴。

## 五、新兴国家和地区

以亚太、中东欧、拉丁美洲、中东和非洲地区为主的新兴市场发展迅速,无论是市场规模还是增长速度都大于北美和西欧等发达地区,尤其是亚太地区的中国。中国及其他新兴国家引领全球市场增长。

从市场规模看,亚太、中东欧、拉丁美洲、中东和非洲地区预计将会在2016年超越发达地区的市场规模。但是,各个地区市场规模比重的变化趋势不一样,预计中东欧、拉丁美洲的市场规模增长较缓慢,其比重变化不大;中东和非洲地区增长略快,比重一直小幅增长;而亚太地区增长最快,是新兴市场的主体。

从增长速度来看,新兴地区的增长速度远远高于发达地区。其中,中国增长最快,其次为印尼、印度、阿根廷、墨西哥,这五国成为未来电子商务领域发展的火车头。这主要是由于新兴市场网民在增加,而美国和西欧地区信息基础设施发展较为完善,市场发展已经较为成熟,网购渗透率(网购用户与互联网用户之比)比较高。2013年,美国有73%、日本78.3%、西欧地区有72.3%的网民已经转化为电子商务用户,而印尼仅有9.5%、中国有49.3%。墨西哥有20.4%、印度有23.5%的网购渗透率,随着新兴地区信息基础设施的持续普及,新兴地区的电子商务领域将不断发展。

在电子商务的发展环境方面,新兴地区与发达地区存在较大的差异,如信息基础设施不全、智能手机等移动终端使用更为广泛、物流等支撑体系薄弱、支付手段贫乏、消费者保护等相关法规不完善,等等;在市场发展特点上,也多有不同,如印度的在线旅游销售额拉动了约80%的电商市场;运动、旅游和廉价零售主导了巴西的电商市场。

这些问题都使得发源于发达地区的电子商务模式在新兴地区不一定完全适用,这也是亚马逊等电商巨头最初在新兴地区表现不良的原因之一。因此,在新兴地区,电子商务企业必须以本地化创新为立足点,这些创新主要表现在以下几个方面。

　　一是支付体系的创新。由于新兴地区金融体系的不发达，在发达地区常用的信用卡等支付手段在新兴地区常常缺乏，而且由于技术和法规等因素，对支付安全的担心成为最主要的阻碍因素之一。由此新兴地区出现了多种创新型做法，如中国淘宝的支付宝第三方支付及认证信息体系的建立，使得消费者有了一个较为安全的信任机制，大大推动了中国电商的发展；又如在墨西哥，用户可以在线购买，然后在银行付账，而墨西哥贝宝公司也曾计划打造一款专门的移动支付手机。

　　二是物流体系的创新。在美国等地，由于第三方物流体系的发达，电子商务公司常常不用建立自己的物流体系，而在大多数的新兴地区，第三方物流体系非常不发达，尤其是在偏远地区，这促使许多新兴地区的电商企业建立物流体系，从而使得这些电子商务公司成为重资产公司。典型的如京东，不仅在全国建立并整合了自己的供应链体系，还运用冗余为中小型电商提供物流服务。

　　三是移动电商和O2O的创新。由于智能手机在新兴地区的普及，以智能手机为主的移动电商和O2O得以迅速发展。市场研究公司高德纳（Cartner）认为，移动支付和智能手机的融合正在成为亚洲和非洲等地引导经济活动增长的新指标和消费基础设施，预计2016年，亚太和非洲地区的交易量将占全球移动支付总量的60%以上，非洲将是所有地区中交易金额最高的地区。围绕移动电商和O2O，已经出现了多个创新，如二维码、指纹支付、微商、各类应用程序客户端（APP）、优惠券，等等。然而，尽管这些创新都富有特色，但对电子商务整体商业模式并没有颠覆性创新，而那些突破性的新业态和新模式仍多来自于发达地区。

# 第六章 2014年世界云计算发展情况

## 第一节 发展特点

### 一、全球云计算服务市场进入平稳增长期

近年来，全球云计算服务市场开始进入平稳增长时期。2013—2016年，全球云计算服务市场的收入将以36%的复合年均增长率（CAGR）增长，保守估计2016年将达到200亿美元。[1]另据Gartner预测，随着云计算服务认可度的持续增加，云计算服务市场这种高速增长的态势将至少持续到2014年，2013年全球云计算服务市场收入将突破1500亿美元，2015年突破1800亿美元[2]。云计算已经从概念走向实际应用。其中，医疗保健领域的收入增长最快，2014年有望达到10亿美元。其他增长较快的领域有基础设施即服务(IaaS)、软件即服务(SaaS)、平台即服务（PaaS）、业务流程即服务（BPaaS）、云广告服务、云管理与安全服务。

### 二、全球云计算服务市场地区差异显现

在全球云计算服务发展进入平稳增长阶段后，地区市场差异逐渐显现。目前，美国占据着50%以上的市场份额，西欧、日本市场份额缓慢下滑，中国及其他新兴经济体市场份额逐步提升。[3]在全球100强云计算企业中，美国占据84家，其中亚马逊占全球IaaS市场的40%、微软占全球PaaS市场的64%、Salesforce占全球SaaS市场的21%。欧洲只有9家，日本无一企业上榜。美国政府作为云服

---

[1] 美国451 Reserch数据分析公司：《2013年云计算综合报告》

[2] 沈鸣：《集约运营应"云"而生 中国电信构筑云计算集约化综合运营之路》，《通信世界周刊》，2013年2月，http://www.cww.net.cn/cwwMag/html/2013/2/2/2013221621899 43.htm。

[3] 国家统计局：《中国信息年鉴2014》，2014年12月。

务的重要用户，加速了本土云计算产业的快速发展，目前已有 600 多家政府机构和 2400 家教育机构使用了云服务。

## 三、云计算市场竞争愈演愈烈

亚马逊、谷歌和微软三大巨头已经开展了云服务市场的价格战。亚马逊自 2006 年推出 AWS 服务至今，价格已经下调了 30 多次，7 年间价格下降了 20 多倍。谷歌和微软也分别下调云存储服务成本，降价服务类型从简单云存储服务转向虚拟机产品；2014 年 3 月，谷歌再次宣布了一系列大幅的降价措施，包括云计算下调 32%、云存储下调 68%，数据库服务 BigQuery 更是降价了 85%。亚马逊 S3 存储服务平均降价 51%，EC2 计算服务降价 38%，关系型数据库服务 RDS 平均下降 28%，而基于 Hadoop 的大数据服务 EMR，按照服务内容的不同下降 27% 到 61% 不等。[1]

## 四、云服务业务不断推陈出新

2014 年初，亚马逊 AWS 服务范围从最初单纯的资源出租向包括 IT 资源、网络资源、软件资源、应用管理等在内的信息化整体解决方案方向发展，共新增服务 280 项。微软在澳大利亚建立两个新的云计算数据中心，扩展在当地的在线数据处理服务，企业云服务平台 Azure 已投入运营。谷歌开发云应用软件，通过谷歌数据中心服务器运行自主软件的 Compute Engine 服务。

## 五、基于云计算的电子政务蓬勃发展

欧洲一些国家将基于云计算的电子政务列入了国家战略，奥地利、丹麦、芬兰、法国、德国、爱尔兰、西班牙和英国等国属于发展基于云计算的电子政务较好的国家。[2] 这八个国家基于云计算的电子政务主要由各国为政府服务的特定私有云和社区云构成。因为相比公有云，私有云和社区云能更加严格地遵守国家规章制度和相关立法，但也仍有一些国家使用公有云处理低风险和非敏感性的信息。对于公共部门应用而言，所有云计算服务模式（IaaS、PaaS 和 SaaS）均适用（具体情况如表 6-1 所示）。

---

[1]　国家统计局：《中国信息年鉴2014》，2014年12月。
[2]　奥地利格拉茨技术大学：《欧洲政务云报告》。

表 6-1　欧洲八国基于云计算的电子政务发展现状比较

| 序号 | 国家 | 是否列入国家战略 | 应用现状 | 应用范围 | 云计算类型 | 服务模式 | 服务内容 |
|---|---|---|---|---|---|---|---|
| 1 | 奥地利 | 是 | 已规划 | 国家<br>地区<br>城市 | 公有云<br>私有云<br>社区云 | IAAS<br>PAAS<br>SAAS | 备份/存档、云计算框架的电子政务应用、协调办公、身份验证即服务（IDAAS） |
| 2 | 丹麦 | 否 | 规划中 | 直辖市 | 公有云<br>私有云<br>社区云 | SAAS | 电子邮件、政府采购 |
| 3 | 芬兰 | 否 | 已规划 | – | – | – | – |
| 4 | 法国 | 是 | 已实施 | 国家 | 社区云 | IAAS | – |
| 5 | 德国 | 是 | 已规划 | – | – | – | – |
| 6 | 爱尔兰 | 是 | 已规划 | 国家 | 公有云<br>私有云<br>社区云 | IAAS<br>PAAS<br>SAAS | 数据开放、公众信息库、协同办公、电子邮件 |
| 7 | 西班牙 | 否 | 规划中 | 国家<br>地区<br>城市 | 公有云<br>私有云<br>社区云<br>混合云 | IAAS<br>PAAS<br>SAAS | 电子政务服务、政务公开、参与、电子邮件、存储/备份、协同办公 |
| 8 | 英国 | 是 | 实施中 | 国家 | 公有云<br>社区云 | IAAS<br>PAAS<br>SAAS | 电子邮件、办公、消费者关系管 |

数据来源：奥地利格拉茨技术大学，《欧洲政务云报告》，2014 年 7 月。

# 第二节　重点地区发展概况

## 一、美国

美国是云计算的发源地。近年来，美国政府高度重视云计算的发展与研究，出台了多项战略性支持政策，推动云计算的发展与云服务水平的提高。

首先，美国政府新设了联邦政府首席信息官，主要职责是制定与政府信息技术有关的政策和战略规划、负责联邦政府所有科技预算的分配与使用、帮助促进总统的技术政策议程等。

随后的几年间，先后发布了《联邦政府云计算发展计划》《联邦云计算战略》等重要战略规划。随着云计算战略的出台，联邦政府强调各部门要重新审视本部门的技术资源战略，将云计算应用纳入到本部门的预算当中，切实执行"云优先"策略。最大限度地提高资源利用率，降低成本，重视应用云计算技术，提高政府工作效率与反应能力。

为了提高工作效率，在云计算工程项目方面，联邦政府采用"一次批准多次应用"的方式，简化云计算服务提供商的审批流程。在风险管理方面，政府出台《联邦风险和授权管理方案》，指导政府部门评估风险，分析潜在的安全漏洞，提高云计算应用中的风险控制能力。

美国政府在云计算发展的关键时刻，从国家战略的高度，制定云计算发展规划，明确云计算发展模式与技术标准，确定国家云计算发展的路线，从而确立了美国在云计算发展中的领导地位，展现了美国云计算产业发展的强劲竞争力。这一战略的制定，也影响了世界其它国家对云计算的认识与政策，许多国家纷纷制定相关的计划与战略，推动本国云计算的发展。

目前，美国已经拥有一批规模庞大的云计算服务和 SssS 领域的上市企业（如表 6-2 所示），在"云"方面已经推出了很多革命性的产品和服务，云计算服务产业呈现快速增长态势，2014 年初已经达到了 300 亿美元的市场规模。

表 6-2　美国部分云计算领域的上市企业规模概况一览表

| 序号 | 公司名 | 国家 | 市值（百万美元） | 企业价值（百万美元） |
|------|--------|------|------------------|----------------------|
| 1 | Salesforce.com | 美国 | 18541 | 18521 |
| 2 | Intuit | 美国 | 13591 | 13548 |
| 3 | NetSuite | 美国 | 3703 | 3567 |
| 4 | Concur Technologies | 美国 | 2714 | 2545 |
| 5 | ServiceNow | 美国 | 2551 | 2319 |
| 6 | NeuStar | 美国 | 2202 | 2438 |
| 7 | Aspen Technology | 美国 | 2105 | 1976 |
| 8 | Guidewire Software | 美国 | 1351 | 1214 |
| 9 | RealPage | 美国 | 1296 | 1288 |
| 10 | Exact Target | 美国 | 1102 | 946 |

来源：欧洲云计算联盟，《法国云计算融资报告》，2014 年 5 月。

以 IBM 为例，云服务成长为 IBM 发展最快的业务，IBM 2014 年前 9 个月的营收已增长 50%，期间宣布了多项总额超过 40 亿美元的交易。甲骨文第二季度云服务业务营收增至 5.16 亿美元，占营收总额的 5%，比上一季度增长 45%，是推动公司业绩上涨的主力军。

## 二、欧洲

由于数据安全和隐私性要求严格，欧洲在云计算方面的态度推进相对谨慎。目前，欧洲在云计算规模、发展速度等方面与北美地区（美国和加拿大）同行相比，都有较大差距，企业的融资能力和价值正是这一差距的具体体现。

融资能力方面，欧洲云计算市场 2010 年至 2012 年季度平均投资仅两次超过 10 亿欧元。北美云计算企业融资总额远远超出欧洲云计算企业：北美云计算市场 2012 年季度平均融资超 20 亿欧元，2011 年第二季度曾高达 49 亿欧元。[1] 北美云计算企业比欧洲企业融资更频繁，资本增长速度更快（如图 6-1、6-2 所示）。

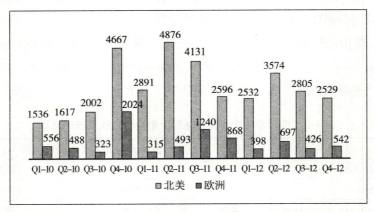

图 6-1　欧美云计算市场2010年至2012年融资情况比较

注：Q1-10 表示 2010 年第一季度，下同；单位：百万欧元。
数据来源：欧洲云计算联盟，《法国云计算融资报告》，2014 年 5 月。

---

[1]　欧洲云计算联盟：《法国云计算融资报告》，http://www.cietc.org/article.asp?id=5685。

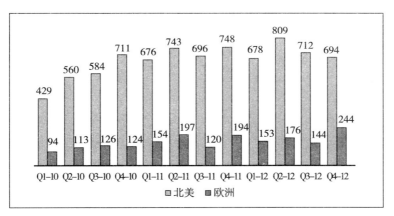

图 6-2　云计算企业2010年至2012年融资次数

注：Q1-10 表示 2010 年第一季度，下同。
数据来源：欧洲云计算联盟，《法国云计算融资报告》，2014 年 5 月。

　　企业价值方面，北美云计算市场平均企业价值倍数达 3.2，高于欧洲市场的 2.4。2012 年，北美云计算企业并购情况非常活跃，是欧洲的 1.5 倍（如图 6-3、6-4 所示）。

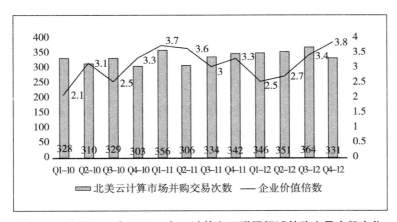

图 6-3　北美2010年至2012年云计算和互联网领域并购交易次数变化

数据来源：欧洲云计算联盟，《法国云计算融资报告》，2014 年 5 月。

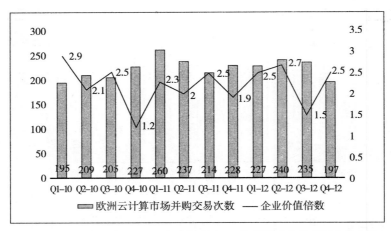

图 6-4　欧洲2010年至2012年云计算和互联网领域并购交易次数变化

数据来源：欧洲云计算联盟《法国云计算融资报告》，2014 年 5 月。

与美国相比，欧洲对云计算的扶植政策发布较晚，但是也采用了政府采购等深入介入的形式推动云计算发展。欧盟在 2011 年开展了云计算相关的咨询，重点包括数据保护及其责任、影响欧洲云计算发展的法律和技术障碍、标准化和写作方案以及促进云计算研发的方法等。2012 年 9 月 27 日，欧盟委员会宣布启动一项旨在进一步开发欧洲云计算潜力的战略计划，旨在扩大云计算技术在经济领域的应用，从而创造大量的就业机会。目标是到 2020 年，云计算能够在欧洲创造 250 万个新就业岗位，年均产值 1600 亿欧元，达到欧盟国民生产总值的 1%。

欧盟委员会的云计算战略计划中的政策措施包括：筛选众多技术标准，使云计算用户在互操作性、数据的便携性和可逆性方面得到保证，到 2013 年确定上述领域的必要标准；支持在欧盟范围内开展"可信赖云服务提供商"的认证计划；为云计算服务，特别是服务的 SLA 制定安全和公平的标准规范；利用公共部门的购买力（占全部 IT 支出的 20%）来建立欧盟成员国与相关企业欧洲云计算业务之间的合作伙伴关系，确立欧洲云计算市场，促使欧洲云服务提供商扩大业务范围并提供性价比高的在线管理服务。

## 三、英国

目前，英国在云计算方面已经走到了欧洲各国的前列，云计算已经正式成为英国的主流。根据 CloudIndustryForum（CIF）2014 年的报告显示，从 2010 年到

2014年期间,英国的云计算已经实现了61.5%的增长。这首先得益于英国政府发布的《数字英国》报告,宣布将加强国家基础设施建设,希望在2012年建成覆盖全国的宽带网络。同时国家还承诺资助铺设下一代高速光纤网络,为云计算的发展与广泛应用打下基础。

2011年11月,英国启动"政府云战略(G-Cloud)"(Government Cloud Strategy 简称 G-Cloud)。按照10月公布的《欧盟公报(Official Journal of the European Union)》规定,政府投资6000万英镑建立公众云服务网络。G-Cloud战略由G-Cloud Delivery Board委员会牵头,下设云服务组、安全工作组、商业工作组以及数据中心联合计划委员会。英国政府希望2012至2013年节省开支2000万英镑,2013至2014年节省6000万英镑,2014至2015年节省8000万英镑。

英国政府期望通过整合中央政府、地方政府、公共组织及商业机构的信息资源,建立一套基于云计算的资源池。各级政府、机构或商业组织,可以从中挑选所需的应用软件与云服务,按需购买。这样不但可以提高采购效率,节约信息化成本,提高资源利用率,还可以促进政府机构与创新科技公司的合作,使信息产品与服务更具有竞争力。政府云战略吸引了大批创新企业,众多研究机构与行业组织也参与其中,政府投入6000万英镑推动这一战略的顺利实施。现在这套基于云计算的资源池已有3000多项服务产品。其中有400多个基础设施服务(IaaS)产品,80多个平台服务(PaaS)产品,1300多个软件服务(SaaS)产品等。涵盖了从公共行政、金融服务、医疗保健到信息、通信和技术(ICT)的各个方面。

自2013年起,英国政府要求所有政府部门在进行信息技术采购时,必须优先考虑云服务产品,推行英国的"云优先"政策。政府计划在2015年以前,新增信息技术支出中的一半以上用于公共云计算服务,从而打造一个基于云的电子政府。

### 四、澳大利亚

澳大利亚将信息通信行业作为新的经济增长点和创新来源。毕马威公司曾预测,云计算每年将为澳大利亚带来额外的33亿澳元的产值。政府积极支持,仅2014年一年,就相继出台了《澳大利亚云计算战略》《澳大利亚政府云计算政策》(第三版)等一系列国家级战略/政策鼓励使用云服务。《澳大利亚云计算战略》分为实现政府云计算价值最大化,鼓励小企业及非营利机构和消费者使用云计算、支持云服务产业繁荣与发展 3 个部分，并分别列出了主要目标与关键举措。《澳大利亚政府云计算政策》（第三版）要求政府机构在下次更新系统时采用云计算服务，并计划于 2014 年年底成立云服务小组，试验将关键数据自动迁移至政府云。根据政府的云技术政策，如果云服务能够达成目标、对数据进行充分保护并且物有所值，那么政府机构必须采用云计算服务。澳大利亚政府每年在 ICT 领域的支出达到 60 亿澳元，以改善公共服务质量，同时还在电子政府和数字经济等领域出台重要倡议。目前，相关实施细则正在拟定，澳大利亚联邦通讯部还将出台更多强有力的政策支持云计算的发展，其中包括政府在采购新的 IT 服务时需优先考虑云计算。

澳大利亚政府希望通过云计算鼓励创新和提高效率，尤其是在政务云、小企业和小机构云以及云服务提供商等三个领域。澳大利亚的银行和金融行业已积极使用云计算，以减少开支并提升效率。为了在商业领域推广云技术的最佳实践，澳大利亚政府将组建云计算咨询委员会，从商业领袖和技术专家处汲取关于云技术的相关建议。澳大利亚政府意识到云计算对私营行业非常重要，中小企业将从云计算中获益最大。为了建立小企业对云计算的信心，澳大利亚联邦通信部开展了一系列项目，为企业采用云技术提供专业建议，推广云计算的使用，让澳大利亚成为云服务的天然港湾。在监管方面，澳大利亚法律框架完善，人才队伍健全，政府监管到位，经济环境良好，而在近期发布的《云就绪指数》（Cloud Readiness Index）报告中，澳大利亚被定位为部署云服务的理想国度之一。目前，澳大利亚通信部正在审查现有法律法规与云计算的匹配度。同时，还和其他政府部门一起帮助产业界更好地理解云计算的监管义务所在。政府还出台放松监管计划，该计划适用于包括云计算在内的所有行业，预计每年将减少 10 亿澳元的监管开支。技术标准方面，澳大利亚联邦通信部与澳大利亚标准局积极合作，致力于将澳大利亚云计算标准与全球标准保持一致。澳大利亚政府在标准领域的成功，很大程度上依赖于私营部门的积极参与。

## 五、日本

日本是云计算应用水平最高的国家，在基础环境和技术方面都排名世界前列。在战略层面，日本发布的中长期信息技术发展战略"i-Japan 战略"中提出在全国进行大规模云计算基础建设，建立大型云计算中心，以及建立基于云平台的电子政府；实现电子地方自治，推动医疗、教育等领域对云平台的利用。此外，还计划到 2011 年投资 500 亿日元（约合人民币 29 亿元）在北海道或东北设立"云计算特区"。从以往发布的相关政策来看，基本覆盖了各个层面，主要涉及到：（1）制定数据中心的节能环保指标，确保数据中心的稳定性；（2）放松政策层面对异地数据存储、服务外包等领域的管制，释放云计算市场的积极性；（3）完善个人信息匿名化与信息安全制度，为云应用的普遍化推广消除后顾之忧；（4）在教育、出版领域积极推广，制定基于云端的数字教材、电子出版物的可重复使用方案；（5）支持基于海量数据的实时处理技术开放，挖掘云计算市场的新需求，推动企业构建云业务平台。就行业应用来看，电信、金融与教育位居日本云计算应用前三名。日本的运营商也对云计算非常积极，纷纷进行各自的云计算布局，三大电信运营商以及软银，都面向企业用户提供了以 IaaS 与 PaaS 为主的云服务。就云计算应用来看，目前在各行业出现不同的典型案例，主要表现在：将汽车变成信息终端，探索云计算与车联网之间的应用衔接形式；开发新型急救医疗系统；在电力云基础上的"电力银行"，建设基于云的分布式智能电网和点对点智能城市。

# 第七章　2014年世界物联网发展情况

## 第一节　发展特点

### 一、发达国家积极开展物联网战略布局

据思科最新报告称，未来10年，物联网将带来一个价值14.4万亿美元的巨大市场。思科预计，未来1/3的物联网市场机会在美国，30%在欧洲，而中国和日本将分别占据12%和5%[1]。继美国政府提出制造业复兴战略以来，美国逐步将物联网的发展和重塑美国制造优势计划结合起来以期重新占领制造业制高点。美国竞争力委员会（Council on Competitiveness）指出"数字技术、纳米技术变革正在开辟美国制造业的广阔创新空间"。自2011年以来，美国政府先后发布了先进制造伙伴计划、总统创新伙伴计划，将以物联网技术为根基的网络物理系统（Cyber–Physical System, CPS）列为扶持重点，并引入企业与大学的技术专家共同制定其参考框架和技术协议，持续推进物联网在各行业中的部署。在此过程中出现了"工业互联网（Industrial Internet）"的概念，美国总统创新伙伴项目（PIF）提出政府和行业合作，创造新一代的可互操作、动态、高效的"智能系统"——工业互联网，其内涵是基于物联网、工业云计算和大数据应用，架构在宽带网络基础之上，实现人、数据与机器的高度融合，从而促进更完善的服务和更先进的应用。美国国家标准与技术研究院（NIST）组织工业界和ICT产业界的龙头企业，共同推动工业互联网相关标准框架的制定，通用电气（GE）公司联合亚马逊、埃森哲、思科等企业共同打造支持"工业互联网"战略的物联网与大数据分析平台。

---

[1]　http://www.cnii.com.cn/thingsnet/2014–08/29/content_1434661.htm.

欧盟建立了相对完善的物联网政策体系，积极推动物联网技术研发。近年来，欧盟对物联网科技创新的重视程度越来越高，相关物联网政策已经涵盖了技术研发、应用领域、标准制定、管理监控、未来愿景等各个领域，发布了信息化战略框架、行动计划、战略研究路线图等，并试图通过"创新型联盟"快速推动物联网融合创新在多个领域中的深度渗透。欧盟在第七科研框架计划（Framework Program 7,FP7）下，设立了IoT-A、IoT6、openIoT等一系列项目对物联网进行了研发，在智能电网、智慧城市、智能交通方面进行了积极部署。欧盟在2013年通过了"地平线2020"科研计划，旨在利用科技创新促进经济增长、增加就业，以塑造欧洲在未来发展的竞争新优势。"地平线2020"计划中，物联网领域的研发重点集中在传感器、架构、标识、安全和隐私、语义互操作性等方面。

德国联邦政府在《高技术战略2020行动计划》中明确提出了工业4.0理念。工业4.0作为未来十大行动计划之一，政府将投资超过2亿欧元，希望巩固德国在工业制造领域的优势地位，引领未来全球的工业发展。在2013年4月汉诺威工业博览会上，德国正式发布了关于实施"工业4.0"战略的建议。工业4.0将软件、传感器和通信系统集成于CPS，通过将物联网与服务引入制造业重构全新的生产体系，改变制造业发展范式，形成新的产业革命。

韩国政府则预见到以物联网为代表的信息技术产业与传统产业融合发展的广阔前景，持续推动融合创新。继《韩国IT融合发展战略》之后，韩国政府持续推动传统产业与ICT的融合创新，并为ICT融合发展确立了法规制度、组织机构和市场监管基础，以确保韩国企业在全球化市场中的差异化竞争优势。近年来，韩国政府通过在汽车、造船、服装等行业设立IT融合革新中心，已经撮合三星等IT企业通过物联网技术与现代汽车等制造企业缔结战略合作项目，规模开展了智能化融合产品的联合研发与产品生产。2013年10月，韩国政府发布了ICT研究与开发计划"ICT WAVE"，目标是未来5年投入8.5万亿韩元（80亿美元），在内容、平台、网络、设备和安全5大领域发展10大ICT关键技术和15项关键服务，其中物联网平台被列入10大关键技术。韩国科学信息通信技术和未来规划部（MSIP）还计划在2014年推出物联网国家行动计划，进一步推动ICT与其它产业的融合。

## 二、物联网应用呈加速发展态势

物联网在行业领域的应用逐步广泛深入，在公共市场的应用开始显现，机器与机器通信（M2M）、车联网、智能电网是近两年全球发展较快的重点应用领域。

M2M 是率先形成完整产业链和内在驱动力的应用。M2M 市场非常活跃，发展非常迅猛。2014 年初，全球 M2M 连接数达到 1.95 亿，年复合增长率为 38%。M2M 连接数占据移动连接数的比例从 2010 年的 1.4% 提高到 2013 年的 2.8%，预计 2014 年底全球 M2M 连接数将达到 2.5 亿。[1] 电信运营商仍是 M2M 的主要推动者，法国电信 Orange 是欧洲第一家提供完整 M2M 方案的电信运营商，德国电信在 2012 年 2 月推出了 M2M 全球运营平台，AT&T 通过与云服务和软件提供商 Axeda 公司合作，向企业提供 M2M 应用开发平台，帮助企业解决开发中的共性问题。目前，全球已有 428 家移动运营商在 187 个国家提供 M2M 服务，M2M 服务在安防、汽车、工业检测、自动化、医疗和智慧能源管理等领域增长非常快。

车联网的建设和发展全面展开。汽车厂商、互联网公司、电信运营商和通信设备商在内的众多企业主动发力车联网，加快相关业务布局。全球车载信息服务市场非常活跃，成规模的厂商多达数百家，最具代表性的全球化车载信息服务平台如通用的安吉星（OnStar）、丰田的 G-book。目前，安吉星在全球处于市场份额第一的位置。截至 2014 年年初，安吉星已经在全球拥有超过 660 万的用户。2014 年 1 月份，雪佛兰、AT&T 和 OnStar 宣布密切合作，通过 AT&T 的 4G LTE 网络，由 OnStar 为雪佛兰汽车提供基于 HTML5 的应用程序商店服务，包括音乐、天气、新闻、汽车健康检测等多项内容。同时，全球科技巨头紧追车联网概念，苹果正式推出车载操作系统 CarPlay，首期合作汽车厂商多达 16 家，包括法拉利、奔驰、沃尔沃等；谷歌联手奔驰等开发的 Android Auto 发布；微软的 Windows Embedded Automotive 7 也已经与福特等数家汽车厂商达成了合作关系。黑莓 QNX 在汽车市场拥有超过 50% 的市场份额，覆盖 230 种车型，保守估计全球搭载 QNX 系统的车数量在数千万。此外，包括宝马、奔驰、沃尔沃在内的许多汽车企业，都拥有了自己的车联网产品，都把车联网看成了汽车未来的发展方向之一。据美国专利市场研究公司 EnvisionIP 的最新报告显示，7 家知名通讯 / 科技公司在手机系统与"智能汽车和混合动力汽车 / 电动车"领域的专利申请上

---

[1]  GSMA：《从理论到交付：当今的M2M市场》报告。

居于前列。其中,谷歌拥有 310 项与车载智能设备相关的专利。此外,三星 234 项、LG161 项、索尼 155 项、诺基亚 42 项、苹果 35 项、黑莓 25 项。

全球智能电网应用进入发展高峰期。2014 年初,与智能电网配套使用的智能电表安装数量已超过 7.6 亿只,到 2020 年智能电网预计将覆盖全世界 80% 的人口。2011 年,美国制定了四项支柱性政策推动智能电网建设,目前其应用效果已经显现,三分之一的美国人用上了智能电表,高峰时用电量减少了 20%—30%;平均停电时间缩短了 20%。[1] 德国、英国、北欧及美国加利福尼亚州在加紧开发以分布式电源为主体的智能电网关键技术——"虚拟电厂",以实现"可再生能源的最大化利用",此外还利用信息通信技术精确控制电力需求。

### 三、物联网技术国际标准化进程加速

针对物联网的通用体系架构研究成为国际关注的重点,欧盟在 FP7 中设立了两个关于物联网体系架构的项目,其中 SENSEI 项目目标是通过互联网将分布在全球的传感器与执行器网络链接起来,IoT-A 项目目标是建立物联网体系结构参考模型。韩国电子与通信技术研究所( ETRI )提出了泛在传感器网络( Ubiquitous Sensor Network,USN )体系架构并已形成国际电信联盟( ITU-T )标准,目前正在进一步推动基于 Web 的物联网架构的国际标准化工作。物联网标准化组织( oneM2M )自成立以来,在需求、架构、语义等方面积极开展研究,目前正在积极开展基于表征状态转移风格( RESTful )的体系架构的标准化工作。

针对物联网应用特点和低功耗目标,各国际组织不断推动新的技术标准研究。IEEE 802.11 针对物联网应用场景,正在开发工作在 1GHz 以下频段面向物联网应用的 802.11ah 协议标准,目标支持更灵活的速率如低速率等级、可支持上千个节点、支持长时间电池供电。IEEE 802.15.4q 工作组针对传感网应用正在开发超低功耗无线个域网标准,目标功率降低到 15mw 以下。蓝牙特别兴趣组( SIG )推出的蓝牙 4.0 版本标准中,最大的特点是支持低功耗模式。根据 SIG 测试,低功耗蓝牙与高速蓝牙相比,能够降低近 90% 的功耗,使用 1 颗纽扣电池的工作时间最多可达 1 年以上。智能电网、智能交通、智能医疗等应用市场的发展,推动不同无线技术在不同应用场景下的竞争融合发展。智能电网领域将形成基于 802.15.4g 与 802.11ah 之间的竞争格局;智能交通领域基于 802.11p 的短距离通信

---

[1] http://www.cnenergy.org/,2013 年 9 月。

技术和基于 LTE 的宽带移动通信技术都有一定程度的应用；智能医疗领域支持低功耗模式的蓝牙 4.0 版本和基于 802.15.6 的体域网技术共存发展。

虽然目前无线传感网组网仍以非 IP 技术为主，但将 IP 技术特别是 IPv6 技术延伸应用到感知层已经成为重要的趋势。互联网工程任务组（IETF）积极推动轻量级 IPv6 技术在无线传感器网的应用，6LoWPAN、RoLL、CoAP 等核心标准已经基本制定完成，其中 6LoWPAN 协议底层采用 IEEE 802.15.4 规定的物理层（PHY）和媒质接入控制（MAC）层协议，网络层则根据节点资源受限和低功耗等特点对 IPv6 协议进行了裁剪和优化。ZigBee 联盟的智能电力 SmartEnergy 2.0 应用框架已经全面支持 IP 协议，同时联盟还成立了 IP-stack 工作组以制定 IPv6 协议在 ZigBee 中的应用方法。工业无线标准 ISA-100.11a 已明确支持 6LoWPAN 协议。围绕轻量级 IPv6 的互操作性测试成为产业界推进重点，IPSO 联盟、欧盟 PROBE-IT 项目分别在全球范围内组织开展了互操作性测试。

物联网语义从传感网本体定义向网络 / 服务 / 资源本体延伸。为解决物联网中由于资源异构及跨系统分布引起的资源互操作性问题，语义技术被引入到物联网中。语义提供更适合机器处理的数据描述，有利于实现物联网各种信息的开放共享以及对信息的自动处理。W3C SSN-XG（Semantic Sensor Network Incubator Group）已经基本完成对传感网本体的定义，包括对传感器感知数据、传感器节点本身、处理进程等。同时物联网语义研究及本体定义范围不断扩展，oneM2M 组织设立抽象语义能力项目，研究如何定义和实现语义能力；欧盟 IoT.est 项目给出了端到端的物联网本体框架，正在开展物联网服务、资源、测试、服务质量方面的本体研究。

物联网持续成为国际标准化热点，多个国际标准化组织设立专门的工作组来总体协调和推进物联网标准化，ITU-T 先后设立 IoT-GSI（全球物联网标准举措）、FG M2M（M2M 焦点组），国际标准组织 / 国际电工委员会（ISO/IEC）JTC1 设立物联网特设组（SWG5）。为促进国际物联网标准化活动的协调统一，在七大标准化组织推动下，oneM2M 于 2012 年 7 月正式成立。物联网涉及国际标准化组织众多，各标准化组织标准化侧重点虽不同，但有一些共同关注的领域，如业务需求、网络需求、网络架构、业务平台、标识与寻址、安全、终端管理等。其中，在感知层，短距离通信技术、IP 化传感器网络、适配能力受限网络的应用协议受重视程度较高；在网络传送层，网关、移动通信网络增强和优化受到高度重视；在应用支撑层，各标准化组织普遍重视业务平台、接口协议、语义的标准化；另外，标识与寻址、服务质量、安全需求、物联网终端管理等也是各标准化组织的关注重点。在行业应用领域，面向行业应用领域的特定无线通信技术、应用需求、系统架构研究成为重点。

## 四、产业巨头跨界合作推动物联网业务创新提速

物联网部分产业加快推进，产业链环节实现突破。基础芯片领域动作不断，国际厂商纷纷布局物联网芯片。Intel 发布 Quark SoC X1000、Atom E3800 两个系列的物联网处理器，旨在提供浴室体重秤、工厂机器人、楼宇通风系统等物联网行业应用。同时，Intel 借助之前收购的 McAfee 嵌入式控制和 WindRiver 智能设备平台，开始在物联网嵌入式智能终端领域全面布局。高通公司发布全新面向物联网的低功耗芯片和 QCA400X 系列网络平台，应用领域包括主流家电、消费电子产品，以及用于家庭照明、安全和自动化系统的传感器及智能插座。

物联泛终端不断演化，催生高集成度创新终端。随着软硬件技术不断发展和芯片性能的不断提升，微型化、低功耗、低成本的光线、距离、温度、气压等微机电系统（MEMS）传感器、陀螺仪在物联终端中被广泛内置，识别、增强现实、3D 显示等技术被应用于认证识别。操作系统针对物联网能力不断提升，Android 支持 11 种传感器应用编程接口以及人脸识别等功能，WP8 增加了运动感应、NFC 支付、手势识别功能。以智能腕表、智能眼镜等为代表的移动互联网和物联网融合产品不断创新，谷歌、苹果、索尼、三星、Intel 等巨头以及初创公司 Pebble 等纷纷加入到智能可穿戴设备的研发争夺中。据 BIIntelligence 预计，未来几年，谷歌眼镜产品销量将一路攀升，到 2018 年底预计年销量将达到 2100 万副。[1]

跨界融合创新活跃，产业巨头"结盟圈地"。高通、Linux 基金会、LG、夏普、海尔、松下、HTC、Silicon Image、TP-Link 等企业发起成立 AllSeen 产业联盟（AllSeen Alliance），通过建立开放软件架构和 SDK 嵌入软件，方便第三方开发者创新。基于高通公司的 AllJoyn 软件平台开展合作，建立统一的设备间通讯标准，实现家庭各类设的无缝连接。谷歌为加速确立全球物联网主导地位，于 2013 年 12 月收购了机器人工程公司 Boston Dynamics，并在 2014 年 1 月以 32 亿美元收购了智能家居公司 Nest。随着这两家公司收归旗下，谷歌将在家居应用和

---

[1]　http://www.businessinsider.com/google-glass-sales-projections-2013-11.

机器人技术的基础上整合推出全球领先的物联网解决方案。其他跨国公司也纷纷行动，VMware 斥资 15 亿美元收购移动设备管理（MDM）软件供应商 AirWatch，而早在 2013 年 ARM 公司就收购了物联网软件供应商 Sensinode Oy 公司，进军物联网市场。思科提出万物互联（Internet of Everything，IoE）概念，并将其作为战略发展重点，在 2013 年下半年先后收购了闪存公司 WhipTail 和移动协作平台公司 Collaborate.com，来实现向万物互联的扩展。

运营商加强合作，持续做大 M2M。荷兰 KPN、西班牙电信、日本 NTT DoCoMo、澳大利亚电信、俄罗斯 VimpelCom、新加坡电信和加拿大的 Rogers 等 7 家运营商共同成立 M2M 联盟，利用虚拟运营商 Jasper 的 M2M 平台，为跨国企业提供覆盖多个国家的无缝 M2M 业务。该联盟还将统一 SIM 卡和网络接口标准，并将应用拓展到更广泛的领域。

产业联盟推动统一标准的形成。美国成立了物联网开放产业联盟，由 sensorsuite、logitech 等 26 家企业组成，该联盟旨在汇聚能够给消费者带来价值的最具创新性的物联网企业，为企业产品之间的互联架起桥梁。AT&T、思科、通用电气、IBM 和 Intel 在 2014 年 3 月成立了工业互联网联盟（IIC），将促进物理世界和数字世界的融合，并推动大数据应用。IIC 计划提出一系列物联网互操作标准，定义常用的结构性连接的智能设备、机器、人、流程和数据的关系，使设备、传感器和网络终端在确保安全的前提下立即可辨识、可互联、可互操作，未来工业互联网产品和系统可广泛应用于智能制造、医疗保健、交通等新领域。

互联网企业加快车联网布局，新的产业格局正在形成。谷歌与奥迪、通用、本田、现代等以及 Nvidia 组建开放汽车联盟（OpenAutomotive Alliance，OAA），加速汽车互联创新，Android 生态系统将扩展至汽车平台，实现多个品牌汽车的互联。苹果则与法拉利、奔驰及沃尔沃等合作推出 CarPlay 车载系统，配装车型已在日内瓦车展发布。宝马（BMW）也瞄准国内市场，与中国联通合作推出 BMW 互联驾驶业务。

开源硬件和开放平台催生物联网设备开发新模式。仅 2013 年 Arduino 即发布了数十个改进版本，拥有数百万开发者和成千上万的应用。由初创公司 Pachube 提供的 Xively 开放平台与开源硬件配合，通过提供网络化集中设备管控、感知数据展示加工等，简化系统开发、集成和部署，降低了系统部署成本。

开源理念加速塑造"C2B"硬件生产模式。Android 操作系统和 Arduino 结合，塑造开放应用＋开放硬件的生态模式，所有第三方设备都可以调用，同时通过类似 Techshop 的创客空间为创客提供空间、工具、仪器和培训，帮助其基于开源硬件开发板设计新型的智能硬件创新产品。开源理念使用户深度参与产品的设计，根据用户需求组织智能硬件产品的批量生产，降低了产品风险与成本。

## 第二节　重点地区发展概况

### 一、美国

进入二十一世纪，物联网相关技术先后引起了美国政府部门、研究机构和企业重视，陆续开展了对无线传感器网络研究和开发工作的积极资助。美国国家情报委员会以及新任总统奥巴马先后颁布了扶持产业发展的报告政策，积极有效地推动了物联网信息产业的发展。奥巴马签署了总额为 7870 亿美元的《美国恢复和再投资法案》，指出将在智能电网、卫生医疗信息技术应用和教育信息技术等领域积极推动物联网的应用与发展。2009 年，IBM 首席执行官建议政府投资新一代的智能型基础设施，在美国工商业领袖圆桌会上提出了"智慧地球"的发展理念。这一理念涵盖范围包括：银行金融、通讯、电子、汽车、航天、能源、公共事业、政府管理、医疗保健、保险业、石油天然气、零售、交通运输等诸多日常生活中的基本领域。旨在将感应器嵌入和装配到电网、铁路、建筑、大坝、油气管道等各种物体中，形成物物相联，通过超级计算机和云计算将其整合，实现社会与物理世界融合。提议获得了奥巴马的积极肯定，并很快被提升为国家物联网的发展战略。

美国在物联网的发展方面取得优势地位，RFID 技术最早在美国军方使用，无线传感网络也首先用在作战时的单兵联络。EPCglobal 标准已经在国际上取得主动地位，许多国家采纳了这一标准架构。佛罗里达大学和飞思卡尔半导体公司开发智能微机电系统传感器拥有低功耗、低成本的优点，Rutgers 大学开发的多模无线传感器多芯片模块、伊利诺斯州 Urbaba-Champaign 大学开发的热红外无线传感器等，这些技术将为物联网发展奠定良好的基础。

### 二、欧盟

作为世界上最大的区域性经济体，欧盟建立了相对完善的物联网政策体系。

从最初的信息化战略框架，到物联网产业逐渐成熟起来后出台的一系列行动计划、框架计划、战略研究路线图等，经过多年的发展积淀，欧洲地区的物联网政策已陆续出台了涵盖技术研发、应用领域、标准制定、管理监控、未来愿景等较为全面的报告文件。

与此同时，为了配合政策实施，推动产业发展，欧盟还设立了专门的项目机构。比如，欧盟电信标准化协会下的欧洲 RFID 研究项目组的名称也变更为欧洲物联网研究项目组，致力于物联网标准化相关的研究。而欧盟第七框架计划研究系列则通过设立 RFID 和物联网研究项目簇，来进一步促进欧盟内部物联网技术研究上的协同合作。

欧盟执委会正式公布了未来 5 年欧盟信息通信政策框架"i2010"，计划整合不同通信网络、内容服务、终端设备，发展面向未来型、更具市场导向及弹性的技术，以提供一致性的管理架构来适应全球化的数字经济，迎接数字融合时代的来临。从欧盟委员会到物联网领域的专业研究项目组，先后颁布了《欧盟物联网行动计划》《物联网战略研究路线图研究报告》《未来物联网战略》等多份规划欧洲物联网未来发展动向的相关报告。

此外，除了上述欧盟框架计划之外，欧盟还有欧洲物联网项目组（CERP-IOT）、欧洲电信标准协会（ETSI）、全球标准互用性论坛（GRIFS）3 个项目组织在对物联网进行研究和推动。

## 三、日本

进入二十一世纪以来，日本仍然积极推进 IT 立国战略，首先提出了"IT 基本法"，其发展历程主要涵盖三个主要阶段：e-Japan、u-Japan、i-Japan。日本政府还十分重视采取政策引导的方式推动物联网的发展，根据市场需求变化，对当前的应用给予政策上的积极鼓励和支持，对于长远的规划，则制定了国家示范项目，并用资金等相关扶持方式吸引企业投入技术的研发和推广应用。

e-Japan 系列战略的实施，为后续推动物联网技术的发展提供了信息网络、政策法规、人才储备等的充足条件。以发展 Ubiquitous 社会为目标的 u-Japan 战略中，物联网包含在泛在网的概念之中，并服务于 u-Japan 及后续的信息化战略。在 i-Japan 战略中提出了重点发展的物联网业务，主要包括：通过对汽车远程控制、车与车之间的通信、车与路边的通信，增强交通安全性的下一代 ITS 应用；老年与儿童监视、环境监测传感器组网、远程医疗、远程教学、远程办公等智能城镇项目；环境的监测和管理，控制碳排放量等，从而强化物联网在交通、医疗、教育和环境监测等领域的应用。

## 四、韩国

2014年来，韩国政府先后出台了多达八项的国家信息化建设计划，其中，U-Korea战略是推动物联网普及应用的主要策略。在u-IT839计划中，韩国将RFID/USN列入发展重点，并在此后推出了一系列相关实施计划。同时还确定了八项需要重点推进的业务，其中物联网是U-Home（泛在家庭网络）、Telematics/Locationbased（汽车通信平台/基于位置的服务）等业务是实施的重点。u-Korea战略旨在通过布建智能网络（如IPv6、BcN、USN）、推广最新的信息技术应用（如DMB、Telematics、RFID）等信息基础环境建设，建立无所不在的信息化社会，并通过扶植韩国IT产业发展新兴应用技术，强化产业优势与国家竞争力。

为深入推进物联网特定技术的相关研究，韩国政府陆续出台了推动RFID发展的相关政策，其中包括RFID/USN（传感器网）。韩国RFID/USN政策主要由三大板块构成：RFID先导计划、RFID全面推动计划以及USN领域测试计划。（1）RFID先导计划：对u-药物系统、机场货物设施、食品安全管理、u-渔场系统以及移动RFID先导计划的信息进行整合应用。（2）RFID全面推动计划：对水资源污染管理系统、u-弹药管理系统、港口运营效率强化、工业、交通、客户、运筹系统等的设计部署。（3）USN领域测试计划：对水资源、桥梁安全、气象及海洋、城市基础建设以及文化财产等监测系统的研究。

另外，韩国知识经济部发布了RFID推广战略。该战略主要包含了三方面的内容。（1）在制药、酒类、时装、汽车、家电、物流、食品等七大领域扩大RFID的使用范围，分别推行符合各领域自身特点的相应项目。其中，在制药和酒类两大领域，将推行RFID标签，而在食品领域，则将推行RFID示范项目，以增强食品流通记录的透明度。（2）普及RFID的应用，促进技术研发，推动示范项目的开展。韩国计划研发在900Hz和13.56MHz带宽上均可使用的双读写芯片，并推广拥有双读写芯片的经济型手机USIM卡。同时，到2015年，在流动人口密集地区规划出50个智能RFID区，使人群在此类区域里可以利用装有RFID读写器的手机享受定位查询、信息检测、购物结算、演出票购买、观看视频等服务。（3）集中力量研发具有自主产权的制造技术，致力于实现批量生产小型硬币尺寸的 RFID 标签，从而大幅降低 RFID 标签价格。同时，为减少企业生产环节引入 RFID 设备的初期投资压力，探讨成立 RFID 服务外包专业公司。

# 第八章　2014年世界大数据发展情况

## 第一节　发展特点

### 一、数据成为重要的战略资产

联合国大数据政务白皮书中，美国将"大数据战略"上升为国家意志，认定大数据是"未来的新石油"，是"陆权、海权、空权之外的另一种国家核心资产"。麦肯锡认为"大数据是下一轮创新、竞争和生产力的前沿"，"对于企业来说，海量电子数据的应用将成为未来竞争和增长的基础"。IBM 认为"数据将成为一个行业当中决定胜负的根本因素，最终数据将成为人类至关重要的自然资源。"麦肯锡研究表明，单纯地将开放数据应用于全球经济七大领域：教育、交通、消费品、电力、石油天然气、医疗与消费金融，就足以产生超过 3 万亿美元的附加值。根据麦肯锡预测，如果具备相关的 IT 设施、数据库投资和分析能力等条件，大数据将在未来 10 年，使美国医疗市场获得每年 3000 亿美元的新价值。[1] 数据将贯穿产品生命周期的各个阶段，成为能带来高效增值的极有价值的原始材料，成为企业的战略资产。最近一项由麻省理工斯隆管理学院针对 179 家企业的研究表明：企业采用"数据驱动决策"比采用技术、投资等其他因素决策的生产效率提高 5% 到 6%。

### 二、大数据市场快速增长

据 MarketsandMarkets 公司 2013 年发布的报告预测，全球大数据市场规模

---

[1]　许晔：《大数据时代来袭中国宜加紧布局》，2013年10月8日，见http://dz.jjckb.cn/www/pages/webpage2009/html/2013-10/08/content_80207.htm?div=-1。

将从 2013 年的 148.7 亿美元增长到 2018 年的 463.4 亿美元，年均复合增长率达 26%。推动全球大数据市场发展的主要动力在于企业持续升级业务流程，改进运营效率。而另一个关键因素则是非结构化数据的快速增长，企业需要基于这些数据的预测性分析服务。在这一持续增长的市场中，提供硬件和软件 IT 解决方案的公司将有竞争优势。在咨询、集成和部署业务中，服务业务仍是其中最大的一部分。[1] 此外，以营收贡献来看，北美仍是最大的市场，而亚太、中东、非洲和拉美等新兴经济体将有着更高的年复合增长率。发展中经济体的大数据市场将加速发展，这将进一步推动整个市场的增长。

2013 年国际数据公司（IDC）也发布了相关研究报告，预计 2017 年大数据市场规模将达 324 亿美元，年复合增长率为 27%。其中增长最快的市场领域是云计算基础设施，年复合增长率高达 49%。与 IDC 在 2012 年的预测相比，大数据市场增速减少了 4.7%，而 IDC 当时预测大数据市场增长最快的领域是存储，增长率为 53.4%。另外，根据 Wikibon2013 年 3 月发布的大数据市场报告，2012 年大数据市场总体规模为 113 亿美元，报告还预测大数据市场 2013 年总体规模将增长 61% 至 180 亿美元，到 2017 年大数据市场规模有望达到 500 亿美元，这意味着未来五年大数据市场的年均复台增长率将高达 31%。

### 三、大数据变革制造业企业运作模式

在德国"工业 4.0"战略中，制造企业的数据将会呈现爆炸式增长态势。随着信息物理系统（CPS）的推广、智能装备和终端的普及以及各种各样传感器的使用，将会带来无所不在的感知和无所不在的连接，所有的生产装备、感知设备、联网终端，包括生产者本身都在源源不断地产生数据，这些数据将会渗透到企业运营、价值链乃至产品的整个生命周期，是工业 4.0 和制造革命的基石。美国电气旨在以"数据分析"为核心竞争力，投资千亿美元建立工业互联网的蓝图。

### 四、基于数据的新兴商业模式不断涌现

数据催生新兴产业和企业类型。零售行业中，在市场分析、销售规划、运营以及供应链等方面利用大数据进行分析优化；能源行业中，随着传感器的广泛引入，大数据对传感器创造的海量数据进行快速、及时地分析；教育行业中，利用

---

[1] 维金：《2018年全国大数据市场规模将达463.4亿美元》，2013年9月2日，见http://tech.sina.com.cn/it/2013-09-02/11088699338.shtml。

大数据算法，能在录取前预测哪些申请者能取得更好的学习成绩。例如，亚马逊是对传统行业商业模式颠覆式创新的一个典型。亚马逊通过消费应用、网上购买行为等一系列数据分析用户的行为，感知用户的体验；通过对购物篮数据的关联分析，改善甚至创造用户体验。谷歌分析用户的搜索内容，提供更加个性化的搜索结果，比如提供和天气相关的搜索选项。欧洲通过互联汽车监控实时（驾驶）行为办理保险，按行驶付费的汽车保险市场已经有 200 多万客户，而且已经达到了临界点，预计到 2020 年市场规模可翻 50 倍。

## 五、大数据投资重点倾向于服务领域

大数据在各行各业都有应用，尤其是在互联网、零售、金融、医疗、教育等服务行业应用广泛。据 Gartner 的一份调查研究报告所示，2013 年在大数据领域的投资比 2012 年有所增长，有 64% 的企业投资或计划投资于大数据，而 2012 年同期只有 58%。在这 64% 企业中，有 30% 的企业已经投资于大数据，有 1% 的企业计划在未来一年内投资，另外有 15% 的企业计划在两年内投资。该调查研究还显示，2013 年大数据投资倾向度较高的领域为媒体 / 通信、银行、服务等，而制造业则排在第六；在未来两年计划投资倾向度最高的领域是运输，医疗和保险紧随其后。从投资地域来看，北美地区有着较大的领先优势，而亚洲 / 太平洋地区在未来两年内投资的趋向十分明显。欧洲、中非、非洲和拉美投资计划的比例较大，大数据技术的应用可能会稍有滞后。

## 六、领先企业开发多种大数据产品与服务

IBM 创立大数据行业解决方案。IBM 是跨大数据全产业链的巨型企业，其业务范围涵盖了大数据采集、存储、管理、分析到应用几乎所有过程。IBM 正在成为大数据产品和服务领先的提供商。IBM 自 1990 年代就推行可扩展并行系统，应用于天气预报等行业。近年来，IBM 先后投资了 SPSS、Clarity、OpenPages、i2、Algonthmics 等公司用以开发其商业分析解决方案，为客户提供预知判决、防范诈骗、风险和威胁的能力。此外，IBM 雇佣了近 9000 名具有专业行业知识的资深分析咨询师，建立起了由 8 个全球分析解决方案中心链接起的网络。目前，IBM 的大数据平台包括基于 Hadoop 的分析、流计算、数据仓库、整合、可视化、系统管理、治理、咨询服务及业务伙伴应用多个方面，提供软件、硬件和行业解

决方案在内的各种服务。[1]

亚马逊提供大数据基础设施服务。亚马逊主要推出了亚马逊网络服务系统（AWS）上的大数据，通过数据推动创新。亚马逊提供适用于数据收集、存储、集成、分析与写作的可扩展性服务。除了在过去三年里一直提供的在线分析引擎 Elastic MapReduce 服务，AWS 在 2012 年还新增了两项大数据服务。Amazon DynamoDB 是完全托管的高性能 NoSQL 数据库服务，易于设置、运行和扩展。这是一项亚马逊从 2007 年就开始部署的服务。RedShift 则是一个在线的数据存储库，是 AWS 在 re:Invent 大会上推出的产品。AWS 会直接连到企业的数据中心，企业可以通过 AWS 服务，运行一些关键任务应用，同时 AWS 也将继续同 SAP 等企业合作，给企业提供商用软件。

谷歌开发大量数据资源子公司的大数据业务布局基本分为 3 个层次：数据中心、查询与挖掘、企业应用。目前谷歌公司在全球拥有 30 多个数据中心，其主要产品和服务涉及了网络搜索、移动搜索、媒体与视频搜索、地图、专业搜索、云办公、社交媒体以及各种企业解决，其中最富有特色的是谷歌开发了大量的开源技术和项目，并构建了"谷歌开发者"网站专门提供开放源代码项目托管服务。

## 第二节　重点地区发展概况

### 一、美国

美国政府在大数据研发和开放数据方面相继发布了多个相关政策，从而快速建立起了一套比较完善的政策体系，为美国政府在大数据领域的领先发展打下了良好的基础。

美国大数据科研政策的特点是鼓励多方协作研发，不仅包括了高校研究院所，还包括像 IBM 等全球领先的企业，甚至还有各类私营基金会；美国开放数据政策的特点是明确开放数据过程，注重个人隐私的保护。总之，美国政府制定推动的大数据政策，鼓励多方合作信息共享，并要求将政府自身的数据以便利的形式及时提供给大众，提高了公众对政府数据共享重大意义的认识，使个人都能够获

---

[1] 官建文、刘振兴、刘扬：《国内外主要互联网公司大数据布局与应用比较研究》，《中国传媒科技》2012年第17期。

取各种各样的数据。这种模式在某种程度上形成了数据利用的长尾效应，从而为创造更多潜在创新提供了机会。

美国大数据科研政策对服务业的支持。美国大数据技术和应用科学研发支持政策，主要由网络和信息技术研发计划（NITRD）总体规划，科学和技术政策办公室（OSTP）发布研发倡议，国家科学基金（NSF）制定研发提案招标说明。

在 2012 年 3 月最初发布的"大数据研发展倡议"中就有多个涉及医疗服务和科研服务的应用项目。为了延续第一轮大数据研究项目，2013 年 11 月 OSTP 和 NITRD 共同发布了 7 个方面共 34 类政府、商业及非赢利组织合作的大数据发展计划，更是涉及了交通、公共管理、教育等多个方面的项目，例如波士顿市的"城市交通大数据挑战"项目、纽约市的"市场办公室数据分析"（MODA）项目、美国国家标准技术研究所（NIST）与 IBM 合作的大数据人才测评项目等。

此外，NSF 自 2012 年连续 3 年发起了 3 轮"在社会科学、行为科学、经济学、教育和人力资源事数据密集型研究领域建立社区和能力"提案征集活动。以期在社会科学、行为科学、经济学、教育和人力资源领域建立数据研究的社区、数据库和基础设施，具体包括成立集研究、数据和基础设施于一体的研究和管理团队，其中包括运用自动分析工具，以及相关基础设施的原型建设。

美国政府开放数据政策对服务业的支持。开放数据政策最早的源头可以追溯到 1967 年颁布的《信息自由法》，该法案的主要内容是规定民众在获得行政信息方面的权利和行政机关在向民众提供行政信息方面的义务。奥巴马总统在上任不到一年的时间里，即签署了《开放政府指令》，明确了政府数据应采用开放、机器可读格式、同时适当保护隐私、保密和安全等方式自由可用。这一措施的目标是加大政府的透明度，改进政府服务，让企业、学者等利用开放数据来生产新产品和新服务，并创造就业机会。此后，为了长期执行开放数据政策，美国政府又于 2011 年发布了"数字政府战略"，在 2012—2014 年发布了三轮"开放数据倡议"。

其中，"开放数据倡议"的目的是使政府数据和企业自愿提供的数据作为大规模新数据来源，企业家可以用它来创造新的产品和就业机会。最近，由美国卫生部（HHS）和美国医学研究院在 2010 年推出的"健康数据倡议"，促进了政府储藏的健康相关知识和信息量的激增，并通过强调创新的聚会、研讨会和"数据狂欢"（Datapalooza）等形式将这些数据公布给企业家使用。数百家公司现在已经利用这些数据来开发新产品和服务，帮助了数以百万计的美国人，并且创造了大量就业机会。"开放数据倡议"不仅支持健康数据开放，还鼓励在能源、教育、公共安全、个人理财和非营利部门形成新开放数据行动。这些举措将同时涉及在严格保护隐私的方式下，政府公布的数据资源和私营部门自愿提供的可访问数据，例如，在公用事业领域，允许消费者和企业自行下载用电量数据的电子副本。

## 二、欧洲

欧洲加强大数据战略规划与投资。欧洲的大数据政策体系存在于两个层面：以欧盟为主的国家间协同创新政策体系和各国家内部政策体系。欧盟层面制定总体战略，主要以战略项目、资源协调、基础设施建设、交流与合作等为主。自2010年以来，在欧洲i2010战略、欧盟第七框架计划等基础上，欧盟相继制定了"欧盟2020战略"、地平线2020计划等，这些战略都认为当今社会经济增长动力已经发生变化，未来社会以知识推动经济增长、创造价值，唯有创新才能走出经济困境、创造经济发展新的增长点。

### （一）欧盟推进"数据价值链战略"

"数据价值链战略"旨在获取数据尤其是大数据的最大价值，是对欧洲"开放数据战略"、云计算、高性能计算以及开放科学数据战略的巩固和补充。数据价值链即是数据生命周期，从数据产生、验证、预处理，到以各种创新型产品和服务进行的利用和再利用。战略旨在培育一个包括软件企业、中小企业、数据密集型部门（公共和私人）、研究者、学术机构和投资者在内的贯通的欧洲数据生态系统，刺激围绕数据进行的研究和创新，开发跨部门、跨语言和跨界的产品与服务，采取加强能力基础建设、基础设施、标准、优惠的政策和法律环境等整套措施以改善提取数据价值的环境框架。

### （二）英国着力提升数据分析能力

2013年年初，英国商业、创新和技能部宣布，政府将出资6亿英镑支持有关研究机构的研发工作，以发展8类高新技术。其中，大数据和节能计算在未来两年内将获得英国政府1.89亿英镑资金。英国大学与科技国务大臣戴维·威利茨认为，英国为大数据革命做好了充分准备，全球500台最强大计算机中，英国有25台（欧洲有107台，美国253台，中国68台），并在数学和计算机科学领域积累了丰富的科研基础，善于处理不同大数据集的算法。英国科学家参与欧洲核子研究中心（CERN）就是最好的说明，在医疗保健、人口统计、农业和环境领域，拥有世界上最好、最完整的数据集。

2013 年底，英国商务、创新和技能部发布《英国数据能力发展战略规划》，旨在使英国成为大数据分析的世界领跑者，并使公民和消费者、企业界和学术界、公共部门和私营部门均从中获益。该战略在定义数据能力以及如何提高数据能力方面，进行了系统性地研究分析，并提出了举措建议。

### （三）法国开启电子政务大数据

电子政务的推广应用是智慧城市建设的一个重要方面。2011 年 7 月，法国工业部长埃里克·贝松宣布投资 20 万欧元，启动"Open Data Proxima Mobile"项目，希望通过该项目实现公共数据在移动终端上的使用，从而最大限度地挖掘它们的应用价值。项目内容涉及交通、文化、旅游和环境等领域。为了便于公民自由查询和下载公共数据，2011 年 12 月，法国政府推出的公开信息线上共享平台——data.gouv.fr 正式上线。2013 年 2 月，法国政府发布《数字化路线图》，列出 5 项将会大力支持的战略性高新技术，其中一项就是大数据。同时法国将建立"地方性数字化城区"，提高法国"数字化"生态系统的能见度，法国数字经济部将建立一个"数字化计划实验室"，并与地方政府紧密合作，推动数字化工具的研发。2013 年 4 月，法国经济、财政和工业部宣布，将投入 1150 万欧元用于支持 7 个未来投资项目。[1]

### 三、亚太地区

亚太地区是全球大数据技术应用发展最为快速的地区。其中，日韩等主要国家对大数据产业的兴起也非常重视。但这些国家并没有独立的国家层面大数据产业规划，有关大数据的推进措施基本都是本国信息技术战略规划的延伸。

### （一）日本将大数据作为新 IT 国家战略的核心

为了发展大数据产业，日本在国家层面相继发布了相关战略、基础设施、预算方面的文件。但总体上看，日本还没有专门的关于大数据的战略规划和文件，而是将其融入到 IT 相关战略与政策中。

日本总务省信息和通信技术基本战略委员会（ICT）推出"活力 ICT 日本"综合战略，将重点关注大数据应用。新 ICT 战略将重点关注大数据应用所需的云

---

[1] 吕光：《大数据国家档案之法国：智慧城市中的大数据》，2014年1月15日，见http://www.china-cloud.com/dashujuzhongguo/disanqi/2014/0115/22708.html。

计算、传感器、社会化媒体等智能技术开发；新医疗技术开发、缓解交通拥堵等公共领域将会得到大数据带来的便利与贡献。另外，ICT 在 2012 年发布的信息通信白皮书中，将大数据的应用建设作为实现"智慧革命"目标的重要支撑内容。

### （二）韩国建设大数据中心

2011 年，韩国科学技术政策研究院正式提出"大数据中心战略"以及"构建英特尔综合数据库"，同时，设立专职部门制定应对大数据时代计划。2012 年，韩国科学技术委员会就大数据未来发展环境发布重要战略计划。此后，韩国政府把智慧城市的建设与大数据产业的发展结合在一起，相继发布了智慧城市服务、宽带基础设施、数据中心等方面的规划和政策。

2013 年，在新一任韩国总统朴槿惠"创意经济"的新国家发展方针指导下，韩国未来规划部提出"培养大数据、云计算系统相关企业 1000 个"的国家级大数据发展计划以及《第五次国家信息化基本技术（2013—2017）》等多项大数据发展战略，其主要内容涉及以下 5 个方面：安全领域、自然灾害、交通安全、国民人身安全、网络犯罪。此外，食品安全、国民医疗、国家信息安全等领域，甚至残疾人就业、高龄人员养老等领域也将涉及大数据应用。

### （三）新加坡政府扮演大数据时代关键角色

近年来，新加坡加强了智慧城市的建设，并制定了大数据技术路线图，推动数据开放。同时，为推进政府数据的开放和价值开发，新加坡资讯通信发展管理局（IDA）专门聘请了首任首席数据科学家。

新加坡多个政府部门主动开放政府数据，积极推动医疗、教育等具体领域的应用发展，并将大数据人才的培养作为国家战略的一部分，新加坡政府计划到 2017 年，培养 2500 名数据分析专业人才，进一步巩固强化数据相关的基础设施建设，着重数据安全和隐私方面的立法建设，鼓励企业设立数据分析中心，并形成产学研政之间的合作网络，以增强新加坡在亚太地区大数据分析方面的实力。

### （四）澳大利亚发布公共服务大数据战略

2013 年 8 月，澳大利亚政府信息管理办公室（AGIMO）发布了《公共服务大数据战略》。该战略"以数据属于国有资产，从设计着手保护隐私，数据完整性与程序透明度、技巧、资源共享，与业界和学界合作，强化开放数据"六条原则为支撑，旨在推动公共行业利用大数据分析进行服务改革，制定更好的公共政策，保护公民隐私，使澳大利亚在该领域跻身全球领先水平。[1] 大数据战略的主要使用者是负责提供公共服务和制定相关政策的澳大利亚政府高级官员，它描述了这样一个愿景，就是在确保公民隐私和安全的前提下，政府推动相关机构更加高效地利用各自的数据资产，实现机构的价值和目标。

---

[1] 刘长安、姚文文：《澳大利亚发布公共服务大数据战略》，2013年8月14日，见http://www.cnii.com.cn/internation/2013–08/14/content_1203730.htm。

# 第九章　2014年世界移动互联网发展情况

## 第一节　发展特点

### 一、移动互联网用户规模大增

根据全球移动供应商联盟最新数据显示，截至 2014 年底，全球 LTE 用户数为 4.97 亿户。其中，2013 年全年新增 LTE 连接数为 2.9 亿，仅 2013 年第四季度新增 LTE 连接数便达到了 1.15 亿，环比增加 45%。移动业务在许多地区（包括发展中国家）的普及水平已经远超 100%。[1] 同时，各国积极部署 LTE-A（LTE-Advanced, 也称 4G+）网络，据市场研究机构 ABI Research 发布的报告，截至 2014 年年底，全球已有 1 亿人口在使用着 LTE-A，预计到 2018 年 LTE-A 网络将覆盖全球 10 亿人口。

### 二、LTE快速展开商用

LTE 自 2009 年底在北欧正式投入商用以来，增势迅猛。据 GSA 统计，2014 年，全球共有 611 家电信运营商在 174 个国家和地区投资 LTE 网络。预计 2015 年还将新增 86 张 LTE 商用网络，使得全球 LTE 商用网络数增至 450 张。[2]LTE 的快速发展，拉动着 4G 相关领域投资增长，促进信息消费。市场调研公司 Infonetics 发布最新报告显示，2014 年 LTE 独自推动移动基础设施市场同比上涨 10%，至 468 亿美元，该收入较 2013 年增长了 69%。仅 2014 年四季度，全球宏蜂窝移动基础设施市场收入就达到 120 亿美元，环比上一季度增长 8%。

---

[1]　we are social：《2014年全球社会化媒体、数字和移动业务数据洞察》，2014年2月17日。

[2]　《全球LTE用户数量逼近5亿》，2015年3月25日，见http://finance.sina.com.cn/world/20150325/155521806101.shtml。

### 三、移动应用迅猛发展

社交、游戏、购物、移动支付等移动互联网应用迅猛发展，已经逐步渗透到网民日常生活的方方面面。消息类应用拓展覆盖范围，作为通往新受众的关口。旅游和交通类应用引领分享经济潮流。分享经济变革了消费者的生活、工作以及与社区的交互方式。从 2013 年到 2014 年，旅游和交通类应用十强的下载量增长 30% 以上。交通类的 Uber 和 Lyft，住房类的 Airbnb、Homeaway 和 Couchsurfing 都获得了用户和资本市场的认可。旅游和交通类应用引领分享经济潮流。分享经济变革了消费者的生活、工作以及与社区的交互方式。旅游和交通类应用十强的下载量从 2013 年到 2014 年增长 30% 以上。手机视频应用流行度上升。尤其在中国，高速数据传输服务的普及、更优惠的流量套餐以及大屏手机的火暴，都刺激了用户在手机上观看视频的行为。超级休闲类游戏火暴，其中最著名的当属已经下架的 Flappy Bird，该游戏吸引了大量的模仿者，情节简单、会话时间短和单击式操作的理念得以传承。[1]

### 四、智能手机保持高速增长

智能手机成为最重要的网络终端设备，智能手机的普及、资费的下降以及服务的日益丰富，更加助力移动互联网在全球范围内爆发。依据 eMarketer 发布的最新研究报告，全球智能手机数量仍将继续增长。2013 年全球在使用的智能手机数量为 13 亿部，2014 年增至 16 亿部，2016 年智能手机数量将达到 21.6 亿部，而到 2018 年智能手机在移动手机市场中的占有率将突破 50%。

## 第二节　重点地区发展概况

### 一、美国

美国移动互联网发展已进入高速成长期。根据互联网流量监测机构 Comscore 发布的报告显示，2014 年，美国的移动互联网呈现出以下几个特点。

数字媒体受众现在是多平台主导。移动互联网崛起，用户在移动媒体上花的时间增加，同时使用 PC 和移动平台获取内容的受众比例在提升。2013 年 3 月，

---

[1]　App Annie：《2014移动应用发展趋势报告》，2015年1月29日。

多平台使用者超过 50%，并于年底达到 56%。[1]

用户媒体消费时间因移动而增加。随着手机这种更加人性化的信息获取方式的到来，手机、平板电脑抢走了用户更多碎片化的时间，甚至是传统 PC 的使用时间。用户的移动迁移已经成为很多做 PC 产品的产品经理用来解析其 PC 端产品用户流量和使用时间下滑的原因。但总的来看，移动互联网其实是做大了媒体消费的蛋糕，传统的互联网内容提供商通过移动可以获取他们在 PC 上所不能获得的用户额外时间。

迅速普及的移动互联网市场，2014 年初智能手机和平板电脑渗透率分别达到 65% 和 34%。智能手机市场，Android 胜出了软件，iPhone 赢了硬件。从操作系统的市场份额来看，Android 无疑以其开源性赢得了市场，而 iPhone 则以其优异的软硬件结合优势成为最知名的硬件设备。苹果以 40% 市场份额领先，市场竞争激烈，三星紧随其后。随着美国人不断更换新机，2014 年初有 4G 功能的智能手机普及率已经超过 50%，而一年前这个比例只有 26%。

社交是移动第一的服务。PC 社交已经基本停滞，而移动社交正在快速增长，除了巨头产品移动时间继续增加外，新的社交应用也是层出不穷；发端于 PC 侧的社交应用，移动使用时间也超过了 PC，典型代表是 Facebook；而兴起了移动侧的社交 APP，则用户互动场景几乎 100% 在移动。

原生广告成为社交媒体重要的盈利模式。在手机上，内容已经不存在左右两侧的空间，对于社交媒体而言，内容就是信息流，而广告要在这种场景中有效，则必须插在内容中央。而要减少广告对用户的干扰，广告的原生性很关键。目前原生广告成为 Facebook、Twitter 重要的创收来源，而对于国内社交巨头腾讯而言，原生广告也正成为其社交广告业务重要的收入增长点。网络视频广告市场因为用户往智能手机和平板电脑迁移而继续扩展。

## 二、亚太地区

2014 年初，亚太地区移动用户占全球移动用户总数的 50%，拥有移动用户 17 亿，预计到 2020 年，亚洲将是全球增长最快的移动市场之一，亚太地区移动用户数的年均复合增长率将保持在 5.5% 左右，用户总数将达到 24 亿。截至 2014 年初，亚太地区移动连接总数有 34 亿，预计到 2020 年将达到 48 亿。[2]

---

[1]　Comscore：《2014美国数字媒体未来焦点报告》。
[2]　GSMA（GSM协会）：《2014年亚太地区移动经济报告》，2014年6月10日。

区域多元化移动发展。按用户规模，目前，亚太地区大部分移动用户主要集中在中国、印度、日本和印度尼西亚这四个国家，这四大市场的用户占亚太地区用户总数的四分之三，超过全球用户总数的三分之一。4G 率先在日本、新加坡、韩国和澳大利亚发展，移动用户普及率达到 90% 以上，而在缅甸等地，普及率与日本相差甚远，比例不超 15%。印度重在市场的开发，即其运营商将网络延伸至农村地区，并提供经济实惠的移动宽带服务。

运营商投资推动亚太经济发展。2013 年，亚太区域的移动通信行业 GDP 贡献额达到 8640 亿美元，提供就业岗位 370 万个，为亚太地区贡献 820 亿美元公共资金。预计到 2020 年，移动行业将为亚太地区 GDP 提供超过 6.9% 的贡献率，就业人数将提高 610 万个。

3G 或 4G 更受青睐，将有越来越多的移动用户使用 3G 或 4G 移动宽带网络，预计到 2020 年，3G 和 4G 的连接数将有 2014 年初的 25%、3% 分别上升至 34% 和 28%，移动连接数将达到 48 亿。

# 第十章　2014年世界数据开放发展情况

## 第一节　发展特点

### 一、各国加强数据开放领域的协同合作

2011年9月，美国、英国、挪威、南非、巴西、墨西哥、印度尼西亚、菲律宾等七国成立了开放政府合作联盟（OGP），签署了《开放政府宣言》，旨在通过政治领导、技术支持、公共投资，以及政府与社会组织间的协同合作等形式帮助入盟国家加快开放政府进程，致力于推动全球更多的国家和地区加入开放数据运动的队伍。截至2014年1月15日，OGP已吸纳了63个国家和地区成员，为众多国家制定开放政府行动计划提供了有效手段，为国家和地区间的开放合作创造了交流平台。此后，多个影响力较大的世界性组织陆续将开放数据提上议程，如八国集团发布了《开放数据宪章》，明确了开放数据的五大原则、十四个优先开放的高价值数据领域和三项共同行动等内容。

### 二、各国普遍以统一的门户网站作为数据开放的载体

在美国建立"Data.gov"取得良好效应的影响下，各国各地区普遍采取建设统一的政府开放数据门户网站的做法（见表11–1）。根据国情和地区发展水平的不同，各国各地区政府开放数据门户网站建设模式也存在一定差异。比较常见的途径是新建统一的开放政府数据网站，构建数据收集、管理、开放、查询、下载、再利用的官方平台，如美国、英国、印度、新加坡等。其中，印度、新加坡是在全国范围内统一整合各部门或各地区的数据集，建成域名带有"数据（Data）"、"政府（Gov）"字样的国家开放数据门户网站；而美、英除了拥有全国性的开放数据

门户网站外，美国的 80 多个州、县（市）还建立了单独的地区性数据门户网站，英国的索尔福德市议会则建立了单独的部门开放数据门户。爱尔兰则是依托已有的中央统计局在线网站提升其开放数据服务功能。德国的做法是集中开放某一领域如环境信息的统一门户，与他国多个领域数据同时开放形成区别。再如中国香港，则是在政府网站上新增 Data.one 类目以实现开放数据功能。

表 10-1　代表性开放政府门户网站基本管理信息一览表

| 国家 | 开放数据平台网站 | 开放维度 | 开放数据来源机构 | 开放格式 | 开放应用工具（APPS） | 热门数据集门类（下载量排名前五位） | 建设方式 |
|------|------|------|------|------|------|------|------|
| 美国 | Data.gov | 一级维度：原始数据和地理数据；二级维度：农业、气象、教育、能源、金融、地理空间、全球发展、健康、工作技能、公共安全、科学研究、天气、商业、城市等21个门类 | 175个机构，225个组织 | 共计91745个数据，88137个数据集，近40种格式，最常用的分别为：ZIP（12691），XML（15516），XLS（1090），WMS（3266），WFS（2660），等等。 | 1264个应用程序和软件工具；140个手机应用插件。 | 在线天气数据，空缺职位和劳动力流动情况调查，国家天气服务系统，消费者投诉数据库天然气采办计划。 | 新建 |
| 英国 | Data.gov.uk | 重点是政府机关运作领域：政府机关经费情形、政府公共部门人员列表、政府处理事务、商业计划等；其他领域：健康、交通、环保、社区、商务、教育等。 | 43 | 共计18143个数据集，10种格式，包括：CSV（2977）XLS（1880）HTML（967）PDF（829）XML（241），等等。 | 190 | 无主不动产部门发布的无人认领庄园通知，学习目标参照咨询服务，英国2010免职名录，英格兰肥胖、身体状况和饮食数据统计，英格兰健康调查。 | 基于CKAN数据管理系统扩建 |
| 澳大利亚 | Data.gov.au | 交通、通信、环境、商业、地理等。 | 114 | 共计3497个数据集，40种格式，常用的有：ZIP（2724）CSV（234）plain（159）XLS（125）PDF（110），等等。 | 19 | 医疗保险机构分布情况，福利署办公室分布情况，停车秒表计费区域——布里斯班市议会，家用电器能源评级。 | 新建 |

（续表）

| 国家 | 开放数据平台网站 | 开放维度 | 开放数据来源机构 | 开放格式 | 开放应用工具（APPS） | 热门数据集门类（下载量排名前五位） | 建设方式 |
|---|---|---|---|---|---|---|---|
| 加拿大 | Data.gc.ca | 首先，按照一般性数据（General Data）和地理性数据进行分类；其次，在一般性数据中依数据包含的主题类型进行分类：农业、艺术、经济、教育、政府事务、健康、历史、传播、语言、法律等。 | 15 | 共计193015个数据集，34种格式，常用的有：GeoTIF（68308）HTML（59094）XML（59032）Other（55319）TIFF（52908），等等 | 12 | — | 新建 |
| 印度 | Data.gov.in | 按照一般性主题分类：包括水资源、农业、国会、健康与家庭财富、金融、交通、教育、民政、环境森林、电力能源、工业等 | 67 | 共计2874项数据门类，其中：EXCEL（1342），CSV（1023），XML（495），HTML（18），ZIP（4），WMS（3）。 | 9 | 印度国内生产总值（GDP）和主要的经济部门，每个部门GDP中所占比重和GDP的增长率，印度Pincode名录，初生婴儿死亡率，网络地图服务，饮用水和卫生环境部门的"智慧小区"项目进展。 | 新建 |
| 新加坡 | Data.gov.sg | 以文字数据与空间数据为主，如经济信息数据、人口统计普查数据、交通数据、气象数据、饮食贩卖中心地点等民生相关资料。 | 57 | 共计7413个数据集 | 114 | 商业预期，基本建设费用，国家银行，工业制造，物价指数。 | 新建 |

数据来源：赛迪智库整理，2014 年 4 月。

## 三、开放数据逐渐向公共事务领域延伸

政府作为最大的数据资源生产者和拥有者，掌握着社会上超过 80% 的数据

资源。随着公众要求获取和利用政府数据的呼声越来越高，开放数据逐渐向公共事务领域延伸，各类涉及民生内容的大量政府信息得以公开，从而满足民生权益相关信息大众共享的需求。如美国新版开放政府门户网站的开放内容涉及农业、气候、消费者、教育、能源、金融、地理空间、全球发展、健康、就业与技能、公共安全、科研、天气、商业、城市、郡、道德、法律、生产、海洋、州等 21 个领域（截至 2014 年 4 月），其中农业、消费者、教育、就业与技能、公共安全、天气、城市等均是民众关注的热点内容。

同时，政府作为开放数据的主体，日益将开放数据行为本身视作服务民生的一种新型手段。通过拓展有关生存、安全和发展等民生类数据集的广度和深度，为民众生活提供全方位的信息支持。如美国警察部门公开了各类犯罪信息，包括时间、地点等详细内容，帮助居民及时把握所在社区的安全状况、做出相应防范措施，方便居民为案件侦破提供有效线索。此外，政府积极鼓励民众对数据再利用的创新，催生出全新实用的便民工具、产品和服务，以期在破解民生难题、创新服务手段等方面取得突破。如基于上述的公共安全数据，有软件商开发了社区安全状况评估实用工具，为房屋购买者或租赁者提供了重要决策依据。

另外，政府还积极改善信息获取手段，方便普通民众迅速直接地查询所需信息。如美国人力管理办公室开发了 USA Jobs 移动应用，方便求职者在移动终端上查询空缺职位；交通部门则开发了 SaferBus 应用，方便乘客实时查看所乘坐公交的安全行驶记录、即时提交投诉建议。

## 四、各国均鼓励政务数据开发利用

推动政务数据社会化增值开发可以生产出各种各样的增值信息产品，满足社会不同层次、不同领域的需要。比如，空间地理信息可以加工用于指导采矿、林业、农业、渔业、能源、航海、交通运输等；气象信息则可以加工用于指导农业、旅游业、灾难管理、环境评估等。具体再看，开放数据运动初期，美国企业就基于政府免费提供的气象资料和全球定位系统数据资源，开发了导航系统、新闻广播系统、预警系统、基于位置的应用程序等等新产品和服务，而这些产品和服务给美国人民带来了全新的生活体验。[1] 如旧金山的一家研究气候的新创公司利用政府采集的气候、农作物收成和土壤等数据生成技术平台为农民提供保险来获取

---

[1] 国家信息中心：《美国将政务信息状态新默认为公开和可机读的新法令及白宫开放数据政策》，《电子政务发展前沿》2013年第10期。

利润，这家公司日前被一家知名生化公司以 11 亿美元的价格收购。[1]

## 五、各国积极建立完善的开放数据政策法规体系

各国都在积极建立完善适合本国国情的开放数据政策法规体系。大多数法令都明确了政府机关开放数据的义务并且不得对用户设置使用权限，但不包括涉及国家安全的内容，同时还注重公众隐私权的保护。以美国为例，其采用了成文立法和政策保障双重工具来推进政府开放数据（见表 10-2、10-3），以法律条文的形式保障和规制公民的数据权、政府开放数据原则及开放范围，以政策文件的形式推动数据资源的综合开发和利用，在法令体系设计上堪称标杆。

表 10-2　美国保障信息公开的相关法律法规

| 名称 | 时间 | 主要内容 |
|---|---|---|
| 《信息自由法》 | 1966年 | 公民享有政府信息的获取权；政府开放数据原则；九类政府数据豁免开放（国防或外交秘密、内部人事规章和工作制度、法定不得公开的信息、第三方商业机密、单位或组织内部文件、个人数据、执法记录信息、金融管理信息、油田地质信息和地球物理信息）。 |
| 《隐私权法》 | 1974年 | 美国公民和在美国取得永久居留权的外国人为保护主体；个人信息收集途径、开放权限、开放形式。 |
| 《阳光下的政府法》 | 1976年 | 要求合议制行政机关会议公开举行；豁免公开会议的种类和程序。 |
| 《电子信息自由法》 | 1996年 | 对《信息自由法》进行修正，适用范围涵盖电子信息内容，缩短信息请求的处理时限和程序。 |
| 《数据质量法》 | 2000年 | 如何保证政府发布数据的质量、客观、实用、完整。 |
| 《开放政府法》 | 2007年 | 详细规定联邦政府信息公开的范围，除本身收集的信息外，还包括政府委托私营机构、非营利组织收集的信息。 |

数据来源：赛迪智库整理，2014 年 4 月。

表 10-3　美国保障政府开放数据的相关文件

| 名称 | 时间 | 主要内容 |
|---|---|---|
| 《联邦政府信息资源管理政策》 | 1985年 | 政府数据是有价资产；政府数据是全民有价资产；免费供给政府数据是政府法定义务和责任。 |
| 《信息自由法的备忘录》 | 2009年1月 | 所有行政机构重申对遵循《信息自由法》原则所作的承诺，推动新时代信息公开。 |

[1]　Mckinsey&Company. Open data: Unlocking innovation and performance with liquid nformation. October 2013.

（续表）

| 名称 | 时间 | 主要内容 |
|------|------|---------|
| 《透明和开放的政府备忘录》 | 2009年1月 | 何种信息公众最需要；如何增加公众参与； 政府如何与公众协作。 |
| 《开放政府令》 | 2009年12月 | 细化政府开放数据行动内容，包括各机构在线发布信息，公开政府支出，提高信息质量，共享开放经验等。 |
| 《13526号总统令》 | 2009年12月 | 减少对政府信息的过度定级；定期进行信息解密。 |
| 《13556号总统令》 | 2010年11月 | 为敏感但非涉密信息创建开放、标准的系统，减少过度隐瞒。 |
| 《13563号总统令》 | 2011年1月 | 构建开放的信息交流环境，允许公众对制度草案提出意见和建议。 |
| 《数字政府：建设21世纪更好服务美国人民的信息平台》 | 2012年5月 | 新时代电子政务三大战略目标；一个数字服务概念模型；"以信息为中心"、"共享平台"、"以用户为中心"战略举措。 |
| 《开放数据政策——将信息作为资产进行管理》 | 2013年5月 | 信息是国家资源和战略资产；信息资产开发的国家战略行动和目标。 |
| 《实现政府信息公开化和机器可读取化总统行政命令》 | 2013年5月 | 政府信息以开放化和机器可读化为基本形态；作为关键资产管理；社会公众随时、随地、通过任何终端设备检索、获取和使用开放数据。 |

数据来源：赛迪智库整理，2014年4月。

# 第二节　重点地区发展概况

## 一、美国

美国开放数据运动始终在引领世界潮流，而联邦政府的主导力在开放数据的顶层设计、执行保障和开发利用等方面发挥了极为重要的作用，集中体现在以下几点：

在顶层设计方面，即成文立法和政策制定的过程中，既强调政府公开信息的完整、全面、高质量，又注重获取公开信息渠道的畅通便捷，最终实现政府开放透明的目的。美国政府围绕信息自由，着力于维护开放数据与个人隐私、国家安全、法令执行等之间的平衡关系，通过政策引导数据资产的创新开发，确保数据采集、管理、释放、流通、再利用等环节的实施主体积极地参与其中，更加有效地推动开放数据，从而形成良性循环。

在执行保障方面，开放数据运动的各项行动方案都得到了有效地执行和监督。

从任命"数据推广员"、建立交流专家团队，到信息政策办公室面向各机构首席信息官举办培训研讨会，再到设立 Data.gov 行政督导委员会和 Data.gov 项目管理办公室，美国政府力图从政策宣贯、能力培养、行政监督等各个层面保证开放数据政策的有效执行。

在开发利用方面，既推动了数据产业的发展，又实现了政府的服务化转型。Data.gov 是推动数据开发应用的一项较为成功的实践成果。作为开放平台，Data.gov 不断更新数据公开、分级评定、高级搜索、社交互动等网站功能，提供多种应用程序、软件工具和手机插件，方便民众检索浏览和下载使用。作为应用平台，鼓励私人或企业对平台数据进行商业化创新开发，比如支持某技术创业公司利用 Data.gov 上的地理位置信息，提供基于位置的服务来盈利。作为合作平台，开放了多种 API 接口集聚多部门数据库，和印度合作对 Data.gov 实行开源、提供开源代码，构建了任一城市、组织或者政府都可以创建站点的 OGPL 平台，有效地推进了政府间信息交流与合作。

## 二、英国

英国开放数据的出色程度可与美国并驾齐驱，在开放知识基金会近日所发布的 2013 年开放政府数据普查结果中，英国在预算、支出、选举、环保等十大领域的政府开放程度评定中均位列 70 个国家和地区的榜首。在实践中，英国开放数据努力摆脱传统保密文化对建立信息公开制度所形成的阻碍，营造出一个更加民主、开放、透明的社会环境。

在顶层设计方面，英国的开放数据国家行动方案从第一版到第二版呈现出一个动态演进的过程，意味着英国政府对于开放数据认知的不断深化，主要表现在：核心理念从单纯的开放数据提升到开放政府，制定主体从政府转变为政府与公民社会网络携手合作，具体内容从单一集中在开放数据领域延伸至开放数据、政府诚信、财政透明度、向公民授权、自然资源透明度等五个方面。

在执行保障方面，英国实行问责机制，主动及时地就开放数据国家行动方案的执行情况开展自我评估，为相关职能部门推动进一步工作提供依据。Data.gov.uk 的数据评价系统更是创新性地收集公众对于开放数据在经济、社会、公共服务、相关链接等方面的价值评估，从而为开放数据的品质优化和价值挖掘提供智力支持。

在开发利用方面，英国政府注资十万英镑建成世界首个开放数据研究所（ODI），创建了政府部门、研究机构和商业企业之间公开数据交流的平台，加快了公开数据商业化的进程，有助于公共部门创新民生服务手段，探索出一条产官学相结合的发展路径。同时强调公众的参与，比如通过门户网站 Data.gov.uk 公布政府持有的所有数据目录，民众只要申请即可开放，以及鼓励企业、组织或个人开发低成本应用程序以便于更广泛的一般民众查询浏览数据。

英国开放政府数据采取了一系列行动，如表 10-4 所示。

表 10-4　英国开放政府数据行动列表

| 时间 | 事件 | 主要内容 |
|---|---|---|
| 2000年11月 | 《信息公开法》正式通过 | 公民享有数据权；设立信息专员与专门委员会；哪些信息公开予以豁免。 |
| 2010年1月 | Data.gov.uk上线 | 鼓励企业、组织或个人开发低成本应用程序。 |
| 2011年9月 | 第一版国家数据开放行动方案 | 集中开放数据。 |
| 2011年12月 | 公共数据管理办公室（Open Data Management Group）成立 | 行使公共数据管理相关职责。 |
| 2012年5月 | 开放数据研究所（ODI）成立 | 挖掘公开数据的商业价值。 |
| 2012年7月 | 《数据公开白皮书》发布 | 公开财政支持的研究数据，使公共数据价值最大化。 |
| 2012年11月 | 英国政府数字化战略发布 | 推动数字化服务、提高政府服务水平。 |
| 2013年4月 | 《开放政府合作伙伴2013—2015英国国家行动方案》发布（即第一版国家数据开放行动方案修订版） | 在开放数据、政府诚信、财政透明度、向公民授权、自然资源透明度等五个方面作出承诺。 |
| 2013年10月 | 《英国数据能力发展战略规划》发布 | 重视数据安全和隐私保护，完善法律和制度建设，合理进行数据共享和信息公开。 |

数据来源：赛迪智库整理，2014 年 4 月。

## 三、日本

作为发达国家，日本开放数据起步相对较晚。但出于对信息化发展高度重视的传统，日本政府从一开始便将开放数据与大数据同时提升到国家战略层面，始终坚持两者的并行推进。

在顶层设计方面，日本的开放数据源于大数据战略的务实推动。数据的开发及应用有助于复苏经济、增强发展活力，特别在能源、交通、医疗、农业等传统行业内具有广泛的应用价值,如《面向2020年的ICT综合战略》就强调要在"大数据应用所需的社会化媒体等智能技术开发、传统产业IT创新、新医疗技术开发、缓解交通拥堵等公共领域应用上取得突破。由于政府是最大的信息采集者和持有者,政府开放数据将提供强大的数据支持,极大地加快大数据在公共服务领域的开发应用进程。

在执行保障方面,日本在个人信息保护法等法理基础的建设上投入明显不足,信息公开与个人隐私保护之间无法达到制衡,以至于多部门在推动信息公开过程中以保护个人隐私为由而态度消极、企业在开发公共数据过程中因侵犯个人隐私风险而对信息利用犹豫不决,从而严重拖累数据开放步伐。日前,日本高层已意识到问题的关键,计划针对个人信息保护相关法律法规的修改和完善等展开研究,即将制定更为合理的基本方针。

在开发应用方面,日本成立"开放数据流通推进联盟",目的在于通过推动数据流通为公开数据的商业化创新开发提供产官学相结合的平台支持。可以看出,日本开放数据更加注重公共数据商业价值的开发应用,而日本的科技和制造企业基于长年的经验积累和技术优势,往往在开放数据的创新再利用上表现活跃,以期更多地挖掘新的市场机会和商业价值。

日本开放政府数据采取了一系列行动,如表10-5所示。

表10-5  日本开放政府数据行动列表

| 时间 | 事件 | 主要内容 |
|---|---|---|
| 2012年6月 | IT战略本部发布"电子政务开放数据战略草案" | 允许公民浏览中央部委和地方省厅公开数据的网站,行政信息全部公开并可重复利用。 |
| 2012年7月 | 总务省ICT基本战略委员会发布《面向2020年的ICT综合战略》 | 推动大数据的智能化开发及其在公共服务领域的应用。 |
| 2012年7月 | 三菱综合研究所牵头成立"开放数据流通推进联盟" | 推动公开数据的商业化创新开发。 |
| 2012年9月 | 总务省发布2013年行动计划 | 通过大数据和开放数据开创新市场。 |
| 2013年6月 | 安倍内阁发布新IT战略宣言"创建最尖端IT国家" | 开放公开数据和大数据为新IT国家战略核心内容。 |
| 2014年1月 | 发布Data.go.jp的Beta版 | 发布人口统计、地理统计、特殊统计、政府公报和白皮书、灾害防御等有关内容,收集用户反馈,为正式运行做准备。已于3月底暂时关闭。 |

数据来源:赛迪智库整理,2014年4月。

### （四）澳大利亚

澳大利亚开放数据运动以 Data.gov.au 为平台，强调与民众的沟通交流，以此驱动公共部门服务改革。Data.gov.au 在加强民众参与上表现出色，通过将 CKAN 迁移至开放知识基金会开源平台、提供其他相关数据资源的链接、就特定数据请求设置"专有通道"等措施提高民众访问的便捷性，还鼓励民众更新工具和应用以加深对政府信息的利用程度。此外，澳大利亚政府还对开放数据实施"发现数据（Discover）——过程处理（Process）——授权许可（License）——数据发布（Publish）——数据完善（Refine）"的流程化管理，对于改善数据的质量和数量起到积极作用。

澳大利亚开放政府数据采取了一系列行动，如表 10-6 所示。

**表 10-6　澳大利亚开放政府数据行动列表**

| 时间 | 事件 | 主要内容 |
|------|------|----------|
| 2009年 | Data.gov.au上线 | 提供可下载的多政府部门数据，提供其他数据资源链接，鼓励用户通过更新工具和应用获取信息。 |
| 2011年8月 | "开放获取协议框架"公布 | 要求多政府部门兑现"向公众提交极具价值并能再利用的公共数据"的承诺。 |
| 2013年1月 | 澳大利亚研究理事会执行新的开放获取政策 | 受理事会资助的研究项目产出的所有出版物都必须在出版日期后的12个月内存储到开放获取机构知识库中。 |
| 2013年8月 | 公共服务大数据战略发布 | 执行六大原则（数据属于国有资产、从设计着手保护隐私、数据完整性与程序透明度、技巧、资源共享、与业界和学界合作、强化开放数据），通过大数据分析系统提升公共服务质量，增加服务种类，并为公共服务提供更好的政策指导。 |

数据来源：赛迪智库整理，2014 年 4 月。

## 四、发展中国家

目前，发展中国家对公共数据开放抱有极大热情，认为公共数据开放能促进国家发展。但总体而言，发展中国家的公共数据开放尚处在起步阶段。与欧洲的情况类似，发展中国家公共数据开放门户网站数量、数据质量以及数据使用仍十分有限。目前，全世界有 42 个国家成立了国家公共数据开放平台，其中包括 12 个发展中国家，这些发展中国家的公共数据开放项目都是过去三年内成立的。

非洲第一个公共数据开放平台于 2011 年在肯尼亚启动。时至今日，非洲只有突尼斯、摩洛哥和加纳三国新增了公共数据开放项目，非洲发展银行是非洲第一个采用公共数据开放方式并提供大量数据集的区域性组织。摩尔多瓦是欧洲发展中国家中唯一一个拥有公共数据开放项目的国家。亚太地区12个国家拥有公共数据开放网站，其中3个是发展中国家：中国、印度和东帝汶。拉丁美洲有5个国家拥有公共数据开放网站，分别是智力、秘鲁、乌拉圭、巴西和墨西哥。

总体而言，这些公共数据开放网站中，有些仍处在测试阶段，如加纳和印度的数据开放网站；有些直到现在拥有的数据集也十分有限，如加纳或乌拉圭的数据开放网站；有些的数据只是部分开放，如东帝汶的 Transparency Site，该网站不允许出于商业目的数据再利用。除了国家级公共数据开放平台，发展中国家的市级公共数据开放项目数量也在不断增加。

尽管发展中国家拥有的公共数据开放网站数量并不多，但公共数据开放领域发展势头良好，网站数量在未来几年很有可能快速增长。还有许多发展中国家正计划建设公共数据开放网站，如坦桑尼亚、卢旺达、尼日利亚、印度尼西亚和哥伦比亚。尤其在开放政府伙伴关系（OGP）的推动下，许多发展中国家也计划建立公共数据开放平台。

在乌干达，财政部与政府、国际公民社会组织（International civil societyorganisations）及联合国儿童基金会多边组织合作，创建乌干达开放发展合作平台。该平台力图建立一个开放的数据平台，促进应用程序和公民数据使用的发展。同样受到国际伙伴支持的还有多哥和南苏丹，多哥正在建设一个市级公共数据开放网站，南苏丹政府希望政府部门能使用开放数据和开源软件。还有一些国家如塞拉利昂，政府已经建立透明度网站（transparency site）公布政府工作信息，但这些网站算不上是真正的公共数据开放网站。

发展中国家的公共数据开放和公民社会团体。许多发展中国家的公民社会团体以直接或间接的形式支持公共数据开放、开放数据提供者和开放数据使用者。

许多情况下，公民社团的目的并非只是支持公共数据开放，同时也是为了拥护信息自由和反对腐败。这类团体的主张促使政府部门更加开放，也让公民能更加容易地获得政府活动信息。以拉美为例，AllianzaAllianzaRegionalporlalibreExpresión eInformación 是宣传拉美民权运动的网站，该网站已有数十年历史，现在正积极参与拉美政府公开化的讨论。此外，公民社团同时也是一些开放数据项目的潜在用户，这类项目不少，比如尼日利亚的预算监督项目"BudgIT"、西非非政府组织网站 WANGONET、秘鲁的市级电子参与项目"CiudadNuestra"

和印度的 TransparentChennai。许多地方性和区域性的公共数据开放项目得到来自发达国家和发展中国家公民社会团体的大力支持，比如国际预算组织（InternationalBudgetInitiative）、全球预算透明化运动组织（GlobalMovementForBudgetTransparency）。

越来越多公民社会团体对公共数据开放的发展起着显著的推动作用，例如乌拉圭的 DATA 组织、阿根廷的 Datos Publics 以及柬埔寨的 Open Development。这些公民社会团体搜集并共享开放数据集。

同公共数据开放支持者一样，世界各地的公共数据开放技术中心也在迅速发展。这些技术中心的程序员和企业家们根据开放数据设计各类软件。许多开放数据项目不仅利用开放的数据，而且还将官方数据和众包数据结合。许多地图测绘项目就属于此类，例如尼泊尔的 OpenStreetMapping、肯尼亚的 MapKibera 和坦桑尼亚的 RamaniTanzaniaTandale，这些项目把官方地理数据和当地社区群众认为重要的众包数据结合。还有一些其他项目搜集分享众包数据，并将数据用于倡导土地权利，例如国际土地联盟、刚果（布）Moabi 项目、柬埔寨开放发展项目、刚果（金）的 MappingforRights 以及秘鲁的 LaCuidadora。这些项目中有许多得到国际组织和发展中国家非政府组织的支持，有些项目由他们直接创建。

# 第十一章　2014年世界智能制造发展情况

## 第一节　发展特点

### 一、发达国家纷纷发力智能制造

为保持本国制造业领域领先地位，美、英、法、德、日等国都确定了适合本国国情的国家战略，争夺新一轮技术与产业革命的话语权。如德国立足制造业这一传统优势，为进一步增强国际竞争力，确保德国制造的未来，在吸收美国提出的 cps 概念的基础上，将实现的愿景建立在已证明有效的现有体制、机制和技术上升级改造，特别提出了"工业 4.0"战略。德国、日本竭力保持在智能制造装备领域的优势和垄断地位；韩国也力求跻身世界制造强国之列。例如，美国提出了"先进制造业伙伴计划"和"先进制造业国家战略计划"，这两大计划中均有涉及 3D 打印和机器人方面的内容。2014 年 6 月，欧盟决定计划到 2020 年将投资 28 亿欧元研发民用机器人。近两年日本又开始重新审视并制定机器人产业政策。2014 年 6 月，日本政府公布了"机器人战略"，旨在制造领先世界及价格低廉、使用方便的机器人。韩国也将机器人产业作为未来核心产业进行重点扶持，先后发布了《智能机器人促进法》《智能机器人基本计划》《服务型机器人产业发展战略》和《机器人未来战略展望 2022》。

### 二、工业机器人和3D打印产业强劲增长

据国际机器人协会（IFR）统计，2002—2013 年，全球新装工业机器人年均增速达 9%。2013 年，全球工业机器人销量达 17.9 万台，再创历史新高。[1] 其中，

---

[1]　《全球机器人产业发展情况和趋势》，2014年6月12日，见http://cms2.industrysourcing.com/Site/details-EMTE_EASTPO_2014-1-1426.html。

2013 年亚洲地区（包括澳大利亚）工业机器人销量约达到 10 万台，较 2012 年增长 18%。美洲地区工业机器人 2013 年的销量增幅约为 8%，达到 3 万台。2013 年非洲地区工业机器人销量大幅增长，超过 700 台，增幅高达 87%。2013 年第四季度欧元区经济恢复带动了工业机器人需求增长，欧洲地区 2013 年工业机器人销量也较 2012 年增长了 5%，达 4.3 万台。

全球 3D 打印产业保持快速增长态势。根据美国专门从事添加制造技术的技术咨询服务公司——沃勒斯（Wohlers Associates）发布的 2014 年度报告显示，2013 年全球 3D 打印产业产值为 30.7 亿美元，比 2012 年增长 34.9%，创近 17 年来最高增幅。在过去的 26 年里，全球 3D 打印产业的复合年均增长率约为 27.0%，其中，2011—2013 年复合年均增长率约为 32.3%。Wohlers Associates 认为，3D 打印产业规模达到 10 亿美元，经历了 20 年，而规模翻番（20 亿美元）只花了 5 年时间，预计 2017 年该产业市场规模将达 60 亿美元，到 2021 年，市场规模将达到 110 亿美元。目前，美国、日本、德国、中国是拥有 3D 打印设备最多的国家。据 Wohlers Associates 发布的 2013 年度报告显示，美国、日本、德国和中国拥有的 3D 打印设备占全球 3D 打印设备的比例分别为 38%、9.7%、9.4% 和 8.7%，以上 4 个国家拥有 3D 打印设备之和占世界总份额的比重约达 65.8%。其中，生产和销售专业级工业添加制造系统的公司：欧洲有 16 家；中国有 7 家；美国有 5 家，日本有 2 家。3D 打印技术在消费电子产品、汽车、航空航天、医疗、军工、地理信息、艺术设计等多个领域都得到了应用。其中，消费品和电子产品领域是 3D 打印技术应用最多的领域，占比超过 20%，达到 21.8%。2013 年 3D 打印技术应用较为广泛的领域还有交通设备 18.6%；医疗 16.4%；工业设备 13.4%；航天航空 10.2%。

### 三、数控机床和工程机械产业经历快速增长后走势趋缓

经过 2010 和 2011 年两年大幅增长后，2013 年世界数控机床产值和消费继续延续 2012 年以来的萎缩态势。据美国 Gardner 公司最新公布的数据，2013 年世界 27 个主要机床生产国（和地区）的机床产值约为 685.6 亿美元，较 2012 年下降 9%，和 2012 年 1.8% 的跌幅相比呈现大幅萎缩态势。2013 年世界 27 个主要机床生产国（和地区）的机床消费额约为 544.1 亿美元，较 2012 年下降 8.5%（2012 年跌幅为 6.1%）。经过 2010 和 2011 年两年大幅增长后，2013 年世界机床产值和

消费继续维持萎缩态势。据美国 Gardner 公司公布的数据，2013 年世界 27 个主要机床生产国（和地区）的机床产值约为 685.6 亿美元，较 2012 年下降 9%，和 2012 年 1.8% 的跌幅相比呈现大幅萎缩态势。2013 年世界 27 个主要机床生产国（和地区）的机床消费额约为 544.1 亿美元，较 2012 年下降 8.5%（2012 年跌幅为 6.1%）。近几年，亚洲地区机床市场快速发展，世界机床生产和消费集中向亚洲地区转移。2013 年由于亚洲地区机床产值和消费大幅下降，从而带动了世界机床产值和消费的大幅萎缩。与此同时，美洲地区和欧洲地区的机床产值和消费则相对较平稳。亚洲地区机床产值和消费大幅下降则主要归因于中国和日本机床工业的疲软。就机床生产国排名看，和 2012 年一样，2013 年前 5 位国家依然是德国、日本、中国、意大利和韩国。但是除了中国继续保持世界第三名位次不变外，其余 4 个国家排名位次均有变化。2011 年日本机经过前几年持续快速发展，近两年世界工程机械市场发展呈现放缓趋势，虽然 2012 年市场规模创历史新高，但增速较前些年已显著放缓，2013 年更是出现了规模下降的态势。2013 年全球最大的 50 家工程机械制造商的销售额降至 1630 亿美元，比 2012 年下降了 10%。

全球工程机械制造业生产集中度很高。就国家来看，全球工程机械制造业主要集中在美国、日本和中国 3 个国家，三者市场份额之和占全球的比例高达 67.9%，其中，美国占比 31.2%，日本 22.3%，中国 14.4%。2013 年前十强工程机械制造商的销售额达 1026 亿美元，占前 50 强总销售额的 62.8%；排名全球第一的卡特彼勒，2013 年公司销售收入为 310.6 亿美元，占前 50 强总销售额的比例更是高达 19%。

### 四、多方联动推动制造业的智能化、网络化、创新发展

美国成立了工业互联网联盟，该联盟是一个开放性的会员组织，由企业、研究人员和公共机构组成，意在为企业和高校研究人员创建互联网工业应用的标准和最佳样本提供框架支持。自 2014 年 4 月成立以来已拥有超过 50 名成员，其中包括 AT&T、思科、通用电气、英特尔和 IBM 等多家科技巨头，并且已多个重大项目正在实施中。[1] 同样，德国"工业 4.0"战略的提出得益于官产学研各方面的支持。德国联邦政府已责成联盟教育和研究部与经济部牵头共同推进该战略，在《高技术战略 2020》框架下先期投资 2 亿欧元。在"智能工厂"项目中有从西门子、

---

[1] 《工业互联网联盟成立两个月，成员已超50名》，2014年6月5日，见http://www.cn-info.net/news/2014-06-05/29566.html。

博世力士乐到菲尼克斯电气等知名企业，有隆德大学、凯泽斯劳滕工业大学、弗劳恩霍夫研究所等科研机构，欧盟、德国联邦教育和研究部等也在推动者名单上。

## 第二节　重点地区发展概况

### 一、英国

英国是世界上第一个开始工业化革命的国家，工业为英国带来了诸多社会财富和经济财富。然而，受国际金融危机等问题的影响，制造业拉动了工业的下滑，英国经济受到巨大冲击。为促进制造业回流，抢占制造业新的制高点，力保"世界工厂"和"现代工业革命摇篮"的美誉，英国推出了"高价值制造"战略。应用先进的技术和专业知识，以创造能为英国带来持续增长和高经济价值潜力的产品、生产过程和相关服务被称之为"高价值制造"。目前，"高价值制造"战略已进行到第二期（2012—1015 年）。[1]

英国政府以资金扶持保障高价值制造成为推动其经济发展的主要动力，促进企业的创新应用。在高价值制造创新方面的每年直接投资约 5000 万英镑；重点投资能保证英国在全球市场中占据重要地位的技术和市场；列出了 22 项"制造业能力"标准作为投资依据，以此衡量某项投资的价值性；投资高价值制造弹射创新中心，为需要进行全球推广的企业提供尖端设备和技术资源；开放知识交流平台，包括知识转化网络、知识转化合作伙伴、特殊兴趣小组、高价值制造弹射创新中心等，帮助企业整合最佳创新技术，打造世界一流的产品、过程和服务。[2]

### 二、美国

美国是最早发展智能制造的国家。自二十世纪九十年代开始，美国就进行了有关智能制造的多项研究，如基于多施主（multi-agent）的智能协作求解、智能并行设计、物流传输的智能自动化、制造过程中的智能决策，提出了"聪明加工系统（SMS）"研究计划。

之后的几年中，美国不断推陈出新。2011 年，美国总统奥巴马宣布实施包括工业机器人在内的先进制造联盟计划。2012 年，"创客运动"凭借准入门槛低、

---

[1] 欧盟委员会：《先进制造业——先进欧洲报告》。
[2] 张靖：《英美德制造业瞄准先进和高端》，《中国电子报》2014年6月6日。

创新快、创新精神强烈的优势蓬勃兴起，推动了互联网和制造业的融合。鉴于创客运动的巨大影响，美国政府计划在未来四年内将"创客空间"引入美国1000所学校，配备激光切割机和3D打印机等数字制造工具。2014年6月18日，美国白宫首次举办了创客嘉年华，奥巴马出席活动并宣布了由白宫主导的推动创客运动的整体措施，包括：一是支持由创客（Maker）创立的初创企业及新型雇佣关系，超过13个政府机构以及Etsy、Kickstarter、Indiegogo、Local Motors等企业会向创客提供一系列的支持服务。二是大幅提升学生成为创客的机会。美国教育部及5个机构将与150所以上的大学、130间以上的图书馆以及Intel、Autodesk、Disney、Lego、3D System、MAKE（Maker Media）等主要企业一同参与创立更多的创客空间（Maker Space），增加教导创作的教育者，使学生更容易找到管道接触实现自己发想的工具或是指导。三是邀请创客解决大众的迫切问题。向开发支持患者医疗新器材、参与宇宙开发以及在国内外开发以低成本改善世界各处弱势族群生活的技术的创客们寻求协助。

同时，美国通用电气公司（GE）在世界各地大力推动他们关于产业设备与IT融合的新理念——"工业互联网"，将其定位为一场新的"革命"，旨在通过高功能设备、低成本传感器、互联网、大数据收集及分析技术等的组合，大幅提高现有产业的效率并创造新产业，并计划未来三年在工业互联网上投入15亿美元。目前，GE公司在工业互联网方面开展了三项主要行动：一是推动大数据与分析平台。为了研发出适应大数据时代的工业互联网，GE准备与AWS共同开发"Predictivity"平台。通过GE Predictivity服务，航空公司、电力公司将能够在云中管理、运营喷气发动机和燃气枪机等机器，从而减少故障、停机时间，提高生产率，让工业运营从被动的应对模式转向预测模式。二是提升软件、分析及云计算技术能力。通过与埃森哲、亚马逊、Pivotal、AT&T、思科、英特尔等公司共同合作开发的方式，提升软件、分析和云能力。三是针对行业特点推出工业互联网产品。目前该公司已经推出24种工业互联网产品。

## 三、德国

德国经济增长的动力主要来源于制造业的发展，是全球制造业中最具竞争力的国家之一。在新时代发展压力下，为进一步增强国际竞争力，确保德国制造的未来，德国政府大力推广"工业4.0"战略。

"工业 4.0"概念诞生于 2005 年德国人工智能研究中心开发的 Smartfactory 成立之际，其最终目的是在工业生产过程中实现人工智能技术以及网络技术的广泛应用。2011 年德国政府将上述目的定位为一项高科技技术战略，并取名为"工业 4.0"。在 2014 年 4 月的汉诺威工业博览会上，"工业 4.0"成为了大会的主题。

德国"工业 4.0"战略的核心内容主要包括[1]：

一是建设一个网络：信息物理系统网络。信息物理系统包括了智能机器、仓储系统以及生产设备的电子化，并基于通信技术将其融合到整条网络，涵盖内部物流、生产、市场销售、外部物流以及延伸服务，并使得他们相互之间可以进行独立的信息交换、进程控制、触发行动等，以此达到全部生产过程的智能化。CPS 可以将资源、信息、物体以及人紧密联系在一起，从而创造物联网及服务互联网，并将生产工厂转变为一个智能环境。这是实现工业 4.0 的基础。

二是研究两大主题：智能工厂和智能生产。智能工厂的侧重点在于智能化的生产过程及其系统集成，最终实现生产设施的网络化和分布式。"智能生产"的侧重点在于将人机互动、智能物流管理、3D 打印等先进技术应用于整个工业生产过程，从而形成高度灵活、个性化、网络化的产业链。生产流程智能化是实现工业 4.0 的关键。

三是实现三项集成：横向集成、纵向集成与端对端的集成。"横向集成"是企业之间通过价值链以及信息网络所实现的一种资源整合，是为了实现各企业间的无缝合作，提供实时产品与服务；"纵向集成"是基于未来智能工厂中网络化的制造体系，实现个性化定制生产，替代传统的固定式生产流程（如生产流水线）；"端对端集成"是贯穿整个价值链的工程化数字集成，是在所有终端数字化的前提下实现的基于价值链与不同公司之间的一种整合，这将最大限度地实现个性化定制。

同时，"工业 4.0"战略提出将通过 8 项行动来保障"工业 4.0"的实现，包括：标准化和参考架构、管理控制系统、为工业建立全面宽频的基础设施、安全和保障、工作的组织和设计、培训和持续的专业发展、监管框架、资源利用效率。

---

[1] 罗文：《德国工业4.0战略对我国推进工业转型升级的启示》，《工业经济论坛杂志》2014年第4期。

# 领 域 篇

# 第十二章　2014年世界智慧城市发展情况

2014年全球进入大规模建设智慧城市的热潮。借助物联网、大数据、云计算、人工智能等新一代的信息技术，将人、商业、运输、通信、水和能源等六大城市运行核心系统整合起来，以更智慧的方式运行，这就是智慧城市的魅力。根据 MarketsandMarkets 发布的报告显示，全球智慧城市市场规模预计将由2014年的6545.7亿美元增至2019年的12665.8亿美元，2014年至2019年间年复合增长率达14.1%。[1] 报告中提到亚太地区和非洲地区的智慧城市将以极快的速度增长，增长速度超越北美、欧洲、拉丁美洲等地区，也将成为最高创收的市场。

全球智慧城市论坛（Intelligent Community Forum，简称 ICF）公布了2015年全球7大智慧城市榜（表12-1），其中包括来自5个不同国家的7个城市或城镇：美国3个，澳大利亚、巴西、加拿大、中国各1个。ICF 自1999年起每年都会评出世界上排名第一的智慧城市，他们将智慧社区定义为：那些不仅运用技术节省成本和便捷服务，更能创造高质量就业、公民广泛参与的宜居环境的城市和地区，即社会、经济、文化都高度发展的城市或地区。

表 12-1　2015 年全球 7 大智慧城市榜

| 入选城市 | 所属国家 | 英文名 |
| --- | --- | --- |
| 弗吉尼亚州　阿灵顿县 | 美国 | Arlington County, Virginia, Usa |
| 俄亥俄州　哥伦布 | 美国 | Columbus, Ohio, USA |
| 昆士兰　伊普斯威奇 | 澳大利亚 | Ipswich, Queensland, Australia |
| 南达科他州　米切尔 | 美国 | Mitchell, South Dakota, USA |

---

[1] MarketsandMarkets报告，《中国信息界》，见smartgridobserver.com。

（续表）

| 入选城市 | 所属国家 | 英文名 |
|---|---|---|
| 台湾　新北市 | 中国 | New Taipei City, Taiwan |
| 里约热内卢 | 巴西 | Rio de Janeiro, Brazil |
| 不列颠哥伦比亚　萨里 | 加拿大 | Surrey, British Columbia, Canada |

数据来源：ntelligent Community Forum，2015 年 1 月。

# 第一节　发展特点

## 一、智慧城市集群效应凸显

全球国家智慧城市建设的集群现象和辐射效应显现，美国与加拿大就是其中的典型案例。这两个国家的杰出智慧城市数量名列第一二名，相互影响与辐射。此外，并列第三名的英国、日本、澳大利亚也在其所在地区引领了智慧城市建设的热潮。法国、德国、韩国紧随其后，同样初步形成了各自地区的智慧城市集群环境。[1]

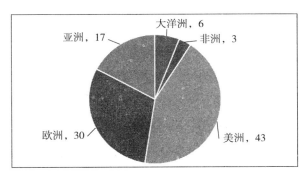

**图12-1　全球杰出智慧城市分布情况**

数据来源：《全球杰出智慧城市发展态势与研究》，2014 年 3 月。

杰出智慧城市遍布五大洲，分布不均匀，主要集中在发达国家和地区（图12-1）。其中的原因之一是开展智慧城市建设需要具备一定的经济和技术基础，这也凸显了国家内和国家之间的辐射效应明显。

---

[1]　周鹏、汪礼俊、李强：《全球杰出智慧城市发展态势与研究》，《中国信息界》2014年第3期。

## 二、发达国家与新兴市场国家智慧城市建设思路明显不同

经过一段时间的发展，全球智慧城市建设工作的推进已出现发展思路、工作取向、建设方式等方面的区别。一些发达国家，把建设智慧城市作为重振实体经济的发展路径，意图在提升城市竞争力。在世界经济萧条的大环境下，积极开拓融资渠道弥补财政困难，创新运营模式，推进智慧城市建设。而新兴市场国家，则将智慧城市作为跨越式发展的机遇，以惊人的速度普及建设智慧城市。

在发达国家城市，则比较推崇广义的智慧城市思路，这一点在欧洲发达国家最为明显，强调将智慧城市增长理念贯穿于各个方面，追求最终形成一个长期的智慧增长道路，而不是短期的技术炫耀。在此实践中，高技术含量和"无技术含量"的创新解决方法同样受到欢迎。例如"智慧城市维也纳"的目标和任务有以下几种：城市能源系统的宏观管理，高效率的生产和供应技术，智能网络和热能供应，低能源需求的"活力"建筑，发展环保、高效节能、低 $CO_2$ 排放的活动系统。而在新兴经济体城市中，狭义智慧城市思路比较通行，强调技术导向的具体应用。一方面应用可见、示范效果明显，另一方面同社会实际需求的吻合度和应用平台的可拓展可复制性较难得到保证。[1] 采取技术解决方案思路，重点是具有现实应用的可能，能够在短期内形成产业拉动力。如新加坡提出到2015年打造"智慧国"的战略，其主要内容是建立无处不在的信息网络，同时发展电子信息与通信产业，并取得较好的成就。

而从发展对象来看，发达国家多采用改造城市路线，例如迪比克、阿姆斯特丹等城市，利用现有基础设施，通过向其追加传感器以及控制设备，提高能源效率，城市景观看起来并没有太大变化。此外，欧洲许多智慧城市建设在大城市周边的老工业区，目的是在城市扩大的基础上，将老工业区转型成为新的知识经济中心。而新兴市场国家则出现较多的开发新城路线，如松岛、拉瓦萨、马斯达尔、普兰爱提谷、斯科尔斯沃及纳米，这些城市在郊区重新建设建筑、交通及电力等基础设施为开端，辅以先进的电子信息、网络及节能环保技术进行智慧城市的全新整体建设。

## 三、智慧城市建设多种模式并进

从智慧城市的建设模式来看，目前多数的智慧城市建设大多以政府为战略主

---

[1] 屠启宇：《全球智慧城市发展动态及对中国的启示》，《南京社会科学》2013年第3期。

导，公私合作、政企联盟，在具体建设上常见几种模式：

一是"政府独立投资建设和运营"模式，指智慧城市项目由政府全盘投资，规划、设计、建设、运营和维护也全部由政府负责完成。这一运作机制决定了盈利模式为非赢利，主要用于政务与公共服务。美国德克萨斯州 Corpus Christi 市的无线城市建设，就采用了政府独立投资建设和运营模式。Corpus Christi 市政府希望利用无线技术来执行一些市政任务，并能够使居民进行无线上网。由于城市较小，该市决定自行投资建网，基础设施投资 700 多万美元，每年维护费用为 50 多万美元。政府在运营不久以后发现这种模式并不理想，将网络转售给 EarthLink 公司进行商业运营[1]。

二是"政府投资，企业建设和运营"模式，指智慧城市项目全盘由政府进行投资，且政府负责规划和设计环节，项目的建设、运营和维护等通过招标等方式委托一家或多家企业承担。这一运作机制决定了盈利模式以非赢利为主，政府向建设运营企业购买服务，企业也可结合小部分广告、用户收费或增值应用获益。最具代表性的"政府投资，企业建设和运营"模式的案例是新加坡"智慧国2015"建设。新加坡《2015 年智慧国家》计划，要提供 1600 项基于互联网的政务服务，建立国民互动、共同创新的合作型政府。新加坡政府计划共投资 40 多亿新元，主要用于建立超高速、广覆盖、智能化、安全可靠的资讯通信基础设施，仅在新一代全国宽带网络（NBN）项目上，新加坡政府的拨款总额就达到 10 亿新元，以解决通信基础设施建设所需的资金问题。在"企业建设和运营"方面，新加坡政府将产业链划分为无源基础设施建筑商、有源设备运营商、零售服务提供商三个层面，将他们相互分离，以避免自然垄断或不公平竞争的产生，并规定了价格和普遍服务义务，以建立一个公平、高效的平台，促进产业各方共同参与。[2]

三是"政府企业共同投资，企业建设和运营"模式，指智慧城市项目由政府和合作企业共同投资、共同所有，政府和企业共同参与项目的规划和设计，建设与日常运营维护由企业负责。这一运作机制的盈利模式以免费服务和增值服务相结合。政府出台相关扶持激励政策，向企业提供一定补贴，企业也可以结合增值服务获得市场化收入。新松岛作为韩国 u-Korea 理念的模型和标杆，是韩国将

---

[1] 张晋：《"无线城市"分类存弊端 创新盈利模式备受关注》，《通信信息报》2008年12月11日。
[2] 舒文琼：《透视新加坡"智慧国2015"政府角色至关重要》，《通信世界周刊》2011年8月。

u-City 建设模式向国外推广、实现模式输出的重要实践。新松岛以政府为引导，以企业为主体，以良好的建设模式广泛吸引合作伙伴。国际智慧城市建设过程中，政府主要在战略规划、先导资金投入、合作协调、优惠政策、人才引进、国际交流、监督管理方面发挥作用。无论是以政府为主，还是政府与企业合资为主，都搭建广泛合作的平台，吸引地产开发商、金融机构、建筑商、能源提供商、运营商、系统集成商、内容服务商等企业参与，形成端到端的智慧城市解决方案。[1]

四是"政府牵头 BOT"模式，指智慧城市项目以政府和企业之间达成协议为前提，由政府向企业颁布特许，允许其在一定时期内筹集资金建设并管理经营某项基础设施及其相应产品与服务，到期后再由政府收回管理经营。这一运作机制是通过市场化运作完成项目建设，并获取经营收益偿还项目贷款本息，支付运营成本，收回投资者资本金，并获取合理的商业利润。台北 WiFly 建设采取"政府牵头 BOT"模式，政府和运营商合作，在全市部署 Wi-Fi 热点 4000 多个，信号覆盖范围达 133.9 平方公里，占市总面积的 49.29%，覆盖人口达 90%。台北市 WiFly 一度被认为是 Wi-Fi 无线宽带城市项目的典范。WiFly 在 2006 智慧小区论坛（ICF）评选中打败美国克力夫兰、韩国首尔江南区、日本市川、英国曼彻斯特、中国天津、加拿大滑铁卢六大城市，赢得智慧城市首奖。而后，又获国际认证机构 JiWire 肯定，被评定为全球最大公共无线宽带网络城市。

五是"企业投资建设运营"模式，指智慧城市项目在政府指导下，由企业全盘投资，项目规划、设计、建设、运营和维护也全部由企业负责完成。这一运作机制决定了盈利模式为纯粹通过市场化运作获取经营利润，主要用于易被市场买单的公共服务。中国台湾的台中市、新北市和新竹市入选全球智慧城市，中华电信在其中协助通信基础设施建设。"中华电信"规划将通信、云计算及大数据等技术投入智慧城市应用，并与产业链合作伙伴一起投入建设智慧城市应用，包括治安、防灾、智慧交通和环保节能等，一个应用就需要构建一个产业链。

## 四、智慧城市应用更趋多元化

各个国家在发展中，所面临的问题不一样，却都在建设智慧城市中寻找出路。北美发达国家将智慧城市作为在推进新一轮产业布局的抓手，在后金融危机时代振兴产业经济；同样作为重振经济的重要驱动以外，欧洲发达国家也将智慧城市

---

[1] 成迟蕙、闫霜、徐鑫：《打造智慧的中央商务区——智慧CBD案例研究和对智慧虹桥的启示》，《中国信息界》2012年第3期。

作为提升城市竞争力、解决一些城市能源和环保等发展问题的途径。亚洲、非洲、拉丁美洲等众多发展中国家和地区，则以智慧城市为摆脱社会发展中出现的社会不公、市场失灵困境的重要途径。由此可以看出建设智慧城市没有一个统一的模式，但是只要各个地区和国家结合自身的基础和情况去进行建设，都可以从中获得帮助。

虽然世界各个国家智慧城市建设的驱动力和起点不同，但是建设的热点普遍覆盖了宽带、局域网等信息化基础设施，大数据、云计算等新一代信息技术，电子政务、交通、医疗、环保等社会服务管理，以及产业协同发展等领域。智能基础设施以泛在计算和信息通信技术为基础融合整个城市各领域，如松岛、马斯达尔、胡志明市、迪比克等城市，以构建在任何时间、地点和电子装置等可以随时获得信息和服务的环境整体为其发展目标。高效公共服务则通过智能化改造提高公共服务和居民生活便利性，推动城市就业、医疗卫生、交通运输、社会安全监管等问题。产业协同发展侧重强调城市产业的优化升级，即通过信息技术在生产领域的应用，提高信息化对经济发展的贡献率，转变经济增长方式和结构。

## 五、中小型城市和新城区成为智慧城市建设的主要力量

从城市规模来看，正在智慧化转型的超大型城市很少，在99个杰出智慧城市中只有5个，1000万到200万之间大型城市的有17个，200万到50万之间的中型城市有30个，50万以下的小城镇有47个。[1]从上面这组数据可以看出，99个杰出智慧城市半数以上是中小型城市，中小型城市已经成为智慧城市建设的主要力量。深究其中可能有三个原因，一个是发达国家人口数量相对少，因此超大型城市的数量不多。其二可能是智慧城市建设目前还处于探索阶段，建设范围较少，大多数国家采取以人口小于50万的小城市作为试点，成本较低，积累经验并验证技术路线的可行性，等试点模式成熟以后再进行推广应用。其三则是受金融危机的影响，各国可投入建设的资源有限。

此外，当前智慧城市中出现了不少新生城区的身影，如2000年开始兴建的韩国松岛新城，2006年启动规划的马来西亚伊斯干达特区，2012年破土动工的美国霍布斯市，这些新城区成立至今不足二十年，却已经在智慧城市的建设中崭露头角。[2]一是因为建设新城区可以解决原有老城区无法克服的问题，因此在智

---

[1] 周鹏、汪礼俊、李强：《全球杰出智慧城市发展态势与研究》，《中国信息界》2014年第3期。
[2] 周鹏、汪礼俊、李强：《全球杰出智慧城市发展态势与研究》，《中国信息界》2014年第3期。

慧城市建设中充当前锋的角色，为探索老城区的转型发展之路冲锋陷阵。其二是新城区没有历史遗留，起点较高，又遇上新一代信息技术更名的浪潮的机遇，促成了新城区建设智慧城市的潮流。因此在智慧城市建设的这一阶段内，新城区将成为智慧城市建设的一股中坚力量。

## 第二节　重点地区发展概况

### 一、新加坡

新加坡地处东南亚，是世界上面积最小的国家之一，仅有一座城市，却拥有极大的国际吸引力。在利用信息化提升城市吸引力和竞争力的过程中，新加坡拥有众多值得我国借鉴的经验。30年来，新加坡在城市信息化、数字化、智能化技术等方面持续进行开发和创新，通过一系列的计划推进国家信息化建设，见表12-2。

表12-2　新加坡历年智慧城市发展政策

| 时间 | 国家计划 | 要点 |
| --- | --- | --- |
| 1981—1985 | 国家计算机化计划 | 计算机化 |
| 1986—1991 | 国家IT计划 | 通信 |
| 1992—1999 | IT2000 | 连通与内容 |
| 2000—2003 | Infocomm 21 | 整合 |
| 2003—2006 | 连接新加坡 | 连通性 |
| 2006—2015 | 智慧国2015（iN2015） | 创新、整合、国际化 |
| 2014—2025 | 智慧国平台2025（SNP） | |

数据来源：《新加坡：从智慧城市"迈向"智慧国》，2014年11月。

新加坡发布其"智慧国2015（简称iN2015）"总体规划，开启了国际建设智慧城市的先河。近期，随着"智慧国2015"计划提前完成，新的10年计划即将开启，2014年11月，新加坡提出了构建"智慧国平台（简称SNP）"计划。

为了将新加坡建设成一个以资讯通信驱动的智能化国度和全球化的都市，新加坡资讯通信发展管理局于2006年6月推出的为期十年的资讯通信发展蓝图——iN2015计划。在"智慧国2015"规划的推动下，新加坡资讯通信产业的发展位居各项目的国际排名前列。iN2015计划的规划原则是创新、整合和国际化，发展愿景是使新加坡成为"一个智慧的国家、全球化的城市、信息科技无处不在"。

具体目标有如下几个方面：在利用资讯通信技术为经济和社会创造价值上，高居全球首位；实现行业价值增长两倍的目标，达到 260 亿新币；实现行业出口收入增长三倍的目标，达到 600 亿新币；80000 个新增工作岗位；90% 的家庭使用宽带；100% 的学龄儿童家庭拥有一台电脑。IDA 根据新加坡原有的信息基础，结合信息技术发展趋势，构建了四大战略板块，利用信息与网络科技提升八大领域，使新加坡在全球化的环境中更具竞争力。在不同的领域，iN2015 确定了具体的目标和对应的战略举措。

在 iN2015 这个 10 年规划的基础上，新加坡于 2014 年提出了面向未来的"智慧国"计划，"智慧国 2025"计划即将开启。为此，将构建"智慧国平台（SNP）"，建设覆盖全岛数据收集、连接和分析的基础设施与操作系统，根据所获数据预测公民需求，使政府的政策更具备前瞻性，提供更好的公共服务。SNP 的核心理念可以用三个 C 来概括：连接（Connect）、收集（Collect）和理解（Comprehend）。"连接"的目标是提供一个安全、高速、经济且具有扩展性的全国通讯基础设施。"收集"是指通过遍布全国的传感器网络获取更理想的实时数据，并对重要的传感器数据进行匿名化保护、管理以及适当的分享。"理解"是通过收集来的数据建立面向公众的有效共享机制，通过对数据户进行分析，以更好地预测民众的需求、提供更好的服务。[1]

## 二、德国

德国的智慧城市建设更倾向于广义的智慧城市，所谓的"智慧城市"，与以前的"无线城市"、"数字城市"、"信息化城市"等概念只是在称谓上有所不同，在内容实质上并无多少区别，无论是否使用物联网、大数据、云计算这类耳熟能详的新一代信息技术，其最终目的都是为了提高居民的生活水平和增强城市的综合竞争力。

德国政府在策划某个智慧城市项目的时候，会对整个城市做详细的调研分析，充分地考虑居民的需求，把提升市民的生活幸福指数作为城市信息化建设的核心目标，充分体现了"以人为本"的理念。

重视智慧城市建设工作的组织保障是其另一个特色，每一个智慧城市的建设都有一个专门的机构进行统筹协调，这些机构有的是政府部门，如法兰克福的环

[1] 王天乐、施晓慧：《新加坡推出"智慧国家2025"计划》，2014年8月19日。

保局，有的则是政府专门成立的下属机构，如柏林的柏林伙伴公司和弗里德里希哈芬的虚拟市场有限公司，这两家公司的职责都是为当地政府提出一些顶层规划目标，并从市场上挑选最具吸引力并适合当地实际的智慧城市项目[1]。

德国城市的智慧城市建设也非常重视政企合作机制，以PPP模式为主，即政府和企业合作的模式。主要的合作方式有两种：一是以政府提出的顶层设计为首，通过财政补贴的方式引导企业进行相关研究，从若干参与者中选出合适的合作者进行智慧城市合作建设；其二则是以大型企业为主导，例如德国电信、西门子、宝马等大型企业为了促进某些智慧产品或服务，在全国范围内进行城市试点，对项目感兴趣的城市会主动积极参加企业开展的试点竞赛。

德国的智慧城市建设同样有丰富的资金来源保障。由于项目建设主体不同，德国城市的资金来源各不相同，有如欧盟、联邦政府、州政府、市政府以及相关企业。以前三者为引导主体的智慧城市建设，政府方会提供一定比例的建设资金。例如欧盟提出"力争到2020年将温室气体排放量在1990年的基础上减少20%以上"的节能减排的目标，为此投资了1.15亿欧元为500多个城市进行节能建设提供资金保障；德国联邦政府投入8000万欧元，为为期4年的"电动汽车国家发展计划"注入资金，选取了包括柏林在内的4个州开展试点，这个项目中，柏林州政府投入6000万欧元，企业投入6000万欧元。

### 三、荷兰

荷兰是最早开始智慧城市建设的国家之一。首都阿姆斯特丹可以说是是世界上最早开始智能城市建设的城市之一，也是欧洲的智慧城市建设典型案例——阿姆斯特丹于2000年推出智慧城市计划（AmsterdamSmart City，简称ASC）以提高市民生活水平并创造新的就业机会。位于南部的埃因霍芬，拥有多项顶尖工业——高科技系统、材料、自动化、医学科技、工业设计和食物加工等，飞利浦、ASML等公司的总部均在此市，结合城市本身特点推出的"智慧港"模式（BrainPORT）有效增强了该市的业务竞争能力。

目前，光纤网络已经在阿姆斯特丹市的Ijburg、Osdorp、Oostelijk、Indische buurt以及Oosstepark地区铺设。埃因霍芬市长期致力于宽带基础设施的建设，1995—2005年间，荷兰政府资助了一个名为"知识城"的项目，为家庭宽带提

---

[1] 国家信息中心：《德国智慧城市发展现状与趋势》，2014年1月，见http://www.sic.gov.cn/News/250/2077.htm。

供资助，先后为 15000 户家庭安装了宽带。此后，"Be-linked" 项目将公司、机构、社会组织、政府和居民聚集在一起，鼓励宽带建设和发展应用。与此同时，埃因霍芬市政府还在当地 8 个工业园区中铺设光纤网络，为超过 100 个学校提供低价的光纤网络并帮助改善管理过程和提高收入。埃因霍芬市政府和埃因霍芬市技术大学合作创建了非营利组织"埃因霍芬光纤交换机构"，旨在提高埃因霍芬市的互联性，通过光纤联网提高效率。该组织的成员共 22 个社会机构，均通过光纤网实现互联。

阿姆斯特丹并占据了荷兰全国二氧化碳排放量的三分之一，为此阿姆斯特丹市启动了 Geuzenveld 和 WestOrange 项目。在 Geuzenveld 项目中，为 700 多户家庭安装智慧电表和能源反馈显示设备，帮助居民确立家庭节能方案。WestOrange 项目则为 500 户家庭将试验性地安装使用一种新型能源管理系统，目的是节省 14% 的能源，同时减少等量的二氧化碳排放。此外，阿姆斯特丹的移动交通工具包括轿车、公共汽车、卡车、游船等，其二氧化碳排放量对该市的环境造成了严重的影响，为了有效解决这个问题，该市实施了 Energy Dock 项目，该项目通过在阿姆斯特丹港口的 73 个靠岸电站中配备了 154 个电源接入口，便于游船与货船充电，利用清洁能源发电取代原先污染较大的产油发动机。2009 年 6 月，该市启动了气候街道（The Climate Street）项目，用于改善之前的状况 [1]。

在智慧养老方面，埃因霍芬大约有 825 家企业活跃在这一领域。智慧港创造了一个名为"智慧港健康创新"的项目，其宗旨是减少老年人和慢性病患者的健康保健费用。此外，一个名为"Care Circles"的项目旨在为老年人和残疾人家庭护理者提供更多的信息共享——通过这一项目，所有的呼叫中心都会被击中到一个派遣中心，派遣中心将根据低点和病人距离近的合作机构进行匹配，这能够以最少的花费带来最好的质量和更可达的护理。

荷兰智慧城市建设中的另一特色之处是强化市民的参与程度。市民可以作为独立的 APP 开发者参与智慧城市应用程序开发，并为此建立相应的鼓励和激励机制。阿姆斯特丹在 2012 年举办了名为"为阿姆斯特丹市开发应用"的开放数据竞赛，竞赛者需要在市政当局开放数据的基础上创建应用程序，实现数据的再增值。在埃因霍芬，"科技、教育和就业工作小组"项目致力于提升年轻人对工

---

[1] 中国发展门户网：《欧洲"智慧城市"建设及其启示》，2014年3月27日，见http://cn.chinagate.cn/experts/2014–03/27/content_31917799.htm。

程的兴趣，提供职业顾问和帮助年轻人进行终身学习。

## 四、中国台湾地区

在全球智慧城市论坛（ICF）历年的智慧城市评比中，中国台湾地区各县市屡获佳绩。2006年台北市获得"全球智慧城市首奖"；2013年台中市、新北市、新竹市入选全球七大智慧城市，台中市获得"全球智慧城市首奖"；2014年新北市、新竹市入选全球七大智慧城市；2015年，新北市入选全球七大智慧城市。

这些成果显示了中国台湾地区各级政府十分重视智慧城市的建设，更突显出自二十世纪八十年代中期逐步开始推动的电子化政务已显现出具体成效。台北智慧城市推动自2003年以数字城市、行动台北为起始方针，2008年起以水岸、文化及科技为重点，朝着UI-Taipei（Ubiquitous & Intelligent）持续发展。2012年起台北市进行方向调整，以智慧城市、优质生活作为重点发展方针，又在2012年荣获WITSA（世界资通讯服务联盟）的杰出公部门首奖（Public Sector Excellence）。综观台北市因人口密度极高，商业发展兴盛，自2004年起即积极推动全市宽带网络建设及无线网络应用服务，采取"政府牵头BOT"模式，在全市部署Wi-Fi热点4000多个，信号覆盖范围达133.9平方公里，占市总面积的49.29%，覆盖人口达90%。近几年台北市发展路径除持续推行的基础建设、便民服务优化重点外，并加入政府资料公开计划及云端应用，正朝向智能城市再造目标。

新北市则于2011年以"公共空间无线上网"、"远东资通讯园区"、"大汐止经贸园区"、"产业黄金走廊"、"免费计算机课程与行动教室"、"掌上型政府"、"华中智慧小区"、"行动里长"、"科技防卫城"、"市政e柜台"等计划获得不错的成效。在智慧城市五大指标上得到佳绩，因而自2012年入选全球21大智慧城市奖，2013年入选全球7大智慧城市以来，保持在7大智慧城市排名之内。2012年与IBM合作强调科技安防、打造智慧防卫城，利用E化侦查，弥补警力不足，透过大量资料分析，提升警政在犯罪侦查、预防上的效率。今年新北市以3O、3T、3I作为指导方针，强调朝向开放政府、服务云端科技及智慧便民服务发展。

新竹市政府智慧城市办公室于2012年3月成立，将节能减碳、都市治理、智慧生活科技与生态小区等主题结合，建构成一个创新整合的机制，提升市民的生活品质。新竹市政府实行产、政、学合作构建永续经营的智慧服务产业，目标是提升智慧城市管理、智慧生活体验及智慧服务，其中持续广泛运用应用资通讯创新，如智慧监视录像系统、智能导览系统、云端康管理远程照护等，以强化都市的竞争优势，让市民与企业都有更便利服务及优势发展。其中 2013 年更推动新竹市民认同卡发放计划，期盼创建加入一电子化申请作业信息平台包含健康、社福、观光、教育、市政、交通、商务、规费缴纳等面向智能公共信息服务。

台湾有关县市发展智慧城市的特点如表 12-3 所示：

表 12-3　中国台湾地区县市发展智慧城市的特点分析

| 城市 | 特色印象 | 执行特点 |
|---|---|---|
| 台北市 | 网络便捷行动应用 | 推动城市内TPE-Free免费无线网络环境，以及Open Data资料平台，创造新创产业发展环境。 |
| 新北市 | 行动应用 | 推行公共服务行动化及信息化，减少公共服务所需人力，增加公共服务效率及民众参与程度。 |
| 桃园县 | 区域发展 | 以桃园航空城为中心场域，推行各项智能应用实验场域，扩散及复制成功模式至城市角落。 |
| 新竹市 | 产学应用 | 整合在地科技园区及大专院校能量，规划产业衍伸及公共服务模式，创造都市再造能量。 |
| 台中市 | 产业投资 | 藉由在地蓬勃商业能量、各大重点大型建设引入以及重点经济园区投资，产生都市新风貌。 |
| 台南市 | 低碳永续 | 朝向低碳城市发展为主轴，尝试扩及推动智慧电动车加值应用、智能电网应用、行动观光服务系统及农村智慧化营销相关业务。 |
| 高雄市 | 人本交通 | 推动绿色运输信息服务，提升公共服务效率，目标创造新城市流动型态，建立低碳且永续的合宜环境。 |

数据来源：《智慧城市国际发展趋势与国内迈向智慧城市发展策略》，2013 年 2 月。

2015 年 3 月，中国台湾地区启动智慧城市 3 年计划，由"经济部"工业局负责推动，规划投资 51.8 亿元新台币，加速 4G 应用服务普及化，意图通过 4G 的宽带应用，推动全台各县市发展智慧交通、智慧商圈以及无所不在的影视服务，目标争取 3 年内达到 100 万付费用户。[1] 其中"中华电信"承担 60 万的目标，并与 15 个县市签订了智慧城市合作意向书。此外，"中华电信"还与桃园机场、桃园捷运、公路总局等单位展开合作，中华电信规划将通信、云计算及大数据等技术投入智慧城市应用，并与产业链合作伙伴一起投入建设智慧城市应用，包括治安、防灾、智慧交通和环保节能等，一个应用就需要构建一个产业链。

---

[1] C114：《中国台湾启动智慧城市3年计划 目标100万付费用户》，2015年3月，见http://pda.c114.net/211/a888627.html。

# 第十三章　2014年世界社会信息化发展情况

信息技术的应用已十分广泛，互联网作为经济和社会基础设施在经济体中的重要性逐步增加，尤其是近几年，在社会各个领域引发深刻变革。从各个领域中都能看到这样的现象，传统领域受到冲击，教育、医疗、养老、社交、娱乐等各个领域内的运行主体正在努力变革自己以适应发展变化，为社会民众提供更好的服务。

## 第一节　教育信息化

### 一、发展特点

教育领域的变革步伐正在逐年加快。随时随地学习已经成为一种趋势，信息技术为学生提供灵活的学习方式，让他们可以按照自己的进度来学习，并能兼顾工作和家庭等其他事务。近几年，传统教育受到网络教育巨大的冲击，无论是商业教育还是各大高等院校、基础教育院校，都积极投身到教育领域信息化变革中，谋求与时俱进的发展。

### （一）电子教具改变传统教育方式

智能手机、触屏教具、数码课本进入教室，不仅提高了授课的速度，更让知识的输出和输入端发生了革命性的颠覆，众多教学的可能性，也在进一步拓展。2014年第三季度在美国学校集中采购市场，谷歌主导设计的 Chromebook，销售了 71.55 万部，苹果的 iPad 销售了 70.2 万部。[1] 两年前，Chromebook 在学校市场

---

[1]　腾讯科技：《谷歌Chromebook抢占美国校园 击败iPad》，2014年12月，见http://tech.qq.com/a/20141201/040610.htm。

刚刚起步，如今已经占据了校园计算设备四分之一的市场，Google 同时推出了教育版的 Play 软件店，可以让老师、学生、校园 IT 人员更容易寻找到 Chromebook 和安卓设备的软件，引入了更丰富的教学资源。英国通信管理局的数据显示，有39% 的 3 至 4 岁儿童在家使用平板电脑。而英国一项全国性阅读调查显示，电子图书和纸质图书的交替阅读，对儿童学习和词汇量的掌握更有帮助。此外，有很多家长确信平板电脑的教育软件可以帮助孩子学习，一项针对 457 名家长的调查中，有 96% 的家长认为孩子可以从教育软件中学到知识[1]。

### （二）备受争议的慕课打破全球教育资源壁垒

慕课（MOOC）作为一种新型网络课程，2012 年兴起即得到全球众多名校的积极响应。目前，经历了一轮慕课大爆炸，全世界已有约 2000 门这样的课程，来源于约 200 所大学。从 2010 年开始，当斯坦福大学的塞巴斯蒂安·斯朗提供的免费网络课程《人工智能》吸引了全世界超过 16 万名学生之后，创立了 Udacity 公司，专门来推广网络公开课。斯朗教授希望看到高等教育领域掀起一场革命，为更多有志向学的学生提供优质免费的大学课程。尤其是给贫困生以希望，给那些原本没有可能接受高等教育的学生提供课程。2012 年，越来越多的高校开始将大学公开课放到网上，这一年甚至被认为是 MOOC 的元年。不过伴随着慕课诞生的也有不同的声音——哈佛商学院教授克莱顿·克里斯滕森甚至预测：最快只需 15 年，美国大学有一半得破产，各类慕课推广措施也遭到传统教育者的反对。互联网教育与其说互联网"侵害"了传统大学，倒不如说互联网对传统大学提出了更高的要求。无论如何，慕课在打破全球教育资源壁垒，跨越全球教育资源鸿沟上贡献了巨大的力量。

### （三）亚洲成为教育信息化的重要实验室

如果说美国是世界上教育信息化的领先者，那么亚洲则是一个高速发展中的重要实验室，正在加速崛起，成为全球教育的中心。亚洲拥有着全世界最大的 K-12 用户群体，大学的入学率正在进一步上升，深度的互联网和社交媒体的渗透，竞争激烈的考试制度，教育支出占家庭总支出比例非常高。此外，来自亚洲的教育力量正在影响着美国这个成熟的，但是增长缓慢的市场。这个影响是广泛而深入的，包括提供基础教育的公司、大学，甚至于是投资者和企业家。其一是亚洲教

[1] 张东编译：《全球新局势下的教育走向——来自2015年达沃斯论坛的教育观点》，《中国教育报》2015年1月29日。

育市场庞大，根据一份 OECD 的报告显示：到 2020 年，全球 25—34 岁人群中拥有大学教育学历的人数将达到 2.04 亿，亚洲将占据超过 50% 的份额，达到 55%，其中中国占 29%，印度占 12%，美国将以 11% 数字将会落后于印度。[1] 其二，亚洲是全球发展最快的在线教育市场，在一些关键领域，包括游戏化教学、移动学习、基于社交的学习产品上，亚洲已经处于遥遥领先的地位。在 2018 年之前，亚洲将占全球电子学习（E-learning）市场的 25%，其中排名前 7 的国家分别是：越南、中国、泰国、马来西亚，印度尼西亚、缅甸、尼泊尔和巴基斯坦。其三，亚洲政府面临着巨大的就业压力，他们需要创造更多的平台帮助人们接受教育、技能的培训。第四，全球研发中心已经逐渐地转移到了亚洲，因此对于高科技人才的需求也会随之增长。而这一现象将拓展出一个新的领域，就是 3000 亿的企业培训市场。[2]

## 二、重点国家和地区教育信息化发展情况

### （一）美国

2010 年 3 月，美国教育部教育技术办公室（Office ofEducational Technology，OET）发布了名为《变革美国教育：技术推动的学习》的国家教育技术计划。该计划提出到 2020 年：提高高校毕业生的数量和占比，让 60% 的人获得一个 2 年或 4 年的学位；并且消除成绩差距，消除种族、收入和地域的差异，让所有学生中学毕业后能够在高等教育中获得成功的机会。

此外，NETP（the National Educational Tech-nology Plan，美国教育技术规划）也提出了一种技术推动的 21 世纪学习模式，包括"学习、评价、教学、基础设施和生产力"等五大基础领域。

美国教育科技公司尼尔珀得设计的教师数字平台 Nearpod，该平台让教师可以轻松设计互动式课件，并可以在课堂上让学生们使用这些课件学习，在 18 个月内积累了 25 万名使用者。

美国的教育信息化行业的投入一直处于全球领先地位。根据 Edsurge 调查研究（图 13-1 所示），美国的风投一共向教育信息化行业注资 13.6 亿美元，这个

---

[1] Todd Maurer："How Asia is Emerging as the World's Edtech Labratory"，2015年1月。

[2] Todd Maurer："How Asia is Emerging as the World's Edtech Labratory"，2015年1月。

数字创下了近年来的一次新高[1]。主要资金集中在课程产品、教师工具、校务管理以及中学后市场上，另外还有一大部分其他类部分包含了职业技能培训、幼教app、内容产品、视频教学产品、游戏、学习工具等等类别的产品。

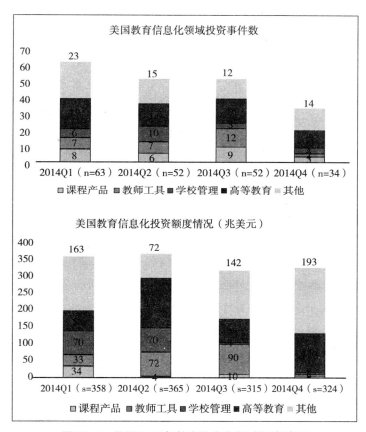

**图13-1　美国2014年教育信息化领域投资情况**

数据来源：Edsurge，2014年12月。

## （二）新加坡

新加坡在教育信息化领域一直走在世界的前列。2010年，由新加坡教育部、国家电脑局和两家科技公司耗资200万新加坡币合作开发的一款电子书包开始在中小学校园大规模使用。这是一个加载了多种教育资源的智能终端，可以贯穿于上课、作业、辅导、评测等各个学习环节，还能连上互联网下载、更新教育资源，

[1]　Edsurge："2014 US Edtech Funding Hits $1.36B"，2014年12月23日，见https://www.edsurge.com/n/2014-12-23-2014-us-edtech-funding-hits-1-36b.

成为学生的学习助手。

2014 年 11 月 11 日，新加坡工艺教育局为了进一步强化网络教学模式，将在未来 1—2 年内为每名新加坡工艺教育学院的学生配置一台平板电脑或笔记本电脑。学生将通过电脑进行网上学习，与教师和同学进行线上讨论。新加坡工艺教育局与微软新加坡分公司签署合作备忘录。微软新加坡分公司为工艺教育学院师生提供校内使用的科技教学器材和云端软件，同时，通过师资培训提升工艺教育学院教师的网络教学能力，超过 2 万名学生和 1500 名教员将从中受益。工艺教育学院中区学院已开始试验计划，让 1000 名学生在校内一个由微软协助设立的iLAB 电脑室，共用 42 台微软 Surface 触屏式平板电脑进行网络学习，教师可采用微软最新操作系统和其他高科技教学工具，提升学生的学习效果。预计 1—2 年后，该模式将扩展到全校所有学生，让他们随时通过手中的科技设备参与网络学习。

### （三）韩国

2009 年以来的 OECD 国际数字化阅读评估（InternationalDigital Reading Assessment，简称 DRA），韩国以第一的成绩高居榜首。2010 年，PISA2009 结果公布，韩国学生在阅读、数学、科学等成绩方面也均名列前茅。英国《经济学人》下属的皮尔森集团于 2012 年 11 月发布了一份名为《学习曲线——国家教育成就的经验》的报告，抽样了 40 个国家和地区的教育样本，并且将之分为五个层次，芬兰和韩国成为得分最高的两个教育体系，位列最高层次。韩国之所以能从一个发展中国家跃身挤进经济水平领先的队伍，很大程度上要归功于其在教育信息化领域所做的努力。韩国教育的信息化水平和程度让全世界都把目光转向了这个亚洲小国家。

2011 年，韩国颁布了"智能教育推进战略"，明确规划，从 2012 年起，韩国开始将小学国语、数学、英语等教科书上传到网上，并计划 2014 年在小学和初中，2015 年在高中全面推广数字教科书。届时，师生可以随时随地下载教科书，并可以根据需求选择能够高效教学与学习的教科书。

## 第二节　金融信息化

金融信息化是指在金融领域应用计算机和网络技术，使金融活动的结构框架从物理性空间向信息性空间转变，随着计算机和网络技术的发展，金融信息化在世界范围内得到快速有力的发展，以创新信息技术工具改造和装备金融业。

目前金融领域的信息化，主要着力于加强信息化监管和风险控制、加快服务普及化等方面，信息技术成为保护金融体系安全的有力武器，在面对金融危机时，信息化在金融业中有着非常重要的作用。

## 一、发展特点

### （一）信息化渠道在金融活动中得到广泛应用

根据波士顿咨询（BCG）提供的美国金融市场数据。过去十余年，美国市场上的实体网点和 ATM 交易量相对稳定，新增交易几乎全部来自网络和移动渠道。据测算，该趋势在 2010 至 2020 年的十年间仍将持续。[1] 证券行业在业务实现手段方面，互联网、呼叫中心（Call Center）、移动智能终端等渠道已经得到了广泛的应用。以往每一种渠道都建立一套独立的渠道应用平台，为了满足以客户为中心的商业模式转型，券商将利用 IT 技术实现客户应用交互体验的一体化整合。

### （二）金融领域的信息化投入持续升温

金融领域是信息化实施较早的领域，其信息化系统有着较长的实施与运行历史。而近几年，金融领域的信息化投入将有一轮新的升温。iResearch 艾瑞咨询整理 Celent 调查数据发现，在 2011 年全球银行业 IT 支出约 1686 亿美元的基础上，预计 2012 年主要覆盖北美、欧洲及亚太地区在内的全球银行业 IT 支出将达到 1733 亿美元，较 2011 年增长约 2.8%，并将在未来两年保持小幅增长，如图 13-2 所示。其中主要的增长份额将会来自于亚太地区的银行业，预计增幅为 6.0%，而以美国为主的北美银行业和欧洲银行业预计增幅较小，分别为 2.4% 和 0.3%。[2]

---

[1]　BCG：《互联网金融生态系统2020：新动力、新格局、新战略》，2014年9月，见https://www.bcgperspectives.com/。

[2]　艾瑞咨询：《2012-2014全球银行业IT投入资金将维持小幅增长》，2012年3月，见http://www.iresearch.com.cn/View/167489.html。

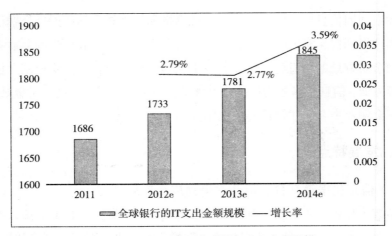

**图13-2　2011—2014全球银行业IT支出规模**

数据来源：Celent，2012年3月。

## （三）移动终端技术正在改变金融交易方式

随着使用手机银行这种便利方式的消费者数量不断上升，未来几年手机银行将迎来几个里程碑。eMarketer预计2016年美国成年手机用户中使用手机银行的数量（51.2%）将首次超过不使用的，和2015年的47.2%相比有所增长。而且，到2017年半数美国成年人将使用手机银行，2015年只占43.0%。[1]

2014年第四季度ath Power Consulting调查发现，手机银行蓬勃发展势在必行。在受访的北美银行消费者中，近80%的人表示移动银行有些重要；30%的表示必不可少，这一指数和2012比增长6个百分点；超过25%的人表示手机银行是最佳选择，2012年这一指数是20%，调查结果还突出了消费者态度的转变，2010年调查中半数受访者不认为手机银行很重要，但是最近的调查中只有22%的受访者认为手机银行不重要，如图13-3所示。在受访者使用最多的银行功能中，手机银行排在第三位，占45%；网上银行排第一，占91%；在线账单支付排第二位，占63%。要想成为消费者最常使用的选项，手机银行还有很长的路要走[2]。

---

[1]　eMarketer：《预计2016年美国手银用户将首次超过五成》，2015年3月，见http://www.199it.com/archives/332846. html。

[2]　ath Power Corsulting："The ath Power Ideal Banking Study: A Measurement of Customer Experience in the North American Retail Banking Sector"，2015年3月。

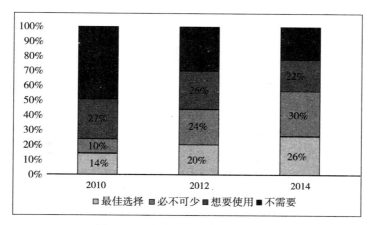

图13-3 北美银行客户对手机银行的态度

数据来源：ath Power Consulting，2015年2月。

全球金融集团 ING 近日公布了一份金融调查报告，调查显示，25% 的欧洲人已经在使用手机银行，42% 的人通过手机来购物。在荷兰，47% 的受调查者通过智能手机获得金融服务，而英国是 31%，法国是 17%，欧洲各个地区的情况大相径庭。调查还发现，越来越多的人开始使用替代现金支付方式，49% 的欧洲人认为在过去的 12 个月里，使用现金的频率有所下降，40% 的人表示已经非常少使用现金支付，45% 的消费者认为在接下来的 12 个月里，自己使用现金的频率将下降。[1]

### （四）中美英成为全球新型金融信贷最大的市场

互联网与金融结合在一起，催生金融信息化技术的更新换代。根据国际证监会组织（IOSCO）在 2014 年发布的报告《Crowd-funding：An Infant Industry Growing Fast》（众筹：快速成长中的新生行业），金融回报率众筹（P2P 借贷和股权众筹）在 2009—2013 年快速增长，其中 P2P 借贷市场更是每年翻倍扩张。美国、中国、英国为全球三大众筹市场，占了总市场份额的 96%，[2] 如图 13-4 所示。

[1] 全球金融集团ING：《调查显示四分之一的欧洲人已经在使用手机银行》，2014年6月，见http://www.199it.com/archives/234796.html。
[2] IOSCO："Crowd-funding：An Infant Industry Growing Fast"，2014年2月。

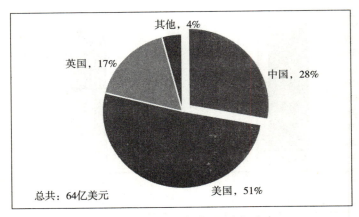

其他，4%

英国，17%

中国，28%

总共：64亿美元

美国，51%

**图13-4　2013年全球P2P市场分布**

数据来源：IOSCO，2014年2月。

　　中国、美国、英国为全球三大P2P借贷市场，其中2014年中国行业成交量为2528亿元，英国为153亿元，美国超过366亿元（只计算Lending Club和Prosper，二者占了美国P2P借贷市场的绝大部分），如图13-5所示。2005年3月，英国Zopa上线，是全球第一家P2P借贷平台；2014年6月，Eaglewood Europe以代码"P2P"在伦敦股票交易所（LSE）挂牌交易，成为第一只在交易所挂牌交易的P2P投资基金。2014年12月，全球最大的P2P借贷平台美国Lending Club成功登陆纽约证券交易所，成为行业第一家上市公司；2007年6月，中国第一家P2P平台"拍拍贷"上线，目前中国已成为全球最大的P2P借贷市场。2014年中、英、美P2P行业交易量中，中国以全年2528亿元的交易额居首位[1]。

[1] 刘思平：《全球P2P行业发展报告（一）:现状》，2015年3月，见http://mt.sohu.com/20150307/n409460616.shtml

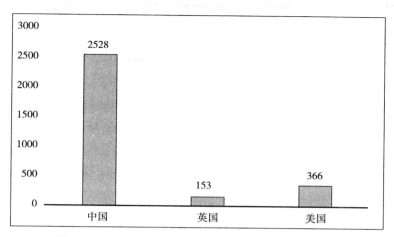

图13-5　2014年中、英、美P2P亿量（亿元人民币）

数据来源：全球 P2P 行业发展报告，2014 年 2 月。

### （五）金融领域尝试通过社交媒体进行创新

金融领域的企业正在通过社交媒体进行一些新的尝试。法国最大的银行 Groupe BPCE 因为推出一项新的国内电子钱包服务而登上头条，通过该服务，客户能够以发送 Twitter 信息的形式进行转账。依靠 Twitter 的开放软件标准（open software standards），该服务得以实现，而这也是银行和金融服务机构借助科技的力量进行银行创新以及为客户提供新服务的发展趋势的一个组成部分。金融行业将更多的钱投入到社交领域。2014 年 2 月，Duke 大学的 Fuqua 商学院受美国营销协会委托实施的调查显示，金融企业正在提高社交媒体支出。美国银行业、金融业和保险业的营销总监称当前 5.9% 的营销预算用于社交媒体，未来的 12 个月希望增长至 7.4%，未来五年内增长至 15.7%。[1] 此外，根据 2014 年 10 月 Shareablee 发布的数据，75% 的美国金融服务企业有社交网络发布。88% 的银行有 Facebook、Google+、Instagram 或 Twitter 页，第二位的是保险业，比例是 83%。不足四分之三的借贷企业（73%）追踪社交媒体，超过十分之六的付费服务企业（62%）和投资企业（61%）有社交页[2]。

---

[1]　eMarketer：《金融业将增加对社交媒体的营销份额》，2014年6月。
[2]　Shareablee：《数据显示四分之三的金融企业在社交网站上进行营销》，2014年10月，见http://www.199it.com/archives/315098.html。

## 二、重点国家和地区金融信息化监管情况

### （一）美国

美国是世界上互联网金融内容最丰富的国家，包含了信用卡服务、理财社区、网上交易所、众筹融资、个人理财、第三方支付、小额信贷和 P2P 网贷等服务类型，运营形态各异。作为互联网金融的先驱，美国更加注重互联网金融的政府监管和立法规范。美国的做法是将互联网金融纳入现有的传统金融体系中进行监管，同时根据出现的新兴金融模式来调整政策和法规，并扩充金融法律体系。

美国及时布局互联网金融监管。2012 年，美国政府就以法律形式承认了众筹模式的发展，他们通过了 JOBS 法案，允许中小企业以众筹融资的形式获取股权资本。这样的及时性有利于规范行业发展，同时也从政策层面支持了互联网金融创新[1]。

此外，美国建立了世界上最完备的征信体系。美国征信体系的信息架构，是在政府的大力推进下，依赖互联网技术的迅猛发展而实现的，与英国全市场化运作的征信体系不同。从某种意义上来说，政府主导构建的征信体系，具有更小的违约风险，因为其在信息筛选和信息的共享上有更大的优势。

美国非常重视消费者权益的保护。美国于 2012 年 7 月签署了《金融监管改革法案》，在法案中，成立一家独立的消费金融保护机构 CFPA，来执行所有针对金融消费者的保护性措施，保护消费者和投资者不受金融系统中不公平和欺诈行为损害。

### （二）英国

英国互联网金融在全球属于起步最早的一批，在英国的融资市场所占份额也高。由于起步早，英国的监管模式形成了"行业先行，监管后行"的鲜明特色，以行业自律与政府监管交互作用。

英国的金融行业自律性强，行业协会监管在很大程度上有能力代替政府监管。早在 2005 年英国就出现了全球首家 P2P 网络小额贷款公司——Zopa，P2P 行业发展壮大后，英国迅速成立了 P2P 的行业协会，随后又成立了众筹协会，这些协会都是全球首家，主要职能是制定行业规则，对英国互联网金融的发展起到了很好的引导和规范作用。

---

[1] 宋国良：《美英互联网金融监管模式镜鉴》，《人民论坛》2014年第19期。

英国只设置了金融监管局来负责所有金融监管，这是其金融监管系统架设的一大特色。这与英国行业自律性强有很大关系，而简单的监管架构更有助于减少政策下达的滞后性，提高监管效率。

此外英国社会的征信体系齐备。目前英国征信体系完全市场化运作，以三家公司作为主体架构，其数据系统庞大、可靠、专业。

## 第三节　社交领域信息化

信息技术对社交领域带来的变革是翻天覆地的。对于个人来说，传统的社交方式如面谈、书信等，常见的社交圈子可能只有几十个人。而互联网带来的社交爆发，让一个人可能同时与上百人社交，甚至是大规模的跨越国境的社交。而对于企业来说网络社交带来的是更便捷的连接市场的通道，也是规模更巨大的交易市场。经历了几轮大型社交网络爆发式普及之后，2014 年是小型社交网络蓬勃发展的一年。

### 一、发展特点

#### （一）全球社交媒体用户数量保持高速增长

社交媒体的用户数量和活跃度依然在高速增长，目前活跃社交媒体用户占全球人口比重约为 29%，目前月度活跃用户已达 20.8 亿人，相较 2014 年 1 月增长了 12%。同时，平均每个用户每天花在社交媒体上的时间约为 2 小时 25 分，而对社交媒体最为依赖的国家是阿根廷和菲律宾，每天将近 4 个小时在社交媒体上，最少则为日本，仅有 0.7 小时，中国网民则为 1.7 小时，略低于平均水平[1]。

从社交媒体的使用情况来看，Facebook 依然在全球社交媒体阵营中占据主导地位，截止到 2015 年 1 月份，Facebook 已经拥有 13.66 亿活跃用户，值得注意的是，这当中有 83% 的用户是通过移动设备登陆。另外，腾讯在汉语区社交媒体的统计数据依然在不断扩大，QQ 空间已经拥有 6.29 亿网民，2015 年内全球社交媒体活跃度排名如图 13-6 所示。由于每个人可能拥有不止一个账号，因此实际的用户数可能要打一个折扣[2]。

---

[1] WeAreSocial：《2015年全球移动&社交报告》，2015年3月。
[2] WeAreSocial：《2015年全球移动&社交报告》，2015年3月。

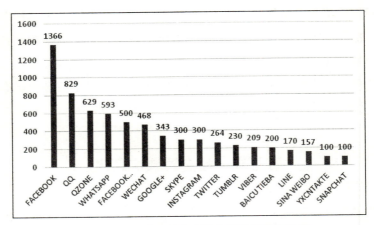

**图13-6　2015年1月全球社交媒体活跃度排名**

数据来源：WeAreSocial，2015 年 1 月。

## （二）社交正在向多网络化转变

社交网络用户正在成为多网络用户，即持有多个社交平台账号的受众。除中国外，三分之一的网民同时访问 YouTube, Facebook 和 Twitter。对 Facebook 用户参与度的调查显示，其中十分之九的用户每个月都访问 YouTube，半数用户还访问 Twitter。平均来看，每个成年网民拥有 5.54 个社交网络账户，活跃使用的有 2.82 个。[1]

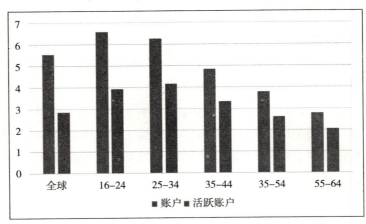

**图13-7　2014年不同年龄阶段平均每个人拥有社交账号数**

数据来源：GlobalWebIndex，2015 年 2 月。

---

[1]　GlobalWebIndex："GWI SOCIAL Summary（2014 Q4）"，2015年2月。

2014 年不同年龄段平均每个人拥有社交账号数如图 13-7 所示。16 到 24 岁的受众走在这种趋势的前沿，平均每个人拥有 6.55 个账号；相反，55 到 64 岁的受众平均持有账户是 2.85 个。在活跃使用量方面，25 到 34 岁用户超过了 16 到 24 岁用户群，这主要是由于 25 到 34 岁的用户更忠诚于 Facebook，而且更愿意使用 LinkedIn 这样的专业网络。同样重要的是 16 到 24 岁的受众群更愿意使用新兴网络，他们是 Instagram、Pinterest 和 Tumblr 的主要用户群。而且，16 到 24 岁受众群在可视性网络平台用户中占有最高比例，但是 25 到 34 岁受众参与度最高[1]。

### （三）移动设备让社交无处不在

通过 PC、手提电脑、手机、平板电脑平均每天访问网络的时间从 2012 年的 5.55 小时增长至 2014 年的 6.15 小时，社交网络日访问时间同期从 1.61 小时增长至 1.72 小时，[2] 现在人们在网络上消耗更多时间，尤其是移动网络成为这种趋势的最主要驱动，它让人们可以在任何时间、任何地点访问社交网络，如图 13-8 所示。

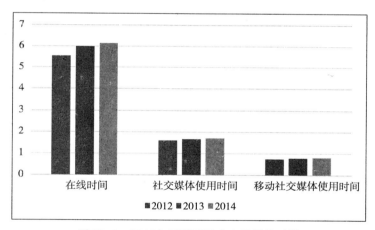

图13-8　2014年互联网用户在线平均时间

数据来源：GlobalWebIndex，2015 年 2 月。

## 二、重点国家和地区发展情况

### （一）中东北非地区

从阿拉伯之春以来，社交媒体在中东北非地区的影响力与日俱增。2014 年

[1] GlobalWebIndex："GWI SOCIAL Summary（2014 Q4）"，2015年2月。
[2] GlobalWebIndex："GWI SOCIAL Summary（2014 Q4）"，2015年2月。

MENA 中东北非地区拥有 7400 万用户，是该地区 twitter 用户的两倍。4200 万用户每天登录，65% 的用户来自移动端贡献了 66% 的广告收入。2013 年移动客户端只占 49% 的广告收入，2014 年埃及 Facebook 用户数超过 2000 万，当年新增 260 万。[1]

MENA 的年轻人里，移动社交媒体的渗透率更高。69% 的 10—20 岁的 MENA 青年每月使用 whatsApp，而北美只有 4%。WhatsApp 群组中最受欢迎的话题是新闻、美食、宗教。在沙特，whatsApp 也提供紧急服务，类似 110、119。

中东地区是第一个 Youtube 移动用户访问量大于 PC 的区域，观看 Youtube 的用户每年成 50% 速度增长，每个月全球有超过 10 亿用户访问该网站。MENA 地区的移动用户中 1/4 流量来自 Youtube，75% 的用户更愿意看有视频的新闻。MENA 移动社交网络流量最多的是卡塔尔 46%、以色列 44%；也门 4%、阿尔及利亚 9% 最低。阿联酋是 viber 全球第三大市场，34% 的用户使用 viber，此外是菲律宾 44%，冰岛 37%。而这个数值全球平均为 12%[2]。

尽管电视新闻可信度高，但网民对社交媒体新闻信赖度正集聚上升。1/3 卡塔尔网民通过 whatsapp 获得新闻，52% 从 FB 上获得，59% 的网民通过社交媒体了解新闻，剩下的来自电视。相比电视，年轻人更相信社交网络上的新闻。

MENA 地区是第二屏最活跃的国家之一，第二屏活动增加了电视服务的社交化。看电视的时候有 43% 的人使用第二屏，用手机作为第二屏的占 36%，电脑 13%，平板电脑 5%。Facebook 是 MENA 地区第二屏上最活跃的网络，在埃及、沙特、阿联酋，最受欢迎的第二屏网络依次是 Facebook、Youtube、Twitter[3]。

## （二）泰国

泰国是一个社交性非常强的国家，泰国 6790 万总人口中，有 3500 万互联网用户，4460 万移动互联网用户，3000 万 Facebook 社交用户，2620 万 YouTube 视频用户。月活跃用户 3000 万，移动端用户 2800 万。

社交网络 Facebook 的用户中，男性占 52%，女性占 48%。所有用户中每天都登录的占 66%，即 1980 万人，而每天通过移动设备登录的有 1850 万人。不同年龄阶层中使用 Facebook 最多的是 18—24 岁和 25—34 岁，各占到 30% 左右。

[1] 庞磊：《2014年中东社交网络报告》，2015年2月，见http://www.199it.com/archives/327090.html。

[2] 庞磊：《2014年中东社交网络报告》，2015年2月，见http://www.199it.com/archives/327090.html。

[3] 庞磊：《2014年中东社交网络报告》，2015年2月，见http://www.199it.com/archives/327090.html。

泰国人乐忠于使用 Facebook 与朋友、家人、关心的品牌互动，他们上传图片、评论、点赞和发布帖子的频率比全球平均值要高出许多。

　　YouTube 在泰国网民覆盖率达到 75%（2625 万 YouTube 用户／3500 万互联网用户），其中男性占 50.8%，女性占 49.2%，使用 YouTube 最多的年龄段是 18—24 岁，占到 45%。[1]

---

[1]　DAAT、MarketingOops：《2014年泰国社交用户数据概览》，2015年2月，见http://www.199it.com/archives/327765.html。

# 第十四章  2014年世界企业信息化发展情况

随着第三次工业革命的到来，互联网等信息技术悄然渗透至企业生产的每一个环节，从基础设施、企业管理、采购销售，甚至到研发设计的生产环节。电子商务的深入应用让一批企业尝到互联网在采购、营销方面带来的甜头，而现如今，新一代信息技术正以燎原之势，沿价值链的微笑曲线，由采购、营销端向研发、设计和制造端渗透。全球互联网从消费者主导型的互联网转变为企业主导型的互联网，从消费型的互联网向生产型互联网转变，从单纯的价值传递渠道转变成为价值创造和增值的核心平台。

## 第一节  发展特点

### 一、企业的IT支出正从传统软件支出转向云计算和云服务

企业信息化正在面临变革，传统的企业 IT 服务正在向"新 IT"转型。这种转型主要表现在三个层面，一是从桌面转向移动＋桌面，二是从企业级应用软件转向 SaaS 服务，三是企业网络从传统数据中心架构转向可弹性扩展的云服务架构。Capital IQ 对 EMC、IBM、ORACLE、SAP、微软、思科等 6 家传统老牌 IT 技术企业和 36 家云计算上市企业的历年收入的跟踪研究表明，传统 IT 服务市场正在减缓，而云服务保持了较高的增长速度。2013 年全球企业级 IT 服务市场规模高达 13400 亿美元。但是基于云服务的"新 IT"企业收入到目前仍然只占到全球企业 IT 支出的 2%，未来成长空间巨大。[1]

---

[1]  谢晨星：《2014全球互联网投资趋势报告》，2014年9月，见http://tech.163.com/14/0902/08/A54HKSN0000915BF.html。

Gartner 发布最新预测（表 14-1），2015 年全球 IT 支出将稳步达到 3.8 万亿美元，与 2014 年相比将增长 2.4%；不过，该增长率低于先前预测的 3.9%。2015年数据中心系统支出预计将达到 1430 亿美元，与 2014 年相比增长 1.8%。这些增长率变化的背后因素是更换周期延长以及转移至云端服务的情况超出预期。[1]

表 14-1　全球 IT 支出预测（单位：十亿美元）

| | 2014支出 | 2014增长率（%） | 2015支出 | 2015增长率（%） |
|---|---|---|---|---|
| 终端设备 | 696 | 3.8 | 732 | 5.1 |
| 数据中心系统 | 141 | 0.8 | 143 | 1.8 |
| 企业级软件 | 317 | 5.8 | 335 | 5.5 |
| IT服务 | 956 | 2.7 | 981 | 2.5 |
| 电信服务 | 1626 | −0.1 | 1638 | 0.7 |
| 整体IT总计 | 3737 | 1.9 | 3828 | 2.4 |

数据来源：Gartner，2015 年 1 月。

## 二、利用社交媒体进行数字营销成为多数企业首选

全球企业信息化呈现这样一个特点，企业在社交媒体上安营扎寨，进行数字营销，这种现象无论是大企业还是中小企业都很显著。杜克大学发表的一份关于社交媒体的研究报告显示，2014 年，许多企业的社交媒体支出约占企业营销预算的 9%，预计未来五年内，这个比例将激增到 25%。但半数受访的企业营销人员表示，他们根本无法证实社交媒体对他们的企业究竟产生了哪些影响。[2]这种蜂拥而上的行为虽然盲目，但是社交媒体的客户与企业之间的连接更加容易，投入社交媒体的企业也在逐渐体会到其中的效果而趋于理智。

2014 年 11 月 BrightLocal 的研究发现，四分之三的北美中小企业（SMBs）表示数字营销对吸引消费者很有效，37% 的企业计划未来十二个月向数字营销上投入更多支出。2014 年 12 月 The Alternative Board 的调查显示，全球 38% 的小企业主（SBOs）将营销、广告和公共关系作为创业初期支出最多的方面，排在第一位。雇佣和训练员工排在第二位，包括数字营销技能，有 35% 的受访者选择。近十分之四的受访者希望曾在营销方面支出更多，希望花更多时间训练雇员的受访者

[1]　Gartner：《预计2015年全球IT支出达3.8万亿美元》，2015年1月22日，见http://www.199it.com/archives/323522.html。

[2]　Hootsuite CEO：《改变企业社交媒体使用方式的五大趋势》，2014年12月24日，见http://www.fortunechina.com/business/c/2014-12/24/content_232071.htm。

更少（23%），在繁忙时期在技能上支出超过了时间投入。[1]

根据 eMarketer 预测，2015 年近 85% 的美国大中型企业（雇员 100 人及以上）使用 Facebook 进行营销，还有三分之二的企业使用 Twitter 营销。内容营销超过社交和简易内容，如推特和状态更新，有 43% 受访者使用，包括电子通讯（57%）、图像（49%）、简报（39%）、blog 发布（34%）和长视频（34%）[2]。营销人员必须披荆斩棘，搞清楚什么内容适用于受众。Percolate 发现营销人员通常通过研究过去的内容和广告的性能数据，以及积极监测社交渠道一般活动来发掘适用的内容，每个选项都有 31% 的受访者选择。

2014 年 10 月 Shareablee 发布的数据（图 14-1），四分之三的美国金融服务企业有社交网络发布。银行在社交媒体上最活跃，88% 的银行有 Facebook、Google+、Instagram 或 Twitter 页，第二位的是保险业，比例是 83%。不足四分之三的借贷企业（73%）追踪社交媒体，超过十分之六的付费服务企业（62%）和投资企业（61%）有社交页 [3]。

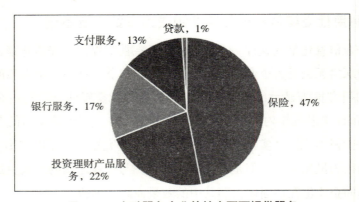

**图14-1　金融服务企业的社交页面提供服务**

数据来源：Shareablee，2014 年 10 月。

## 三、移动技术帮助中小企业增加营收

移动技术在企业运营中的应用已经逐渐普及，也因为其相对传统信息技术更

---

[1]　199IT：《Percolate：大部分企业会在一个月之前开始准备社交媒体营销内容》，2015年1月16日，见http://www.fortunechina.com/business/c/2014-12/24/content_232071.htm。

[2]　199IT：《Percolate：大部分企业会在一个月之前开始准备社交媒体营销内容》，2015年1月16日，见http://www.fortunechina.com/business/c/2014-12/24/content_232071.htm。

[3]　Shareablee："State of Social Finacial Services Webinar"，2014年11月20日。

"轻量"而更受中小企业的欢迎，并且带来了客观的收益。波士顿咨询集团和高通联合发表报告称，在采用移动技术方面位居前 25% 的中小企业发现，由于采用移动技术，它们的营收增长了 1 倍，创造的工作岗位增长了 7 倍。在采用移动技术方面领先的中小企业还发现，在搜索它们业务的搜索流量中，移动设备占到50%。报告指出，2014 年移动技术贡献了全球 GDP 的 2%—4%，移动技术为韩国贡献了 1430 亿美元的 GDP，占比为 11%。此外，移动在风险投资总额中的占比翻了一番，2014 年达到 8%。

在采用移动技术方面领先的中小企业中，82% 表示移动技术使它们在与客户沟通方面更灵活、快速；60% 表示投资移动技术是它们业务中最优先的项目，在不积极采用移动技术的中小企业中，这一比例仅为 15%。积极采用移动技术的中小企业发现，在搜索它们业务的搜索流量中，移动设备占到 50%。在采用移动技术的企业中，增长最快的是中小企业。研究发现，在采用移动技术方面领先的厂商，已经成功地整合移动平台和企业应用，进一步增强了客户关系管理。[1]

## 四、企业信息安全问题受到重视

随着信息技术应用的逐步深入，信息安全成为企业担忧的重要问题，也成为企业信息化投入的重要部分。数据安全专家 Vormetric 发布了的内部威胁报告显示，接受调查的美国企业中 93% 的企业认为他们易受内部威胁影响。另外，59% 的美国受访企业认为特权用户带来的威胁最大，54% 的企业认为防止数据泄露是 IT 安全开支最高或次高优先级。46% 的美国受访企业认为云服务和云计算威胁到企业的风险敏感数据。47% 美国受访企业认为数据库当中的敏感数据遭遇侵害的风险最大。企业受到攻击和安全漏洞太大的压力。 44% 的美国受访企业表示去年遭遇了数据破坏事故，34% 的美国受访企业表示正在保护敏感数据，以免这些数据落入合作伙伴或者竞争对手之手。[2]

除了数据安全颇受重视以外，还有很多信息安全问题被企业重视。DDoS 攻击可以对企业产生严重影响，根据卡巴斯基实验室和 B2B 国际新调查公司表示，有 50% 的企业认真对待 DDoS 攻击，认为它是企业 IT 安全的一个重要组成部分。目前，DDoS 攻击中小型企业的平均成本投入在 52000 美元，对于规模较大的公

[1]  i199IT：《波士顿咨询：移动技术成中小企业增长引擎》，2015年2月11日，见http://www.199it.com/archives/328814.html。
[2]  i199IT：《Vormetric：美国93%企业易受内部威胁影响》，2015年1月22日，见http://www.199it.com/archives/323455.html。

司进行 DDoS 攻击，平均成本投入在 444000 美元。受到 DDoS 攻击的企业损失的不仅是金钱，38% 的企业认为，DDoS 攻击已经损害了公司的声誉。29% 的企业表示，DDoS 攻击破坏自己的信用评级，26% 的企业表示，DDoS 攻击增加了他们的保险费用。应对 DDoS 攻击的态度因行业而异，60% 的金融机构能源公司和公用事业服务机构都有意识并且采取措施防止 DDoS 攻击。然而，只有 53% 的电信运营企业，50% 的 IT 企业，41% 的电子商务企业，38% 的媒体公司采取措施应对 DDoS 攻击。从公司规模来看，只有 38% 的小企业认为防范 DDoS 攻击是公司 IT 安全的一个重要组成部分，大公司在这方面的比例达到 60%[1]。

相比之下移动信息安全方面的问题所受到的重视却不够。移动信息化研究机构 Ponemon Institute 发布了一个最新的研究报告，他们对超过 400 家大型组织在开发移动应用时的安全工作进行了调查，其中包括财富 500 强中的一些银行业、零售业、健康行业以及事业单位。40% 的企业在将企业应用送到员工手中之前，不会对应用安全进行检查和扫描，从而导致企业的数据有被盗取的可能。另外还有 33% 的企业从来不对自己所使用的应用进行检查。2014 年，Ponemon Institute 的另一份报告指出，数据入侵共计会给企业造成 500 万美元的损失[2]。这些损失也在督促着企业开始对计算机、服务器和传统 IT 的安全性进行大规模投资，但是根据报告结果来看，企业对于移动信息安全的重视却不够。可能的原因是移动应用刚刚开始，并没有太严重的移动信息安全问题案例出现。

## 第二节　重点国家和地区企业发展案例

### 一、德国

德国最先提出工业 4.0 的概念，并由政府出资 2 亿欧元全力支持，西门子等知名企业成为工业 4.0 的主力军。

（一）西门子。西门子是工业 4.0 的主要推动者之一。西门子早在 10 年前就提出了全集成自动化的概念，长久以来借助数字化企业平台，占据信息技术集成领域的领导地位。其最新技术成就包括创新性的工程软件平台、新一代控制器 Simatic S7–1500、针对电气传动应用的"全集成驱动系统"（IDS）以及以信息技

[1]　cnbeta:《只有一半的公司认真对待DDoS攻击》，2015年1月22日，见http://www.cnbeta.com/articles/356495.html。
[2]　Subbu Sthanu:《50%的企业在移动应用安全方面的花销为零》，2015年3月26日，见http://www.199it.com/archives/335296.html。

术为基础的服务，这些技术与工业 4.0 定位及目标相吻合。从整合和优化信息技术专长以及进一步开发实现工业 4.0 所需的技术专长的战略考虑，西门子已投资数 10 亿欧元进行多项战略并购，尤其是收购软件公司。西门子将这些软件公司的技术能力与自身自动化领域的技术专长相融合，得以提供贯穿产品开发和制造的整个价值创造过程的工业软件。

（二）菲尼克斯电气。菲尼克斯电气对工业 4.0 早已开始准备；2004 年，菲尼克斯电气投入 Ptofinet 工业以太网的开发，形成了全面的基于 Profinet 工业以太网的竞争力。工业 4.0 强调通过网络与信息物理生产系统的整合改变当前的工业生产与服务模式，菲尼克斯提出的信息动力自动化系统（IT–Powered Automation），推出的 Rifline Complete 继电器、Axiocontrol 控制器、Axioline l/U 系现、Heavycon 重载连接器等众多新品以及 SoftPLC、Softmotion、安全 PLC 解决方案等都能够满足工业 4.0 对网络和控制系统提出的更智能化、更开放、更灵活、更快速、更高效的要求。在德国政府出资支持，众多知名企业参与的东威斯特法伦"OWL"工业 4.0 集群项目中，菲尼克斯电气牵头致力于"适于生产技术的自动化"的研究，目的是开发智能自动化技术组件，实现组件和软件的自优化能力。

## 二、美国

发达的工业应用在德国，而领先的信息技术在美国，美国在信息技术方面的优势成为推进工业 4.0 的重要力量，且一直在实施以 CPS 为概念的先进制造。

（一）罗克韦尔自动化。工业 4.0 的核心在于产业集成。2008 年，罗克韦尔自动化率先提出"融合"的理念，旨在将制造业纵向链条上界限分明的现场层、控制层、管理层之间实现相互渗透。2010 年，罗克韦尔自动化在"融合"的基础上提出"全厂最优化"的横向战略，进一步打通了从上游到下游的整个供应链。罗克韦尔自动化的"融合"与"全厂最优化"纵横交织，某种程度上已经形成了工业 4.0 概念的框架。罗克韦尔自动化的集成架构平台为"融合"和"全厂优化"提供了重要支撑，可提高生产举，实现灵活性和可缩放性，减少总成本支出，构筑了强大的行业竞争力。

（二）国家仪器公司（NI）。NI 是虚拟仪器技术的创始者与倡导者，致力于为用户提供建立在工业标准计算机及互联网等基础上的虚拟仪器解决方案。NI 基于电脑或工作站、软件和 I/O 部件来构建虚拟仪器。由于工业 4.0 带动的嵌入式采集与控制系统需求大量增加，NI 推出的采用开放式平台的可程式化自动控制器 CompactRIO（cRIO）以及 myRIO 方案具有成本低、可靠性高、适于高容量嵌入式测量和弪制应用等特点，为大量工业和应用难题提供了解决方案。

# 第十五章　2014年世界医疗卫生信息化发展情况

医疗卫生信息化能够提高医疗质量和服务效率，对改善人们健康水平、提高生活品质具有重要作用。近年来，医疗卫生信息化加速升温，世界各国纷纷出台扶持政策，加大引导、整合和投入力度，加速信息系统和平台建设，加快医疗卫生信息化步伐，从而提升医疗卫生服务满意度和信任度。区域医疗卫生信息化是整个医疗卫生信息化进程中十分重要的内容，正在成为发达国家医疗信息化建设的重点。医疗健康大数据是搭建区域医疗信息平台和居民健康档案平台的基础，在促进医疗卫生信息化的过程中发挥着重要作用。移动医疗（mHealth）因其良好的时效性和便捷性而受到世界各国的广泛青睐。远程医疗能够通过远程通信等新技术手段发挥大型医学中心医疗技术和设备优势对医疗卫生条件较差的及特殊环境提供远距离医学信息和服务。当然，各国经济社会发展不平衡，对信息化认知程度和投入力度不同，其医疗卫生信息化发展的水平差异也较显著。

## 第一节　发展特点

### 一、远程医疗助力发展中国家提升医疗水平

随着人们生活质量的不断改善，其对医疗服务的速度和质量也提出了更高的要求。远程医疗使一些发达国家和发展中国家，借助信息通信技术和临床医学相结合，解决一些拓宽医疗保健服务获得渠道、增强医疗保健服务水平等方面存在的问题。远程互联网技术与数字图像等多媒体技术，为医疗信息化中注入巨大的活力，并且从中演变出两种发展远程医疗的模式：一是发达国家的网状医疗系统，

二是适用于发展中国家的远程会诊平台。[1]

发达国家的网状医疗系统，是将基于医院的医疗活动，以病人为中心，转变为日常医疗保健，如心率、血压和血糖等生理参数检测装备，已经广泛应用于远程监控患者情况。这种网状医疗系统有效缓解了发达国家地广人稀、医疗机构分布不均衡地区的就医问题。例如美国会诊中心，是美国冠军医学联盟成立的由多学科专家组成的重要机构，实现了全美国所有医疗教育资源联网共享，以家庭为单位对患者进行联合会诊，促进了远程医疗的发展。

与发达国家不同，在低收入国家以及基础设施不发达的地区，搭建远程会诊平台成为弥补医疗系统缺失的首选。远程会诊平台主要用来连接卫生保健前线工作人员与专家、转诊医院和医疗中心。远程医疗帮助发展中国家组织和收集病人数据进行流行病学监测，同时提高了医院对患者的随访和评估能力。

墨西哥的远程医疗已经开展了十几年。远程医疗的应用能够很好地应对墨西哥偏远地区医疗资源匮乏和医疗健康服务匮乏的问题，提供更好和更优质的医疗服务，惠及更多普通百姓。经过数年发展，墨西哥32个州已经有14个州普及了远程会诊，23个州普及了远程教育[2]。医院和企业的大力支持也促进的远程医疗的发展。例如墨西哥南部医疗中心与墨西哥州的一家医院展开远程医疗合作，为偏远地区民众提供精确诊断以及更优质的医疗服务。墨西哥斯利姆健康发展中心集团网络平台对孕妇和新生儿推出一项健康项目，已在墨西哥全国12个州建立了30个母婴接待中心，累计提供了72万项医疗服务，81万名妇女和婴儿从中受益[3]。

非洲许多落后、偏远地区都存在看病难的问题。据世界卫生组织调查，在接受调查的48个非洲国家中，平均每万人的医生人数不超过1人的国家有25个。非洲病者人数占世界总患病人数的24%，但是医疗工作者只占3%，甚至医疗支出不足1%。在医疗资源严重不足的情况下，远程医疗成为弥补的重要手段，国际医生的跨国支持尤为珍贵。2014年，"移动健康联盟"将总部从美国移至南非，致力于以缩小非洲远程医疗与世界其他地区的距离。

---

[1] 韩晓明、冯雪珺：《远程医疗，零距离解题"看病难"》，《人民日报》2014年4月21日。
[2] 韩晓明、冯雪珺：《远程医疗，零距离解题"看病难"》，《人民日报》2014年4月21日。
[3] 韩晓明、冯雪珺：《远程医疗，零距离解题"看病难"》，《人民日报》2014年4月21日。

## 二、医疗健康大数据应用初步展开

医疗健康数据的挖掘将产生巨大价值，如个性化医疗、社交网络与疾病的研究等，在移动互联时代，医疗、健康大数据更具有巨大的价值。常见的医疗大数据应用主要包含临床操作比较效果研究；研发阶段的预测建模、提高临床试验设计、临床实验数据分析、个性化治疗、疾病模式的分析；新商业模式的汇总患者临床记录和医疗保险数据集、网络平台和社区等[1]。目前英国 NICE（国家卫生与临床技术优化研究所）、德国 IQWIG（质量和效率医疗保健研究所）、加拿大普通药品检查机构等在大数据参与比较效果研究中，有效提高诊疗效率，节约了患者诊疗成本。

此外，大数据技术应用于远程病人监控，则可以减少患者住院时间，实现医疗资源的最优化配置。美国上亿人次的慢性病患者（例如糖尿病），占据整个美国医疗卫生系统医疗成本的 80%。如果借助大数据参与预测建模，使用远程病人监护系统进行预防,可以有效减少患者出现意外以及节约医疗资源[2]。如果充分利用大数据技术，光临床操作阶段，美国医疗健康开支一年就能减少 165 亿美元；支付阶段将有潜力创造每年 500 亿美元的价值；研发阶段每年将会创造 1000 亿美元的价值[3]。

美国临床肿瘤学会（ASCO）首次展示专注于乳腺癌症的 Cancer LinQ 数据库模型。该模型存储着匿名的电子健康记录信息，相关人员能够自由调用存储在 Cancer LinQ 中的数据。据悉，85%—90% 的美国临床肿瘤学会成员使用电子健康记录，患者和供应商自愿共享其健康数据[4]。

美国西奈山医疗中心利用来自 Ayasdi 公司的技术分析了整个大肠杆菌基因组序列，其中包括超过 100 万个 DNA 变异，旨在努力理解某些菌株如何在与抗生素的共处中获得抗药性。Ayasdi 的技术为数学研究、拓扑数据分析（简称 TDA）开辟了一片新天地，有助于人们更深刻地理解数据形态[5]。

英特尔正与 Michael J. Fox 基金合作开展了一项研究，即从患者的可穿戴设

[1] 郭凡礼：《大数据为美国带来巨额财富》，《中国经营报》2013年5月6日。
[2] 郭凡礼：《开放大数据带动美国医疗革命》，《中国经营报》2014年6月16日。
[3] 美国医疗市场开放大数据处理引各国关注，2014年6月17日，见http://www.sdyyzs.cn/news/14/0617/48225_1.shtml。
[4] 高杨编译：《大数据加速医疗信息化》，2013年5月6日，见http://industry.cnw.com.cn/industries-event/htm2013/20130506_269402.shtml。
[5] 核子可乐译：《将彻底改变我们生活的十大现实世界大数据部署方案》，2013年11月15日，见http://developer.51cto.com/art/201311/417473.html。

备收集数据，找到疾病模式。研究人员可以利用该设备远程监测病人，并且该设备有助于进行大范围的临床试验，设备收集到的数据可以直接发送给远距离的医疗机构。2014年初，英特尔开展了有16名帕金森和9名健康人士参与的实验，并对获得的数据进行分析。未来病人和医生可以借助可穿戴设备，获得对症状的频率和严重性更准确测量[1]。

英国医疗保健局宣布将建立世界最大癌症患者数据库，目的是推动"个性化医疗"，针对每位患者的癌症类别和具体情况对症下药。数据来自英国各地医疗机构的病例和1100万份历史档案记录，并与威尔士、苏格兰和北爱尔兰的医疗保健数据库共享信息[2]。

由世界银行和世界卫生组织发起的全球疾病负担研究，旨在通过衡量疾病负担，即全世界疾病和死亡的一切根源所引致的健康损失，阐述全球卫生问题、辨明趋势和协助决策者确定优先重点。该研究收集和比较了全球各地的卫生数据，数据范围广、数据量巨大，近4700台并行台式计算机完成了数据准备、数据仓库建立和数据挖掘分析的自动化和规范化计算，是一个应用大数据的实例。

### 三、移动医疗呈现井喷式发展

国际医疗卫生会员组织将移动医疗定义为："mHealth"，即指通过使用移动通信技术来提供医疗服务和信息。常见的移动医疗应用和服务有：远程患者监测、在线咨询、视频会诊、个人医疗护理装备、无线访问电子病例和处方等，为发展中国家的医疗卫生服务提供了一种有效方法。

2014年，全球移动医疗呈现以下几个特点[3]：一是更加个人化的移动医疗。不论患者身在何处什么场合，医疗与健康管理触手可及。二是隐私和安全问题引关注。护士和患者均能连接智能手机或平板电脑、或二者兼有，移动医疗涉及到的隐私和安全问题不得不引起重视。三是通过移动设备为消费者提供自身健康的相关信息，确保信息的真实可靠性，帮助他们做出更加理性的选择。四是移动电子病历平台因为能够使临床医务工作者随时随地获取信息，通过可穿戴设备获取数据或结合人口健康管理平台获得所需数据，而变得更加具有吸引力。五是移

[1] 小六子：《进军移动医疗：英特尔用大数据解决帕金森》，2014年8月17日，见http://www.36dsj.com/archives/11605。
[2] 姜国平：《大数据医疗实例分享》，2014年2月24日，见http://www.spn.com.cn/news/20140224/44148.html。
[3] Simon：《2014年移动医疗发展七大趋势 更加个人化》，2014年4月23日，见http://www.medicalso.com.cn/news/detail-6919.html。

动医疗使慢性病患的操作变得尽可能简单。如无线医疗公司 Telcare 公司生产的 Telcare BGM，能自动将血糖值传输给照料者。

根据全球移动通信系统协会（GSMA）预测，到 2017 年，全球移动医疗市场的发展将带来 230 亿美元的收入。在 Cube Labs 的一项调查中，目前世界上有 62% 的内科医生使用平板，50% 的医生会将平板用于临床诊断，71% 的护士在工作中使用智能手机，移动终端在医护人员中已达到一定的普及，使移动医疗的推行成为可能。美国、日本等发达国家已经在移动医疗方面先行一步，不同的商业模式也如雨后春笋般涌现[1]。

当前，美国的移动医疗产品已可以分为面向医院、医生、药企、保险公司和消费者进行收费的不同方式，已经有了较为成熟的商业模式。美国公司 Zocdoc 根据地理位置、保险状态及医生专业为患者推荐医生，病人在平台上选择和预约医生。该项消费对患者免费，向医生收费的商业模式，每个月医生需要支付 250 美金使用 Zocdoc 平台。而 WellDoc 公司专注于慢性病，是向保险公司收费的典型。其主要产品是基于移动设备的糖尿病管理云平台，患者用手机记录和存储血糖数据，而云端算法则基于血糖数据为患者提供个性化的建议反馈，并及时将重要数据信息发送给医方。

日本政府则依托 Panasonic 和 Omron 等大型医疗器械公司，推广"高品质生活"的移动家庭医疗护理概念，用于应对日本老龄化社会带来的慢性病患者徒增的医疗压力。医疗器械加近场通讯技术及智能手机，将家用健康医疗器材数字化，帮助医生获取病人的信息。并且依托云计算，建立患者个人的医疗数据库，个人可以移动设备随时随地查看自己的医疗信息，包括用药、过敏、外伤、手术、感染、疾病等记录，甚至包含不同时期不同医院做过的检查和疾病诊断结果等。

## 第二节　重点国家和地区发展概况

### 一、美国

2014 年 12 月，ONC 公开发布了《美国联邦政府医疗信息化战略规划（2015—2020）》，确立了提高健康信息的安全可及性和使用率，让公众在医疗服务提供者

[1] 刘兴龙：《PE重金力捧移动医疗》，2013年1月12日，见http://search.10jqka.com.cn/snapshot/news/89336c98e1842d2e.html?qs=cl_pics_ths&ts=2。

的帮助下有能力进行健康管理，提高生命和健康质量的总体目标，以及 5 个战略目标和 14 个具体目标。与 2011—2015 年战略规划的愿景目标——建设一个用信息武装的、提供更好服务的健康信息系统相比，新规划更加强调从系统建设到重视建设后的互操作性和数据共享使用。

近年来，美国重点推进了区域卫生信息化的建设。自二十世纪九十年代初美国首先提出社区卫生信息网（CHIN）的概念至 2000 年的第二代区域卫生信息网（RHIO）再到目前，美国现有 150 个 RHIO 中，其中 70 多个已进入运营或实施阶段。最典型的案例如 NHIN，目的是提供一个用于医疗信息安全交换和有效使用的基础设施，核心思想是期望在不同的公共和私有医疗机构之间建立一个信息沟通桥梁和信任模式。

## 二、英国

英国创建的全民免费医疗服务体系（NHS）因"卫生成本低、健康绩效好"为世界各国所称道。NHS 创建于 1948 年，通过全面整合医疗信息，打造可交互的大规模医疗信息系统，从而实现择医和预约、电子处方服务、图像存档及通信系统（PACS）、全国范围内的家庭医生之间病历转诊（GP2DP）以及全国范围内的 NHS 电子邮件系统网络（NHSmail）等 [1]。

NHS 的应用领域包括基础医疗、全国医疗保健 IT 项目、辅助医疗系统及个人保健和移动医疗等领域 [2]。基础医疗方面，各全科诊所均已实现信息化。至 2018 年，NHS 将实现完全无纸化。全国医疗保健 IT 项目方面，英国自 2005 年 4 月开始，就建立了中枢系统、护理记录摘要、快速预约服务、电子处方和医学影像共享系统等一系列全国重点 IT 项目。其中，NHS 中枢系统月处理数据交互超过 1.5 亿次。辅助技术方面，NHS 辅助医疗系统如远程医疗，开始重点关注预防保健、个体需求及患者的独立能力等领域。个人保健和移动医疗方面，NHS Choice 网站成为欧洲最大和访问最频繁的卫生信息网站，年访问人次超过 1 亿。另一方面，为了更快地适应移动医疗的发展，NHS 也已开发了一系列移动应用，其中包括保证临床安全的 APP。

---

[1] 《"千人计划"专家高强：直面医疗信息化浪潮》，《千人杂志》2014年9月24日，见http://www.1000plan. org/qrjh/article/57511。

[2] 刘玉华：《英国医疗信息化现状及发展》，2015年1月22日，见 http://www.cmt.com.cn/detail/705321.html。

### 三、加拿大

加拿大医疗服务信息化建设内容体现在电子医疗档案战略和优化服务战略上，主要包括建立全国性的电子健康档案系统、药品信息系统、实验室信息系统、影像系统、公共卫生信息系统和远程医疗系统。 加拿大正致力实施能互操作的电子医疗健康档案（HER）来提高改善它的医疗健康服务。2001 加拿大政府就开始了区域卫生信息化建设，并于同年成立了 Health Infoway 非营利性的公司，负责领导全国医疗信息化建设，并制定了加拿大电子健康蓝图，以及统一的医疗信息共享交换标准。

Inforway 项目的目标是在 2016 年年底，完成全国人口电子健康纪录共享。为了实现目标，Inforway 投资了 300 多个项目，目前已有 190 多个项目已完成。未来，计划在尚未实施 EMR 点实施 EMR 系统；增强对医生工作流程最佳实践的理解；完善已有的 P2P 网络；启动鼓励医务人员创新项目；至少在一个省级区域建立公众卫生信息网，提供公众与家庭医生沟通的服务，并可进行在线预约挂号、预约换药等。

# 第十六章　2014年世界电子政务发展情况

在互联网信息科技飞速发展的大背景下，电子政务方兴未艾。经过近几年的发展，尽管其中还存在着各种各样的不足，全球的电子政务正在从盲目建设向集约型应用转变，电子政务应用创新不断涌现，为数字化政府打下坚实基础。

## 第一节　发展特点

### 一、国民收入水平与电子政务发展水平关联度日益紧密

通信基础设施的配备和教育水平，包括信息通信技术素养等，与国家的国民收入水平息息相关。即使有完善的政策和发展策略，缺乏能动性因素仍然会极大地限制电子政务倡议的落实。因此，一些国家尤其是中低收入和低收入国家虽然努力提供在线服务，但电子政务的潜力远没有被开发出来。当然这个趋势并不是完全适用，也存在个例。推动电子政务发展常常需要实施高效的管理机制，需要国家信息通信技术发展以及出台相应的电子政务政策，还要加强机构建设，提高公务人员的办事能力。

这些趋势为那些还没有达到相应的电子政务发展水平的国家，和其他具有同样收入水平的国家提供了机遇。例如在中低收入国家中像佛得角、危地马拉、圭亚那、密克罗尼西亚、巴拉圭、萨摩亚群岛和印度尼西亚等国家有望取得快速发展。

电子财务和国民收入之间的关系如图16-1所示。

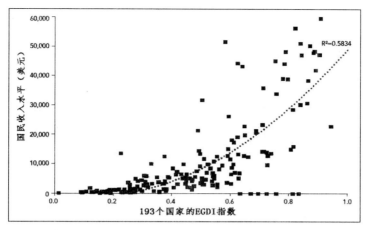

**图16-1　电子政务和国民收入之间的关系**

数据来源：《联合国电子政务发展报告》，2014 年。

## 二、全球各地区弥合数字鸿沟任重道远

　　全球各地区的电子政务发展非常不均衡。从整体上来说发展最好的是欧洲地区，从 2014 年的《联合国电子政务发展报告》中的电子政务发展指数（EDGI）就可见一斑，如图 16-2 所示。2014 年 EGDI 全球平均值为 0.4712，欧洲（0.6936）以最高的 EGDI 继续领先其他地区，紧接着是美洲（0.5074）、亚洲（0.4951）、大洋洲（0.4086）和非洲（0.2661），并且排名保持稳定。欧洲继续领跑世界电子政务发展，排名前 10 位只有 4 个欧洲国家，较上次调查少了 3 个，排名前 20 全有 11 个，排名前 40 位有 26 个，受金融危机持续影响以及发展缓慢、失业和人口老龄化等问题迫使欧洲积极地寻求创新解决方法来保持竞争力，恢复发展，为公众提供种类多样的公众服务 [1]。

---

[1]　联合国经济和社会事务部：《联合国电子政务发展报告》，2014年4月。

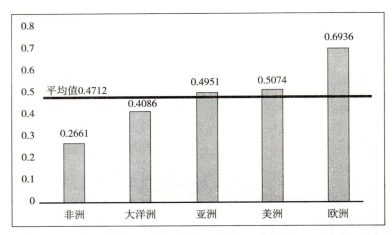

图16-2　各地区电子政务与全球电子政务发展指数平均线的关系

数据来源:《联合国电子政务发展报告》,2014年。

　　产生数字鸿沟的原因,可能是信息基础设施之间的差距问题,更可能是不同地域的人获得和使用信息通信技术的能力差距。追溯其根源,应该是不同国家和地区在社会经济发展上的差异,影响了一些群体利用信息技术能力的养成。

　　非洲发展缓慢并且发展不平和,其地区平均值是0.2661,只有突尼斯、毛里求斯、埃及、塞舌尔、摩洛哥和南非六个国家的EGDI值高于全球平均值,并且有30%的国家位于世界排名后10%。美洲地区美国和加拿大名列世界前茅,大部分国家世界排名都在前100位,但是中美洲和加勒比海国家排名仍然位于后半部,这些地区和其他美洲国家仍然存在明显差距。亚洲国家在线服务水平和发展状况不尽相同,2014年调查报告中,韩国位居世界第一,新加坡全球排名第三(上升7位),其他国家阿富汗、缅甸、东帝汶以及巴基斯坦则排名倒数后30位。大洋洲的澳大利亚(0.9103)和新西兰(0.8644)作为发达国家,电子政务发展指数处于领先地位,除了斐济和汤加,其余大多数国家全球排名在第108位到188位之间。

　　虽然各国政府已经广泛运用互联网技术和电子政务来提供服务,但是它们必须拓宽业务范围、获得技术解决方案,来减少贫困并弥合国内不同地区之间的数字鸿沟。有效地使用通信技术对于实现发展目标来说至关重要,这已经不再是简单网络连接问题，而包含了人力、经济、社会多种资源，以及制度结构、管理网络等诸多因素在内的综合性问题。

## 三、许多国家通过多渠道提供服务

公众越来越希望能够通过多渠道，例如移动通信网络、社交媒体等数字渠道，更便利地获取来自政府的公共信息和服务。2014 年《联合国电子政务发展报告》显示，越来越多的国家所接受具有多样性和覆盖面广的数字渠道。

《联合国电子政务发展报告》显示，使用移动应用程序网站提供公共服务信息的国家数量在 2013—2014 年间增加了一倍，使用移动互联网技术开展减贫工作、呼吁男女平等、推动社会共融发展、促进经济发展、保护环境以及进行灾情管理的国家将近 50 个。2014 年，使用社交媒体的国家数量与同期相比增加了50%，有 118 个国家使用社交媒体进行在线咨询，70% 的国家将其用于电子政务的开展 [1]。

多渠道的公共服务解决方案有效地帮助政府扩大在线服务的使用范围，覆盖至弱势群体，减少服务不公的现象。通过巧妙融合和优化多种渠道，可以在统一的视角下满足不同民众的需求，极大地改善公共服务。

## 四、政府数据成为一种备受重视的发展资源

近年来，各国政府逐渐加大了再开放政府数据上的重视，满足个人、尤其是企业和民间组织获得和使用政府信息的需求。《2014 年联合国电子政务发展报告》中专门为开放政府数据开辟了一个章节，阐述了开放政府数据的一些指标，比如专门门户网站、技术规格和定位信息，用户指导方针和支持以及用户建立新数据集的可能性。调查报告发现虽然许多国家使用政府网站分享数据，但是仅有 46 个国家拥有专门的数据门户网站；大多数国家的政府部门保障了开放政府数据的可用性。另外在开放政府数据投资回报率的测量和理解方面，仍然有很多工作要做：尽管早期投资回报率表现良好，但是该模式的成功运行仍然处于实验阶段 [2]。

对于一个国家来说，政府数据可能是一种战略性的资产，如果政府数据能得到有效使用，会大大影响到利益相关者以及用户生态系统的可持续发展。随着信

---

[1] 联合国经济和社会事务部：《联合国电子政务发展报告》，2014年4月。

[2] 王益民：《从〈2014年联合国电子政务调查报告〉看全球电子政务发展》，2014年9月26日，见http://www.egovernment.gov.cn/art/2014/9/26/art_195_1754.html。

息技术的发展，政府机构收集的数据将呈几何级数增长。随着数据规模的壮大，数据收集、加工和分析变得越来越重要，这就需要公共部门和相关企业对数据管理认真规划，才能真正实现开放数据的价值。

## 第二节　重点国家和地区发展概况

### 一、法国

根据《2014联合国电子政务调查报告》，法国电子政务发展水平排名第四，在欧洲国家中排在第一位。法国在上一次的调查报告中的排名位列第六，而本次排名上升可能要归结于法国政府两年中出台的电子政务系列政策措施。近两年来法国在政务门户网站上进一步改善了在线服务工具，各政府机构网站实现了良好的集成，并且公众参与度得到有效提升。

法国发布了关于政府部门使用开源软件的通知，要求政府部门将计算机更换为Linux系统，并使用开源软件。此后,法国共有3.7万台计算机更换为Linux系统，还有5000台计算机采用了Mozilla、OpenOffice、Thunderbird等开源软件。法国农业部2013年预计花费68.7万欧元采购开源软件，就业部计划在2020年前全部采用开源软件[1]。联合国指出,开源软件在政府部门中的使用降低了行政的技术成本，同时鼓励了本国的行业创新。

此外，法国政府成立了负责建立跨部门公共数据门户网站的开放数据办公室——"Etalab"。Etalab作为开放数据主管部门并入了公共行动现代化总秘书处，开展全国公共数据开放的工作。Etalab办公室一方面制定了国家开放数据路线图，并且成立部际协调小组和专家网，协调和组织各政府部门以及公共机构开展公共数据开放工作；另一方面创建了开放数据门户网站data.gouv.fr，用于相关工作的法律法规监管的同时，发布开放数据。Etalab办公室还开展以社会开放数据为主题的创新竞赛，积极开展与欧盟、开放政府合作伙伴等公共平台的国际合作等。

### 二、澳大利亚

---

[1]　张靖：《法国电子政务发展处于欧洲领先水平》，2014年10月14日，见http://intl.ce.cn/specials/zxgjzh/201410/14/t20141014_3699213.shtml。

澳大利亚在 2014 年的《联合国电子政务发展报告》中，排名位列第二名，作为电子政务发展较早的国家，并早已把目光投到利用大数据为公民提供服务其在电子政务上的举措有很高的参考价值。澳大利亚政府信息管理办公室（AGIMO）2013 年 8 月发布了《公共服务大数据战略》，旨在推动公共行业利用大数据分析进行服务改革，制定更好的公共政策，保护公民隐私，使澳大利亚在该领域跻身全球领先水平。

在战略实施的组织机构方面，为推动各级政府更加有效的利用各自的数据资产，实现高效履职，该战略的实施牵头单位由澳大利亚财政部的下属机构信息管理办公室（AGIMO）统一负责，战略的具体制定过程由跨部门的大数据工作组提供协助和支持。此外，在澳大利亚税务局的主导下成立了一个面向所有政府部门的高级数据分析中心（DACoE），该中心将构建一个公用的数据分析平台，充分共享信息技术、系统能力和配套工具，并与高等院校合作，培养专门的分析人才。

在战略的制定思路方面，该战略以六条"大数据原则"为支撑，这六大原则分别为：数据属于国有资产；数据公开要注意保护公民的隐私；实现数据完整性与程序的可复用性；共享大数据开发利用过程中的技巧与资源；加强业界和学界合作，强化开放数据。预计六大原则将极大地提高生产力及创新收益[1]。

此外，为将六大原则落到实处，该战略还将制定一个具体的行动安排：2014 年 3 月推出大数据实践指南，2014 年 7 月前出台一份关于大数据分析中所遇难题的报告。紧接着推动 ICT 行业和教育行业提供大数据分析中的必要技巧，制定一份数据分析指南和两份在建项目指南；开发一个信息资产登记系统；记录大数据分析中的技术演进。

上述战略实施计划的执行，将助力澳政府使用高效和智能化的大数据分析，使政府在政策制定和服务提供等诸多方面受益。

## 三、韩国

2011 年 3 月，韩国公共行政与安全部（Minister of Public Administration And Security）构建了"智慧政府实施计划"，有力地帮助韩国继续蝉联了《全球电子政务调查结果》第一的位置。这些年来，韩国电子政务的发展一直保持世界先进水平，并且其顺应时代发展提出的"智慧政府实施计划"，为其未来 5 年电子政

---

[1] 国家信息中心：《澳大利亚公共服务大数据战略》，2014年5月。

务的更进一步发展奠定了厚实的基础。

韩国政府面临着许多社会问题，如出生率的降低、人口老龄化、气候问题、社会两极化等，并且未来社会发展的趋势要求政府需实现更多的个性化的服务及构建稳健的社会安全网络。这使得韩国政府需要一个灵活的电子政府策略来应对未来社会环境的变化。与此同时韩国需要下一阶段的电子政务战略来保持IT环境的智能化。从大环境来看，云计算、Web2.0/3.0等技术崛起，智能的IT时代已经到来，从国内环境来看，韩国智能手机的用户2010年底已经达到700万人，预计将在2013年突破2500万人，达总人口的50%。这些都促使韩国政府快速适应智能IT时代的到来。因此诞生了"智慧政府"计划[1]。

韩国智慧政府的计划是其2008年电子政府总体规划融合韩国现阶段形势后的升级。如图16-3可以简单看出韩国自1996年以来电子政务及国家信息化发展的进程。智慧政府发展的规划可以说是韩国整个电子政务发展历程中循序渐进的成果，它建立在2008年的一个电子政务的总体规划之上，并考量了现阶段电子政务的弊端及韩国的社会环境，从利用智能化技术，突出服务公民的角度提出了"智慧政府实施计划"，目标是在2015年建成智慧政府。

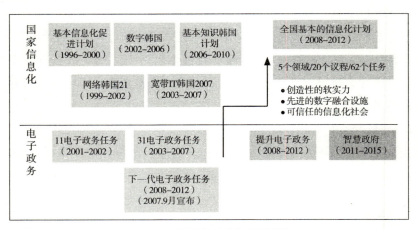

图16-3 韩国电子政务发展历程

数据来源：《由韩国"智慧政府实施计划"看中国电子政务的发展》，2012年12月。

韩国为智慧政府的实施提出了五大议程。五大议程的确定是为了应对信息化范式及未来社会环境的变化，同时也是对现有电子政务的改进。一是实现世界顶

---

[1] 王舒月：《由韩国"智慧政府实施计划"看中国电子政务的发展》，《图书情报工作网刊》2012年第12期。

级的移动电子政务。移动电子政务意味着在移动通信的基础上实现服务、行政管理及基础设施的建设。建立一个安全可靠的社会。通过应用智能 IT 技术来对预防和应对灾难、防范犯罪、应对食品危机以及完善社会福利的建设，以此实现一个能让公民安全、安心生活的社会。三是提倡"智慧工作"来平衡工作及生活。提倡人们改变工作方式，提倡从努力工作向智慧工作转化，这样能使公民不受时间和地点限制地高效、智能地工作。四是通过与公民交流提供个性化的服务。通过社会化媒体和开放信息政策来增加公众对政府治理的参与，为公众提供定制的综合服务。五是建立强大的电子政务基础设施。电子政务的可持续发展依赖于基础设施。构建强大的基础设施可以保证电子政务服务的可靠及不中断。

# 政　策　篇

# 第十七章　世界信息化环境政策情况

## 第一节　网络安全

随着国际互联网应用的成熟与发展，网络安全已成为国家安全的重要组成部分，成为陆、海、空、天之外的"第五空间"。特别是在"斯诺登事件"的催化下，各国对网络安全的重视上升到了一个新的高度。

一是世界各国纷纷将网络安全上升到国家战略。2014年2月，德国与法国首脑拟从战略层面绕开美国以强化数据安全，探讨建立欧洲独立互联网[1]。法国国民议会于2013年底通过2014年—2019年军事纲领法案，方案多个条款涉及网络安全，把网络攻击确定为法国面临的外部威胁之一。[2] 英国政府于2014年公布了《安全策略框架》[3]，提出了网络防御的20项关键措施。继2013年6月出台《网络安全战略》，2014年11月，日本国会众议院表决通过《网络安全基本法》，旨在加强日本政府与民间在网络安全领域的协调和运用，更好应对网络攻击。印度政府于2013年7月2日印发了《国家网络安全策略》，提出了14项具体目标和拟采取的战略。[4]

二是美国奥巴马政府密集发布网络安全有关文件。奥巴马在自己的任期内，相继推出了《网络政策评估报告》《网络空间国际战略》《网络空间行动战略》《确

---

[1]　《法德探讨建立欧洲独立互联网》，2014年2月21日，见http://news.cnfol.com/guojicaijing/20140221/17049543.shtml。

[2]　Feuille de route du Gouvernement sur le numérique，2013年10月9日，http://www.gouvernement.fr/sites/default/files/fichiers_joints/feuille_de_route_du_gouvernement_sur_le_numerique.pdf。

[3]　Big Data Research and Development Initiative，2013年9月11日，http://www.whitehouse.gov/sites/default/files/microsites/ostp/big_data_press_release_final_2.pdf。

[4]　.https://www.dsci.in/，2013年10月。

保未来网络安全的蓝图——美国国土安全相关实体网络安全战略报告》《网络空间可信身份战略》等多个文件，这充分说明了奥巴马政府对网络安全的高度重视，也说明了网络安全在美国国家战略中的地位。2014 年 2 月美国又正式推出了《网络安全框架》，旨在加强电力、运输和电信等领域关键基础设施的网络安全[1]。

# 第二节　基础设施

基础设施建设是信息化发展的前提和基础，推进信息化建设离不开信息基础设施建设的支撑。2011 年，国际电信联盟（ITU）和联合国数字发展宽带委员会提出，到 2015 年，所有国家都应制定宽带计划或战略。宽带战略已经成为很多国家的战略性基础设施，各国纷纷采取有效政策和措施推进宽带部署。

一是把宽带作为国家经济社会发展的战略性公共基础设施来对待。美国 2010 年年发布的《国家宽带计划》[2] 中称："与一个世纪前的电一样，宽带是经济增长、就业、全球竞争和创造更好生活的基石。"同时，美国在创新和竞争力报告中也明确指出，关系美国创新和竞争力的中最重要的一个基础设施就是宽带。欧盟数字化议程（Digital Agenda for Europe）委员会副主席 Neelie Kroes 说，"宽带是数字化的氧气，是欧洲繁荣稳定的必需品。"

二是超前部署宽带，加快无线网络部署。无线宽带是重要的频率资源，越来越多的国家在制定未来无线宽带计划，促进移动宽带发展。美国总统奥巴马 2011 年 2 月宣布建设高速无线网络计划，以加快美国经济增长。英国通信管理局（Ofcom）通过行政激励定价的方式提高频谱所有者高效利用频谱的积极性。澳大利亚计划到 2020 年新增频谱 300Mhz 用于无线宽带业务，丹麦计划到 2020 年新增频谱 600MHz。二是不断提升宽带水平。2015 年年初，美国联邦通信委员会（FCC）上调宽带定义[3]，将宽带定为下载速度至少达到 25 Mbps，这意味着超过 5000 万美国人使用的互联网服务将不再是宽带。韩国一直以来是世界宽带网速的标杆，目前在韩国，普通民众正享受着每秒高达 24.6MB 的人均网速，韩国政府于 2014 年初斥资 15 亿美元帮助企业进行研发，力争 2020 年前实现 5G 无线

[1]　https://www.whitehouse.gov/，2014年10月。
[2]　http://www.fcc.gov/national-broadband-plan，2010年10月。
[3]　http://www.fcc.gov/，2015年1月。

网络，进一步提高网速。

## 第三节　信息资源

随着世界各国政府信息化建设进程的加快，政府信息资源出现井喷式增长，近几年，国外信息资源的政策集中体现在数据开放上，旨在通过数据开放，使政府信息资源能够更高效、便捷的满足公众需求。开放政府数据不仅可以提高政府公信力，还可以为社会和企业所用，创造更多社会价值。致力于开放数据运动的开放知识基金会对全球70个国家和地区政府的数据开放情况进行了普查，并发布了《2013年开放政府数据普查结果》，结果显示，英国和美国分别居第一位和第二位。

一是英国形成了较为完善的数据开放的政策保障体系。英国政府通过使用唯一网址，让数字信息和交易服务更加便利和用户友好。GOV.UK取代了原有的Directgov和Businesslink.gov.uk，成为政府唯一的网络域名。GOV.UK网站也向大家诠释了如何提供高质量的数字产品，满足民众需求，并让政府工作更高效。英国作为开放数据运动的第一名，将公众关心的政府开支、财务报告等数据整理汇总并发布在其政府公开数据网站上（data.gov.uk），该网站已经收录了10470个数据集，总访问量高过美国（data.gov）同类网站。2013年，英国政府发布了《开放政府合作伙伴2013—2015英国国家行动方案》[1]，并做出21项承诺。

二是数据开放是美国数字战略的重要组成[2]。长期来看，美国政府的数字战略旨在实现以下三大目标：一是让民众随时随地利用任何设备获取高质量的数字政府信息和服务；二是确保政府适应新数字世界，抓住机遇，以智能、安全且经济的方式采购和管理设备、应用和数据；三是释放政府数据的能量，激发全国创新，改进服务质量。奥巴马政府上台以来，一直致力于推动"开放政府计划"，美国政府所担当的角色是海量政府信息资源的提供者、增值开发策略的制定者和增值市场的管理者。奥巴马政府于2009年建立了数据开放平台（data.gov），该平台涵盖了农业、气象、金融、就业、人口统计、教育、医疗、交通、能源等大约50个门类。

---

[1]　http://www.fcc.gov/events/open–commission–meeting–may–2015, 2015年3月。

[2]　https://www.gov.uk/government/publications/open–data–strategy，2012年12月11日。

## 第四节　信息技术

当前，物联网、云计算和大数据等新一代信息通信技术正在全球范围内引发新一轮的产业变革，成为推动经济社会发展的重要力量，世界各国高度重视新一代信息技术的发展，并制定了一系列政策和推进措施。

一是在物联网方面。自 2011 年以来，美国政府将以物联网技术为根基的网络物理系统（CPS）列为扶持重点，并引入企业和大学制定其参考框架和技术协议，积极推进物联网在各行业中的部署。近年来，欧盟对物联网科技创新非常重视，并建立了相对完善的政策体系，涵盖了技术研发、应用领域、标准制定、管理监控、未来愿景等各个领域，2013 年欧盟通过的"地平线 2020"科研计划[1]，把物联网领域列为重要研发内容。日本的 I-Japan 战略高度重视物联网技术的研发及在交通、医疗、教育和环境监测等领域的应用。

二是在云计算方面。美国政府于 2011 年 2 月颁布了《联邦政府云战略》[2]，要求加大云计算技术研发和应用，重点解决电子政务基础设施使用率低、资源需求分散等问题；美国国家标准与技术研究所（NIST）2014 年 10 月公布了《云计算技术路线图》[3]，对快速部署云计算将起到促进作用。澳大利亚政府于 2013 年 5 月颁布了《澳大利亚云计算战略》，提出使政府成为云服务使用方面的领先者。同时，美国、欧盟和日本等发达国家和地区对政府购买云服务的细则进行了规定，以保证政务应用的安全性和可靠性。

三是在大数据方面。美国政府于 2012 年 3 月发布《大数据研究与发展计划》，重要目标之一就是开发最先进和最核心的技术，包括数据收集、存储、维护、管理、分析和共享。澳大利亚政府于 2013 年 8 月发布了《公共服务大数据战略》，要求根据大数据分析的技术发展，强化大数据分析的相关技术和经验。英国政府于 2013 年 10 月 31 日发布《把握数据带来的机遇：英国数据能力战略》，战略要求强化数据分析技术、推动产学研合作。

---

[1]　http://tech.ifeng.com/discovery/detail_2013_07/04/27122061_0.shtml, 2013年7月。
[2]　《美国联邦政府云计算战略》，《电子政务》2011年第7期。
[3]　http://www.nist.gov/data-mining-portal.cfm，national institute of standards and technology，2014年10月。

# 第五节 信息技术应用

推进信息化，应用是关键。世界各国在智能制造、电子商务、电子政务和社会信息化领域采取了一系列政策和措施。

一是在智能制造方面。在新一轮制造业升级竞争浪潮中，美国实施了工业互联网战略，旨在引领工业互联网革命；德国实施了工业4.0战略，旨在推动第四次工业革命；英国实施了高价值制造战略，力保"现代工业革命的摇篮"的美誉；日本实施了机器人新战略，确保机器人领域的世界领先地位；印度推出了"印度制造"计划，企图取代中国"世界工厂"的位置。

二是在电子商务方面。2014年7月15日，美国众议院投票通过了《永久互联网免税法案》（H.R. 3086），禁止州政府和地方政府针对互联网和电子商务重复收税和歧视性收税。2014年年底，欧盟制定新规，规定自2015年1月1日起，凡是向欧盟内个人消费者提供的电子商务产品，均将按消费者所在国的增值税率计征增值税，改变了原来按照服务提供商所在国的增值税率计征增值税的做法，避免一些公司将总部设在增值税率低的国家或地区。

三是在电子政务方面。《2014联合国电子政务调查报告》显示，193个联合国成员国首次全部拥有自己的政府网站。韩国、澳大利亚、新加坡分别列前三名。这几个国家的电子政务政策或方案主要有以下特点：一是由注重内部应用开始向对外服务转变，电子政务从原来的以政府为中心向转向了以公众为中心，并把以公众为中心作为开展电子政务建设的首要原则；二是由访问单个部门网站向访问统一门户转变，为用户提供一站式服务，韩国、澳大利亚、新加坡的门户网站实现了"一站式"网上办公；三是注重资源的共建共享、系统的互联互通和业务的协作协同，避免资源浪费。

四是在社会信息化方面。关于医疗信息化，2014年12月，美国联邦政府公开发布了《美国联邦政府医疗信息化战略规划（2015—2020）》，对未来一个时期医疗信息化的发展目标、主要任务进行了详细阐述；英国卫生部了启动通过物联网技术帮助人们管理自身健康的示范项目；日本《i-Japan战略2015》中重点包括医疗和健康领域信息化。关于教育信息化，2014年，经美国联邦通信委员会

（FCC）批准社交网络巨头 Facebook 在未来两年斥巨资为美国高校、图书馆提供覆盖更广速度更快的 WiFi 网络。关于就业信息化，美国就业服务系统涉及 100 余个网站，服务内容几乎涵盖了公共就业服务的各个领域，英国建立了网上就业特区，实施"一站式"服务和网上就业。

# 第十八章　世界信息化重要战略规划解析

## 第一节　国际电信联盟——宽带促进可持续发展

国际电信联盟（ITU）把 2014 年电信和信息社会日主题定为"宽带促进可持续发展"，并提出了四项行动呼吁。

### 一、宽带可持续发展的背景

2014 年，世界电信和信息社会日之际，国际电信联盟呼吁全球各国进一步推动国家和国内政策的制定，督促各国监管机构、运营商和业界采取切实措施，加速宽带的推出，以更可承受的价格提供给所有公民。

### 二、国际电信联盟的行动呼吁

一是制定并通过各国政策和规划，促进宽带网络、应用和业务的发展。呼吁相关政府部委、监管机构和部门应高度重视有利于宽带部署的政策，在工作中确定优先次序，将其作为打造充满活力、具有多样化且更为宽泛的 ICT 行业的一部分。相关工作包括以下内容：（1）开展全国性宽带基础设施基准制定和公众咨询活动。（2）政府支持开展高级在职 ICT 技能和行业培训。（3）创建和培育技术培训和孵化等项目。（4）充分挖掘宽带连接的潜力，开发内容和应用。

二是通过宽带干线、无线或有线确保宽带连接普惠性。国际电信联盟呼吁成员国开展以下工作：（1）共享经验专家和资源，以制定行动计划框架。（2）根据每年监管机构专题研讨会更新监管框架。（3）审查、更新并统一频谱管理方法。（4）促进采用国际标准，实现 ICT 和宽带业务和应用的协调统一和互操作性。（5）推广

公有 - 私营伙伴关系（PPP）模式，以促进宽带基础设施的部署。（6）通过宣传借助网络共享和竞争而倡导网络开放和泛在连通性的政策（如给予国内传输容量和设施接入批发价），吸引私人投资，从而确保宽带骨干网基础设施的无障碍低成本。

三是保证学校的互联网接入。国际电信联盟呼吁成员国、部门成员与合作伙伴协助利用宽带互联网接入连通所有学校。相关工作包括以下内容：（1）接入服务基金（USF）重点支持连通学校工作。（2）普遍接入服务义务（USO）重点支持连通学校要求。（3）单独划分联通学校的无线电频谱并减免学校的频谱费。（4）鼓励运营商连通学校并向学校提供优惠资费，并作为获得执照的条件之一[1]。

## 第二节　美国——工业互联网战略

当前，随着物联网、云计算和大数据等新一代信息技术的迅猛发展，世界主要国家纷纷加快制定以智能制造为核心的发展战略，例如美国的工业互联网战略、德国的工业 4.0 战略、日本的机器人新战略，旨在推动新一代信息技术加速向传统工业领域融合与渗透，加快推进制造业生产方式、发展模式的深刻变革，打造信息化背景下的国际竞争新优势，抢占新一轮产业竞争制高点。

### 一、美国提出工业互联网战略的背景

2011 年，美国通用电气公司总裁伊梅尔特提出了工业互联网的概念，2012 年，美国奥巴马政府发布了工业互联网战略。美国制定工业互联网战略，有其必然性，既有国内因素，也有国际因素，也是装备制造业和新一代新技术发展到一定阶段的结果。

从国内看，金融危机使美国政府将重振制造业上升到了国家战略。二十一世纪初，制造业产业空心化态势逐渐显现，制造业占 GDP 的比重从 2000 年的 13.25% 下降至 2009 年的 8.9%，形成了过度依赖金融业、服务业等虚拟经济的经济增长模式。但是，2008 年金融危机的爆发，让美国政府开始重新审视经济发展战略，出台了一系列针对制造业的计划和政策，鼓励制造企业重返美国，通过

---

[1] 《2014年世界电信日主题确定：宽带促进可持续发展》，2014年3月6日，见http://tele.ofweek.com/2014-03/ART-8320501-8130-28784422_2.html。

重振本土制造业,寻找能够支撑未来经济增长的高端产业,推动美国经济从虚拟经济向实体经济转变,进而实现经济的复苏。

从国际上看,美国政府希望通过工业互联网战略巩固制造业的领导者地位。当前,欧洲、日韩等传统发达国家和新兴国家都把发展智能制造放在未来产业战略的重要位置,乃至于把发展智能制造定位为国家产业结构重建的核心和提升国家竞争力的关键。欧盟委员会在《未来制造业:2020年展望》报告中提出,欧洲制造业要提升生产装备的智能化、自动化水平,并实现制造与服务的有效集成,尤其是德国的"工业4.0"战略和美国的工业互联网战略针锋相对,力争和美国争夺国际制造业竞争制高点。日本为强化制造业竞争力,2011年,发布了《第四期科技发展基本计划(2011—2015年)》。韩国制定了《新增长动力规划及发展战略》,将绿色技术、尖端产业等领域共17项新兴产业确定为新增长动力。以中国、俄罗斯、印度、巴西为代表的新兴工业国家高度重视制造业,出台了一系列规划和政策,使得制造业产值长期保持增长态势,在全球制造业领域的影响力和竞争力迅速提升。在这轮国际竞争中,美国希望通过实施工业互联网战略,在全球制造业新一轮变革中抢占先机,继续保持领导者的地位。

从技术发展看,数字世界和机器世界的深度融合催生了工业互联网。近几年,随着物联网、云计算、大数据等新一代信息技术的快速发展,传统的制造业正在加速更新和提档升级,与新一代信息技术正在深入融合,新一代信息技术的在制造业领域的应用正从原材料购买、产品销售等环节向设计研发、生产制造等环节延伸,柔性生产、智能制造和服务性制造等新的制造和生产方式正在成为制造业变革的重要方向。美国作为新一代信息技术和制造业的领导者,有工业互联网生根发芽的最佳土壤,因此,美国提出工业互联网战略,即是2008年金融危机爆发后,美国寻找新的工业发展路径的战略需要,也是新一代信息技术发展的现实结果。

## 二、美国推进工业互联网战略的具体措施

为将工业互联网战略落到实处,奥巴马政府采取了一系列卓有成效的具体措施。

一是重视顶层设计,政府强力推动制造业升级。金融危机后,奥巴马政府出台了一系列法案,希望以新技术改造传统制造业,推动制造业和美国经济的发展。

2009 年 12 月,美国政府公布了《重振美国制造业框架》。2011 年 6 月,启动了《先进制造业伙伴计划》,2012 年 2 月,启动了《先进制造业国家战略计划》。2013 年 1 月,发布了《国家制造业创新网络初步设计》。在上述法案中,奥巴马政府具体部署了战略布局、发展路径以及具体措施,强力推动新一代信息技术和传统制造业的融合,促进制造业的提档升级。

二是突破关键技术,启动美国创新网络计划。2013 年 1 月,美国总统执行办公室、国家科学技术委员会和高端制造业国家项目办公室联合发布了《国家制造业创新网络初步设计》。该计划的目标是通过投资 10 亿美元组建美国制造业创新网络（NNMI）,支持 15 家制造业创新研究所共同研发突破产业共性技术并快速投入市场应用,打造一批具有先进制造业能力的创新集群,加快制造业创新,大幅提高美国先进制造业的国际竞争力。2013 年 5 月,奥巴马政府提供 2 亿美元的联邦资金,成立了轻型和当代金属制造创新研究所、数字制造和设计创新研究所和下一代电力电子制造研究所等三个制造业创新中心。

三是坚持标准先行,成立工业互联网联盟。2014 年 3 月,通用电气（GE）、AT&T、思科（Cisco）、IBM 和英特尔（Intel）5 家公司在美国波士顿宣布成立工业互联网联盟（IIC）。该联盟旨在发展一个"通用蓝图",制定工业互联网的全球化标准,以期打破技术壁垒,使得各个厂商设备之间可以共享和传输数据。该联盟是一家成员资格开放型组织,截至 2014 年底,已有 100 多家公司、机构和大学加入该联盟,致力于通过最佳实践及行业标准的推广,加快工业互联网的发展。

## 第三节　美国——数字制造计划

### 一、数字制造计划的背景

2012 年 3 月,作为"振兴制造业"战略的重要一环,美国政府宣布启动"国家制造创新网络"计划,该计划由先进制造国家项目办公室协同国防部、能源部、航空航天局、商务部以及国家科学基金等联邦政府部门共同负责实施,以公私合营的方式,建设 15—45 家"制造创新机构",形成覆盖全美的制造创新网络。

2014 年 2 月 25 日,第 2 家创新机构"数字制造与设计创新机构"（DMDII）由国防部牵头组建成立,负责管理该机构的是位于底特律的 UI 实验室。该机构主要研究数字化数据在产品全寿命周期中的交换以及在供应链网络间的流动,推进数字化、智能化制造。该机构目前拥有 80 多家成员，包括波音、洛克希德·马丁、通用电气、罗尔斯·罗伊斯、西门子、微软等企业、政府机构、院校、研究所和商业组织。

数字设计与制造创新机构是美国国家制造创新网络的组成部分，工业界成员除了军工制造业，还包括机械制造业、流程制造业、软件业的诸多巨头与中小创新企业。在国防部航空航天项目和大型工业企业已经全面实施数字化设计与制造的情况，创新的方向必然是全寿命周期和全价值链数字化以及智能化。因此，该机构的研究方向和相关项目将是对美国国防部以及工业界智能制造发展思路的直观反映。

## 二、数字制造计划的重点领域和2015年发展重点

### （一）重点领域

2014 年 9 月，数字设计与制造创新机构提出了该机构关注的 4 大技术领域：先进制造企业、智能机器、先进分析和赛博物理系统安全，并且给出了前三个领域的当前研究重点。在今后 5 年内，该机构将陆续获得联邦政府投入的 7000 万美元资金，以及各成员配比的 2.5 亿美元"成本公担"资金，支持这 4 个领域中关键技术开发与转化。

迄今已发布其中 3 个领域的重点：（1）先进制造企业。关注基于模型的企业（MBE）数据与基础结构。当前目标是建立基于最新的基于模型的定义（MBD）和技术数据包（TDP）标准，开发全标注的三维模型；利用诸如基于协同技术的云计算等创新的解决方案，演示并验证这些三维模型在供应商之间的可靠转换，并且将 MBE 要求与车间能力进行连接，演示并验证供应链的集成。（2）智能机器。关注用于外形自适应加工的即插即用工具集。当前目标是开发"即插即用"的软硬件工具集，让新旧生产机床和机器人设备在一个外形自适应加工的模式下操作，也就是具备实时原位状态感知、自适应刀具路径修改以及加工结果虚拟测量的能力。（3）先进分析。关注集成测量的设计与制造综合模型。研究目标是通过先进计算模型、预测和测量工具的使用，对制造工艺和零件性能进行预先评估，降低产品成本并加速推向市场。这些模型和工具将融入更大的产品全寿命周期与全价值链的"数字线"，实现更快、更精确的设计与生产决策。

### （二）2015 年发展重点

2015 年 1 月 21 日，美国数字制造与设计创新机构发布了首批 7 个项目的招标书，透露了 2015 年发展重点。这 7 个项目几乎都是围绕"智能制造"展开的，该机构的技术咨询委员会认为这些研究的成果将能够迅速转化为工业应用，大幅优化生产流程和工厂运行，促使美国制造发生变革。

这些项目包括：（1）工厂赛博安全基础设施评估。开发评估制造企业赛博安全弱点的工具，为保护工厂数据提供支持。（2）智能工厂能见度和实时优化。验证工厂运行的实时可视化技术，以及基于实时反馈的工厂控制。即打造全面数字化的智能工厂，利用数字信息优化生产和工厂运行，降低运行成本并减少能源消耗。（3）智能机床通信标准。开发制造生产设备使用的数字语言，以及智能机床与工人之间的数据交换方式，形成一系列标准。（4）工厂增强现实和可穿戴计算。开发制造中使用的可穿戴计算技术（例如数字眼镜）、移动计算技术和先进的数据可视化技术，让制造工人以新方式捕获数字信息，与其他人进行高效协作。（5）使用数字线的系统设计。为产品设计人员提供全寿命周期的和全价值链的数字工具，帮助他们更快、更低成本地实现产品设计、验证和制造。（6）面向赛博物理制造的运行系统。面向分布在不同位置的从底层硬件到企业层的制造生产设备，开发优化资源配置的运行技术。（7）虚拟指导下的认证。开发先进技术、建模仿真和数据分析技术，预测新材料、新设计和新制造工艺的性能，减少产品和工艺创新的成本、认证周期和风险。

这些项目共将得到 2500 万美元的资金，其中数字制造与设计创新机构代表联邦政府出资 1250 万美元，工业界和学术界组成的胜出团队以 1:1 的"成本共担"比例自筹 1250 万美元。招标结果将于 2015 年 7—8 月公布，项目预计持续 12—24 个月，最终目标是将技术成果迅速转化到工业界。

## 第四节　德国——工业 4.0 战略

"工业 4.0"的概念源于 2011 年德国汉诺威工业博览会。德国联邦教育和研究部与联邦经济技术部在德国工程院、弗劳恩霍夫协会、西门子公司等学术界和产业界的大力推动下，于 2013 年将"工业 4.0"项目纳入了《高技术战略 2020》，支持工业领域新一代革命性技术的研发与创新。随后，德国电气电子和信息技术协会发表了工业 4.0 标准化路线图,德国机械及制造商协会（VDMA）等设立了"工业 4.0 平台"。

## 一、德国提出"工业4.0"战略的背景[1]

近年来,美国等发达国家纷纷把重振制造业提上国家战略议程。2009 年初,美国开始调整经济发展战略,同年 12 月公布《重振美国制造业框架》;2011 年 6月和 2012 年 2 月相继启动《先进制造业伙伴计划》和《先进制造业国家战略计划》。此外,日本、韩国等也特别重视对信息技术、产业及其创新应用的扶持。日本的《信息技术发展计划》旨在促进 IT 技术在医疗、行政等领域的应用。韩国的《新增长动力规划及发展战略》中确定了绿色技术、尖端产业等领域共 17 项新兴产业。

同时,以金砖四国（中国、俄罗斯、印度、巴西）为代表的新兴工业国家在全球制造业领域的影响力和竞争力迅速提升。中国制造业产出约占全球的 20%,成为全球制造业第一大国。以印度为例,2011 年,印度通讯和信息技术部正式启动"信息物理系统创新中心",开展包括人形机器人在内的多个领域的研究。俄罗斯联邦的《2014 年—2020 年信息技术产业发展战略和 2025 年前前景展望》形成统一、系统的信息技术产业发展方法。

基于上述挑战,德国亟须通过战略调整稳固国际制造业竞争制高点。随着新一代信息通信技术的发展和创新应用,制造业生产方式和发展模式发生深刻变革。德国虽然在嵌入式系统和自动化工程领域处于领军地位,拥有世界一流的机器设备和装备制造业,但软件与互联网技术是德国工业的相对弱项。德国提出自己的"工业 4.0"战略是为了保持作为全球领先的装备制造供应商以及在嵌入式系统领域的优势,大力推动物联网和服务互联网技术在制造业领域的应用,在即将到来的第四次工业革命的过程中与美、日等国争夺新科技产业革命的话语权。

## 二、德国"工业4.0"战略的愿景与要点[2]

"工业 4.0"战略的核心就是通过 CPS 网络实现人、设备与产品的实时连通、相互识别和有效交流,从而构建一个高度灵活的个性化和数字化的智能制造模式。在这种模式下,生产由集中向分散转变,规模效应不再是工业生产的关键因素;产品由趋同向个性的转变,未来产品都将完全按照个人意愿进行生产,极端情况

---

[1] 左世全:《德国提出"工业 4.0"战略的背景》,《赛迪前瞻》2014年第43期。
[2] 刘春长、王昊:《德国"工业 4.0"战略的愿景与要点》,《工业经济研究》2014年第4期。

下将成为自动化、个性化的单件制造；用户由部分参与向全程参与转变，用户不仅出现在生产流程的两端，而且广泛、实时参与生产和价值创造的全过程。

一是工业 4.0 使动态的、适时优化的和自我组织的价值链成为现实。成本、可利用性和资源消耗实现最优化的配置和组合。制造业各个环节的关键资源形成关联网络，产品智能化、定制个性化成为发展的必然趋势。

二是工业 4.0 引发商业模式的变革。制造领域整个价值链的商业利润以全新的利益分配方式出现。由于商业模式和合作模式的变化，融资、发展、可靠性、风险、责任和知识产权以及技术安全等成为工业 4.0 发展首当其冲需要解决的问题。

三是工业 4.0 使协作工作方式成为潮流。通过虚拟的、移动的方式开展工作，使员工可以脱离工厂。员工可以更加积极地投入和调节自己的工作，将拥有高度的管理自主权。同时，随着工作环境和工作方式的巨大改变，可以大幅度提升老年人和妇女的就业比例。

四是工业 4.0 将促进形成全新的信息物理系统平台。全新的信息物理系统平台能够联系到所有参与的人员、物体和系统，将提供全面、快捷、安全可靠的服务和应用业务流程，支持移动终端设备和业务网络中的协同制造、服务、分析和预测流程等。

德国"工业 4.0"战略的要点可以概括为：建设一个网络、研究两大主题、实现三项集成、实施八项计划。

建设一个网络：信息物理系统网络。信息物理系统就是将物理设备连接到互联网上，让物理设备具有计算、通信、精确控制、远程协调和自治等五大功能，从而实现虚拟网络世界与现实物理世界的融合。CPS 可以将资源、信息、物体以及人紧密联系在一起，从而创造物联网及相关服务，并将生产工厂转变为一个智能环境。这是实现工业 4.0 的基础。

研究两大主题：智能工厂和智能生产。"智能工厂"是未来智能基础设施的关键组成部分，重点研究智能化生产系统及过程以及网络化分布生产设施的实现。"智能生产"的侧重点在于将人机互动、智能物流管理、3D 打印等先进技术应用于整个工业生产过程，从而形成高度灵活、个性化、网络化的产业链。生产流程智能化是实现工业 4.0 的关键。

实现三项集成：横向集成、纵向集成与端对端的集成。"工业 4.0"将无处不在的传感器、嵌入式终端系统、智能控制系统、通信设施通过 CPS 形成一个智能网络，使人与人、人与机器、机器与机器以及服务与服务之间能够互联，从而实现横向、纵向和端对端的高度集成。"横向集成"是企业之间通过价值链以及信息网络所实现的一种资源整合，是为了实现各企业间的无缝合作，提供实时产品与服务；"纵向集成"是基于未来智能工厂中网络化的制造体系，实现个性化定制生产，替代传统的固定式生产流程（如生产流水线）；"端对端集成"是指贯穿整个价值链的工程化数字集成，是在所有终端数字化的前提下实现的基于价值链与不同公司之间的一种整合，这将最大限度地实现个性化定制。

实施八项计划："工业 4.0"得以实现的基本保障。一是标准化和参考架构。需要开发出一套单一的共同标准，不同公司间的网络连接和集成才会成为可能。二是管理复杂系统。适当的计划和解释性模型可以为管理日趋复杂的产品和制造系统提供基础。三是一套综合的工业宽带基础设施。可靠、全面、高品质的通信网络是"工业 4.0"的一个关键要求。四是安全和保障。在确保生产设施和产品本身不能对人和环境构成威胁的同时，要防止生产设施和产品滥用及未经授权的获取。五是工作的组织和设计。随着工作内容、流程和环境的变化，对管理工作提出了新的要求。六是培训和持续的职业发展。有必要通过建立终身学习和持续职业发展计划，帮助工人应对来自工作和技能的新要求。七是监管框架。创新带来的诸如企业数据、责任、个人数据以及贸易限制等新问题，需要包括准则、示范合同、协议、审计等适当手段加以监管。八是资源利用效率。需要考虑和权衡在原材料和能源上的大量消耗给环境和安全供应带来的诸多风险。

## 第五节　日本——《机器人新战略》

2015 年 1 月 23 日，日本政府公布了《机器人新战略》。该战略首先列举了欧美与中国在机器人技术方面的赶超，以及互联网企业涉足传统机器人产业带来的剧变。这些变化，将使机器人开始应用海量数据实现自律化，使机器人之间的实现网络化，物联网时代也将随之真正到来。日本政府意识到，如果不推出战略规划对机器人技术加以积极推动的话，将威胁日本作为机器人大国的地位。

### 一、日本提出机器人新战略的背景

保持日本的机器人大国地位。目前，日本仍然保持工业机器人产量、安装数量世界第一的地位。2012 年，日本机器人产值约为 3400 亿日元，占据全球市场份额的 50%，安装数量（存量）约 30 万台，占全球市场份额的 23%。而且，机器人的主要零部件，包括机器人精密减速机、伺服电机、重力传感器等，日本占据全球 90% 以上的市场份额。

欧美发达国家以及中国等新兴国家，纷纷将机器人视为经济增长的推动力。美国政府在 2011 年公布了《国家机器人计划（National Robotics Initiative）》，计划每年对以人工智能、识别（语音、图像等）等领域为主的机器人基础研究提供数千万美元规模的支持。在欧洲，欧盟委员会 2014 年与 180 多家企业或研究机构共同成立致力于机器人领域研究与创新的项目"欧盟 SPARC"，主要致力于在制造业、农业、卫生保健、运输、社会安全、家庭领域等推进实用机器人的开发。中国随着劳动力成本的上涨、对产品质量品牌的重视，未来也将大规模应用最高端的工业机器人，中国的"智能制造装备产业发展规划"中，制定了 2020 年工业机器人销售额增长 10 倍（3 万亿元）的目标。

机器人自身也不断地发生着剧变。一是机器人从单体作业正在向自主学习、自律行动方向发展；二是机器人以往被单向控制，而如今机器人自己存储各种数据，自己应用数据，形成了开创新服务的附加值；三是机器人将从不同功能的独立单体，朝相互联网、协同合作的方向发展，也就是"网络化"的趋势。可以说，伴随物联网社会的到来，机器人的重要性正日益增强。

因此，只有创新机器人技术、推广机器人应用，才是日本保持机器人大国地位以及解决社会问题的一个非常有效手段。

## 二、日本提出机器人新战略的三大核心战略

一是巩固机器人产业的培育能力。具体措施包括：（1）营造创新环境，设置"机器人革命促进会"，协调各相关机构明确各自职责，共享进展情况，共同推进机器人新战略，提供满足开展各种实验的潜在需求，为未来形成创新基地创造条件。（2）加强人才培育，培育机器人系统集成、软件等信息技术人才，开展机器人革命的关键性人才。（3）注重下一代技术研发，为了使日本技术在将来仍然保持最高端、最主流的地位，需要着手开展机器人与人工智能的下一代技术的研发。（4）开展国际标准化，日本开发的机器人走向国际，需要事先争取国际标准，以此为依据来推进实用化。

二是打造世界第一的机器人应用社会。具体措施包括：（1）在制造、服务、医疗护理、基础设施、自然灾害对应、工程建设、农业等各领域优先应用，确定 2020 年的定量目标与行动计划，并逐项落实。（2）未来应用潜力很大的领域有很多，应当进一步扩大机器人技术应用，向更多领域推广技术开发成果。例如，机器人在娱乐领域的应用，并非以替代手工劳动为出发点，而是培育新的价值，机器人在宇航领域的应用，实现了以往人类难以实现的极限状态下的工作。（3）在战略性推进机器人开发与应用的同时，打造应用机器人所需的环境。

三是迈向领先世界的机器人新时代。在新的高级信息社会中，打造以机器人为核心的创新平台，进一步推进机器人革命，并引领世界机器人革命。具体措施：（1）在日本全境实现"机器人随处可见"，搭建从现实社会获取数据的平台，赢得获取大数据的全球化竞争。（2）开展国际合作，制定国际标准以及各种规则。

## 第六节　新加坡——"智慧国家 2025"计划 [1]

2014 年 6 月，新加坡面向未来提出"智慧国家 2025"计划。新加坡政府将构建"智慧国家平台"，建设覆盖全岛数据收集、连接和分析的基础设施与操作系统，根据所获数据预测公民需求，提供更好的公共服务。

### 一、新加坡提出智慧国家2025计划的背景

新加坡提出"智慧国家 2025"计划，既是"智慧城市 2015"的升级版，也是新加坡信息化发展到一定阶段的必然结果。新加坡在信息技术发展和应用方面居全球前列，同时也拥有较为充足的人才和健全的法律体系。

一是新加坡具有良好的发展基础。新加坡资讯通信发展管理局的数据显示，2013 年，新加坡的信息技术产业产值为 148.1 亿新元，年增长率高达 44.6%。据埃森哲咨询公司最新的研究报告显示，新加坡电子政务方面的排名位居世界第一。世界经济论坛发布的《2014 全球信息技术报告》显示，新加坡被列为"最佳互联国家"第二位。

二是新加坡具有健全的法律体系。近年来，新加坡先后出台了《滥用计算机

---

[1]　http://news.xinhuanet.com/info/2014-08/19/c_133567186_2.htm.

法》和《电子交易法》及相关指南。

三是新加坡具有充足的人才储备。新加坡现有 14.67 万信息技术人才，且在过去数年间基本保持稳定。

四是新加坡具有专门的管理机构。新加坡资讯通信发展管理局（IDA）是新加坡专门的信息化管理机构，为政府制定 IT 标准、政策、指导方针和实施流程的监督，并且对重要资讯通信基础设施进行安全管理。

## 二、智慧国家的核心理念

智慧国家理念的核心可以用三个 C 来概括：连接（Connect）、收集（Collect）和理解（Comprehend）。"连接"的目标是提供一个安全、高速、经济且具有扩展性的全国通讯基础设施，"收集"是指通过遍布全国的传感器网络获取更理想的实时数据，并对重要的传感器数据进行匿名化保护、管理以及适当进行分享，理解是指通过收集来的数据尤其是实时数据建立面向公众的有效共享机制，通过对数据户进行分析，以更好地预测民众的需求，提供更好的服务。

# 第七节　澳大利亚——《澳大利亚云计算战略》

2014 年，澳大利亚宽带、通信和数字经济部发布了《澳大利亚云计算战略》，该战略分为支持云服务产业繁荣与发展、实现政府云计算价值最大化、鼓励小企业及非营利机构和消费者使用云计算三个部分，并分别列出了主要目标与关键举措。

## 一、《澳大利亚云计算战略》的背景

采用云服务，通常能帮助机构提高效率，推动创新，运营更为灵活。在国家层面上，澳大利亚具备利用云计算各项优势的理由，包括稳定的社会经济体系，强大的法律系统以及高度多样化和成熟的信息通信技术（ICT）行业。在个体层面上，很多实施了创新云计算服务的机构已经改变了运营方式，然而，就整体而言，澳大利亚小企业和非营利组织在使用在线技术方面，明显落后于其他 OECD 国家，这些企业和组织因此在竞争中处于劣势，但它们可通过使用云计算服务迎头赶上。基于此，2012 年 10 月 5 日，澳大利亚总理宣布政府将制定国家云计算战略，并勾勒出澳大利亚云计算产业的发展愿景，即：澳大利亚将创建并使用世界一流的云服务，推动数字经济领域的创新和生产力。

## 二、《澳大利亚云计算战略》的主要目标与关键举措[1]

一是壮大和培育云服务产业。澳大利亚贸易委员会将与业界展开合作，并鼓励国外投资和外国厂商参与，打造全球最大的数据存储和处理中心。具体举措包括培育人才队伍、保证市场公平，制定监管规则、产学研合作，等等。同时，通过成立国家云计算委员会，研判网络云计算问题以及发展过程中的机遇和挑战。

二是实现基于云计算的政务服务。澳大利亚政府是云服务使用方面的领先者，基于云计算的政务服务不仅能提高效率、提供更优质的服务，更能推动公共部门的工作更加灵活。其关键举措包括成立澳大利亚政府信息管理办公室、政府部门建立信息共享机制、建立政府案例研究知识库、完善云服务采购细则，等等。

三是鼓励非政府机构使用云服务。其关键措施主要包括鼓励中小企业使用云服务、完善数字企业咨询服务、制定《云消费者协议》、实施《云服务行业隐私法改革制定指导手册》等一系列举措。

## 第八节　俄罗斯——《2014—2020 年信息技术产业发展战略和 2025 年前景展望》

为了形成统一、系统的信息技术产业发展方法，俄罗斯联邦制定了《2014—2020 年信息技术产业发展战略和 2025 年前前景展望》（以下称"战略"），该战略的实施将为俄罗斯制定该产业发展的相关政策奠定基础。

### 一、战略制定的背景

根据《俄罗斯联邦信息社会发展战略》《俄罗斯联邦 2020 年前创新发展战略》《俄罗斯联邦经济社会长期发展战略构想》以及俄罗斯联邦政府其他相关法律法规和相关专家建议，俄罗斯联邦制定了《2014 年—2020 年信息技术产业发展战略和 2025 年前前景展望》。

在俄罗斯，信息产业增速超过 GDP 增速，推动了国家经济不断增长，同时

---

[1] 《澳大利亚政府公布最新云计算战略》，2014年2月25日，见http://www.chinacloud.cn/show.aspx?id=14673&cid=11。

IT 领域的技术创新和发展，为俄罗斯不同地区的人提供了同等的发展教育、卫生、文化和参与社会政治生活的机会。但从目前俄罗斯的情况来看，虽然 IT 产业拥有巨大的发展潜力，但俄罗斯仍处在 IT 技术发展落后国家之列。因此，俄罗斯旨在通过战略的实施，力争使俄罗斯信息化取得突破式发展，一是将信息技术领域发展成为俄罗斯经济中货真价实的产业，创造具有高度生产效能的岗位，并保证生产出高科技和具有竞争力的产品；二是使用高质量的信息技术提高各个经济领域的生产率；三是确保国家、行业和公民的信息安全。

## 二、战略的主要任务

一是加强信息技术产业的人才培养和发展教育。积极利用公私合作模式解决行业发展的人才保障问题，让企业应当成为人才培养的重要参与者。按照现代化标准，进一步提高教育机构中中学教师和大学老师的技术水平。鼓励高等教育机构中的学生到企业实习，鼓励企业在高等教育机构开设教研室。在高等教育机构中建立并培养顶尖的信息技术院系。在地区专业教育机构中开设相关培训课程。建立相关领域专家的再培训中心和旨在提高信息技术领域年轻专家学历等级的培训中心。在教育大纲中推广技术专业学科，以提高受教育者的信息技能。在普通教育机构中增加信息技术的教学量。增加提供信息技术深入研究的教育机构的数量。加强信息技术领域最有前景的关键技术研发所需的高技术等级人才的培养。

二是加强信息技术领域高学历专业人才培养。简化高技术等级人才获取在俄罗斯工作暂住证的程序，以促进这些专家移民到俄罗斯。吸引独联体国家和外国的年轻专家到俄罗斯工作，减少本国专家流向国外，为他们提供舒适的工作和生活环境。实施面向信息技术领域专业人才的住房优惠计划，以提高国家的吸引力。打造一系列大型项目，特别是信息化领域的重大项目，吸引在国外学习或工作的信息技术领域高科技人才返回祖国。

三是信息技术推广普及 。非营利性行业协会和媒体要加强信息技术推广普及活动上，到 2018 年力争使该行业应当成为俄罗斯四大最受欢迎职业之一。开展信息技术应用及成功案例的报道。开展信息技术领域的成功人士的报道。在博物馆等机构设立与信息技术相关的展厅。大量举办编程的奥林匹克竞赛，推动信息技术在年轻人中的普及，并增强职业吸引力。

四是完善信息技术行业发展的体制。完善信息技术领域知识产权保护工作，并且要与世界上接轨。通过税收政策激励企业开展创新和研发活动。消除进口高技术产品的关税壁垒。持续不断地改善信息技术行业的体制环境。

五是国际合作和扩大出口。在海外对俄罗斯公司进行一定的市场营销支持，帮助其保护知识产权并给予法律支持，帮助拓展海外市场，在融资出口交易方面予以援助，帮助了解外汇政策、进出口政策和海关规定等以减少行政壁垒。

六是信息技术领域的科研活动。调整高等教育和研究机构、科学院等的现有教育机制，朝重点信息技术领域发展，甚至可以建立新的教育机构并给予经费支持，以保证此领域的科研活动。为信息技术领域的科学研究成果提供强制性的符合国际标准的检测。在国防工业综合体方面的科学研究和试制样品设计制造领域，信息技术相关研究必须占据主导地位。

七是信息技术产业的主要研发方向。在信息技术产业领域的基础性和探索性研究方面，必须关注大数据的处理、计算机教育、人机协作、机器人、光量子技术、和信息安全等。在信息技术产业领域优先发展和应用方面，包括新的搜索和识别系统、大型数据集和知识的提取、新的数据存储、处理和传输方法、新的高性能计算和存储体系、信息安全技术、新的人机接口、通信技术和导航、新的开发和测试工具，包括新型显示器和新系统软件的开发等。加强国防工业体系信息技术应用研究。加强跨学科研究。

八是支持小企业发展。政府通过各种方式为小企业发展提供全面支持。帮助小企业增加融资手段，包括资助拨款。增加信息技术领域企业融资项目金额。在来自国家和国有企业信息技术订单上，有针对性的为中小企业安排一些他们能够完成的高科技任务。应当做好与国家在其他创新领域的发展计划的衔接。

九是打造信息技术行业具有国际竞争力的领导企业。至2025年，利用市场机制在国内创建和发展信息技术领域的世界领先企业。发挥市场机制的作用，可通过有针对性地为那些被公认为具有国际化发展的领先企业提供支持，或通过引导些已经在全球市场上取得一定成就的中型企业进行多元化发展等方式，打造世界领先的企业。制定优惠的商业发展贷款，帮助企业进入其他国家的市场等。对支持对象的选择要做到公开透明，不破坏国内中小企业的经营条件。

十是经济信息化和信息技术领域的政府采购。鼓励国防工业体系、民用国营部门、大企业（包括银行和电信行业、采矿业和制造业）支持国内信息技术领域产品的生产，签订长期订单。关注社会事业领域的信息化基础设施建设，尤其是远程教育、医疗和其他系统。合理有效的利用国家现有的超级计算能力，包括模拟创建新型工业样品。借鉴国外经验，修订过时的标准，制定和实施新标准。

十一是保障信息安全。加快本国民用产品的生产。研制和推出信息技术领域替代进口产品的专门程序，以满足一些政府机构和组织（包括军工企业）的需求，包括研制推出多种高水平的信息安全产品。推出一些有利于国家机构和组织（包括军工企业）的特殊程序，以便在各个领域形成信息技术的科技潜力，最大程度的减少民用部门和军民两用技术领域国家技术的外泄。促进国内"云"数据的循环服务。在国内为发展全球顶尖企业创造条件，以保障国家信息技术产业长远平稳的发展及其自主性。

十二是提高国民信息素质。教中老年人使用计算机、利用互联网工作的技能、使用公共服务站点的技能等，并在全国推广信息技术应用。提高中学生计算机素养的总体水平。在全国进一步推广互联网的使用，包括家庭宽带的接入。培养公众尊重知识产权的意识及维护著作权。

十三是更新信息技术行业分类目录手册。进一步完善国家统计体系，使所有市场参与者对国内产品的生产和需求量、进出口量、市场现状以及国家信息技术产业有客观的认识。建议依照法律法规修订全国经济活动分类手册和全国经济活动、产品和服务种类分类手册。

# 热点篇

# 第十九章　联合国电子政务调查报告

## 第一节　研究背景

每两年，联合国经济社会事务部公共行政和管理发展司都会发布联合国电子政务调查报告。该调查报告通过"电子政务发展指数"（E-Government Development Index，简称 EDGI）———一种相对的指标——对各国在电子政务方面的表现进行排名，为政策制定者调整规划电子政务发展项目提供了相应的指导信息。在联合国最新发布的《2014年电子政务调查报告》介绍 EDGI 指数的演变过程、概念框架、指导原则和特点，实证层面分析 EDGI 对全球电子政务发展水平的评估作用。

## 第二节　具体内容

### 一、EDGI简要说明

精确地说，联合国电子政务指数是电子政务三个重要维度上三个常模得分的加权平均数。这三个维度分别是：在线服务的范围和质量（OSI），通信基础设施的发展状况（TII）和内部人力资源状况（HCI），如图 19-1 所示。每一方面的指数都是能够独立进行提取分析的综合指数。

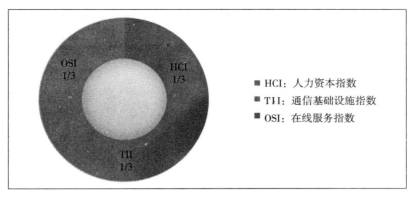

**图19-1 电子政务指数（EDGI）的三项构成**[1]

来源：联合国经济和社会事务部，2014 年 8 月。

### （一）通信基础设施指数（TII）

通信基础设施指数是五项指数的综合平均值，这五项指数分别为：每 100 位居民中的预计网络用户数，每 100 位居民中的固定电话用户数，每 100 位居民中的移动电话用户数，每 100 位居民中无线宽带用户数以及每 100 位居民中使用固定宽带用户数。

### （二）人力资本指数（HCI）

人力资本指数的四项指标定义如下：成人识字率是指能够在日常生活中理解（包括读写）简短的语句的 15 岁及以上的人所占比例。毛入学率是以中小学和高等教育综合毛入学率来计算的，也就是不管年龄多大，在小学、中学以及高等教育所有入学的学生中，相应等级教育的入学人数所占总人数的比例。预期受教育年限是指假定一个孩子在任意的特定年龄所受教育的几率与当时的入学比例相当，他或她在特定的年龄预期能够接受的教育年限。平均受教育年限提供的是一个国家的成年人（25 岁以上）完成教育的平均年限，但不包括重复学习的年限。

---

[1] 联合国经济和社会事务部：《联合国2014年电子政务调查报告》，2014年8月。

### （三）在线服务指数（OSI）

在线服务指数是由对应在线服务发展四个阶段的评估指数加权得到的。如图19-2所示在线服务发展的四个阶段分别是：起步、提升、政务和整体。

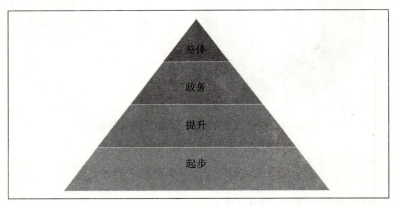

图19-2　在线服务发展的四个阶段[1]

来源：联合国经济和社会事务部，2014年8月。

信息服务起步阶段是指政府网站能够提供关于公共政策、管理、法律、法规、政府服务的相关记录及类型的信息，具有转向政府部门、部委以及其他政府分支机构的链接。公众能够获得更新的国家政府和部门信息，并能通过连接获取归档信息。信息服务提升阶段则要求政府部门网站完善政府和公众之间的单向或简单的双向电子交流，网站上有多媒体和多语音版本。一些受限的服务能够使公众提交请求以获取非电子形式的服务或个人信息。政务处理阶段的在线服务需要政府网站开展与公众之间的双向服务，包括政府政策、项目、法规等的请求和接受请求，要求公众身份的电子认证成功完成转变，并能处理一些非财政性事物和财政性事物。整体服务阶段则是指政府已经从以政府为中心转变成为以公众为中心，电子服务以公众为受众群体通过生命周期事件和细分群体提供特定服务，并赋予公众融入政府活动、参与政府政策的权利。

联合国电子政务指标体系构成如表19-1所示。

---

[1]　联合国经济和社会事务部：《联合国2014年电子政务调查报告》，2014年8月。

表 19-1　联合国电子政务指标体系构成 [1]

| 一级指标 | 二级指标 | 权重 | 三级指标 | 权重 |
|---|---|---|---|---|
| 电子政务指数（EDGI） | 电信基础设施指数（TII） | 1/3 | 预计网络用户数/百人 | 0.2 |
| | | | 固定电话用户数/百人 | 0.2 |
| | | | 移动电话用户数/百人 | 0.2 |
| | | | 无线宽带用户数/百人 | 0.2 |
| | | | 固定宽带用户数/百人 | 0.2 |
| | 人力资本指数（HCI） | 1/3 | 成人识字率 | 1/3 |
| | | | 毛入学率 | 2/9 |
| | | | 预期受教育年限 | 2/9 |
| | | | 平均受教育年限 | 2/9 |
| | 在线服务指数（OSI） | 1/3 | 起步 | 0.07 |
| | | | 提升 | 0.24 |
| | | | 政务 | 0.30 |
| | | | 整体 | 0.39 |

来源：联合国经济和社会事务部，2014 年 8 月。

## 二、EGDI指数一直随着时代发展而不断演变

2001 年，联合国构建了电子政务发展指数 EDGI（E-Government Development Index），发布了第一份年度电子政务调查报告——《电子政务标杆管理：联合国所有成员国电子政务水平的调查报告》。每次电子政务绩效评估，从全球电子政务发展中面临的共性问题中提炼评估主题，并从 2006 年开始，评估周期改为每两年评估一次。联合国每年把全球电子政务发展面对的共性难题作为评估主题，以诠释其明确的评估导向，不断调整报告的内容来反映电子政务、通信基础设施、人力资本和在线服务等因素的变化。2012 年，各国便利民众使用的统一的政府整体模式逐渐成形，联合国建议各国政府发展和推进政府一体化，并提高公共服务的质量，为今世后代实现包容、公平和可持续发展作出贡献，因此主题为"面向公众的电子政务"。

2014 年，随着 2015 年千年发展目标最后期限的临近，联合国在"后 2015 时代"继续提倡繁荣、平等和和平，一个具体的可持续发展的框架开始在全球范围内呈

---

[1]　联合国经济和社会事务部：《联合国2014年电子政务调查报告》，2014年8月。

现出来。联合国以"电子政务成就我们希望的未来"的主题，强调各级政府都面临着一系列复杂、多样又彼此关联的挑战，没有一个政府或部门能有效地单独应对，电子政务是推进跨区域跨部门合作、使公共管理持续发展的重要方法，各级政府和立法机构对推进可持续发展有着重要的作用。从弥合数字鸿沟、获得准入机会的平等、电子包容、整合治理，再到构建繁荣、平等和和平的"后 2015 时代"，都代表着年度电子政务发展的方向或原则。同时，电子政务发展指数保持稳定，每年的调查方法基本一致，但考虑到每一次调查都涉及到电子政务发展的技术变革，因而每一次调查所得数值的具体内涵也会有所不同，试图涵盖各种处于发展中的研究方法的基准体系。2014 年电子政务发展指数（EDGI）的通信基础设施指数（TII），加入了一项新的无线网络用户指数，固定宽带用户代替了在线人数。此外，电视机用户在 2008 年的调查中已经被删除，2012 年调查中固定网络用户数替换了个人电脑用户数，其他都与 2002 年的调查保持一致。

2014 年的调查为人力资本指数（HCI）引进了两项新的要素：预期受教育年限和平均受教育年限，如表 19-2 所示。引进这两项新要素强化了人力资本指数，强调从早期的童年发展到小学之后的教育，年轻人都应该接受高质量的教育和学习，这不仅包括正常学校教育，同样也包括生活技能以及职业教育和培训。与联合国秘书长的报告遥相呼应——"所有生命的尊严：加快联合国千年发展目标的进程"，将 2015 年之后的联合国发展议程提前，在变革中相互加强提供公平教育和终生学习的行动。

表 19-2　人力资本指数以及其成分的变化（2002—2014）[1]

| HCI | （2002—2012） |
| --- | --- |
| HCI | （2014） |
| 成人识字率 | 成人识字率 |
| 毛入学率 | 毛入学率 |
| | 预期受教育年限 |
| | 平均受教育年限 |

来源：联合国经济和社会事务部，2014 年 8 月。

考虑到 2012 年以来出现的新趋势，2014 年在线服务指数（OSI）的具体内

---

[1]　联合国经济和社会事务部：《联合国2014年电子政务调查报告》，2014年8月。

容已经随着对电子政务认识的改变以及基础技术的进步而发生了变化。2014 年收集的数据包括基础的在线服务供应、电子参与关注度、多渠道服务提供、应用拓展、数据开放法案的推行、整体政府和弥合国家内部与国家间可能存在的数字鸿沟等情况。调查问卷经过改进，纳入了一些新的发展，其重点是：政府一体化方针和集成在线服务交付的日益重要性；使用电子政务为公众提供环境相关问题的信息和服务；通信基础设施以及它在缩小数字鸿沟方面的重要作用，特别强调对弱势群体归功有效地在线服务，比如穷人、残疾人、妇女、儿童、青少年、老年人以及少数民族等；日益重视服务使用、多通道服务、公开政府数据、电子采购；电子参与以及移动电子政务的扩到。这个结果是一个增强的电子政务调查工具，分布更加广泛，反映了电子政务在各个国家发展水平的差异。此外，2014 年在调查过程中，针对如何评估政府网站的数据开放水平提出了一些新命题，增加了一系列问题针对开放数据这一措施的进展进行评估和专题研究。

### 三、2014年全球EGDI指数发展概况

通过对 EGDI 指数的分析，可以得到联合国各成员国的电子政务发展状况，以及其在整体发展水平中的相对位置，而对各项二级指标的详细分析可以得到某个方面的发展特点和问题。

#### （一）关键制约因素普遍存在

2014 年《联合国电子政务调查报告》中，韩国以其持续的领导力和对电子政务创新的重视，在 2014 年调查报告中仍居榜首，澳大利亚和新加坡分列第二名和第三名，与 2013 年相比都进步明显。国家间经济、社会和政治发展水平的不平衡将导致区域间和国家间电子政务发展状况存在巨大差异。通信基础设施、教育支持、信息通信技术能力培养、收入水平也会影响到电子政务的发展。

#### （二）综合服务不断开拓

在经济合作和发展组织成员国（OECD）中，电子政务使用情况平均为 50%。但国家间依然存在较大差异，发展中国家对安全和支付系统作保障的高级服务使用率低。加强用户互动的移动门户和社交媒体越来最重要，提高用户的接受度，政府和用户一起努力设计出更加合适的和有效的服务成为重要的工作手段。

## 第三节　简要评析

### 一、分析电子政务发展共性难题，提炼评估主题纳入评估指标

联合国每年都从全球电子政务发展所面对的共性难题中提炼评估主题，分析主要问题，尽可能地纳入指标，促成联动效应。电子政务评估指标体系就能比较全面、具体地反映各国在进行电子政务建设过程中的实质要求以及公众对政府提供公共信息和服务的迫切需求，就可以据此分析出不同评估对象存在的问题和不足，借以规范和引导各级政府和部门的电子政务建设的过程和方向。

### 二、以相对的指标保证框架结构稳定，以指标内容的灵动保证指标体系永久适用

联合国注意保持评估指标的相对稳定性，通过将每个国家的指标与最低值、最高值进行处理，得到一个标准化的相对值，得到的电子政务发展指数（EGDI）的全球电子政务排名，不完全是为了评估电子政务的发展，而是为了评价不同国家政府间的电子政务绩效水平。并且随着每年所处的信息化大环境不同，每个指标的内容保持灵动性，能够全面体现当前电子政务所有影响因素，进一步保证了指标体系框架的稳定性。

### 三、重视对国家电子政务准备程度的评估，强调公众参与度

联合国该指标涵盖网站测评、电信基础设施和人力资本等三项内容，超越服务数量和质量的既有界定，更趋指向宏观层面电子政务绩效。联合国考察电信基础设施和人力资本状况的做法旨在引导各国确立电子政务发展战略。

# 第二十章　政府网上服务发展趋势

## 第一节　研究背景

随着现代信息技术和互联网的快速发展和加速普及，政府网上服务已经成为政府对外发布信息、提供在线服务、与公众互动交流的重要渠道，进一步促进了服务型政府的建设。当前，互联网的发展已经势不可挡，逐渐渗透到人们生活、工作和学习等方方面面，公众对互联网的要求已经不再是单纯的查询信息，而是更加希望通过互联网能够随时随地的获取服务，对政府提供网上服务的需求正变得日益迫切。世界发达国家早已意识到无处不在的网上服务对政府服务能力和水平的提升和变革，纷纷调整信息化战略方向。

## 第二节　具体内容

### 一、全球大部分国家开展较成熟的网上服务

#### （一）大多数国家通过网站提供政务服务

整体政府建设的更高水平是建立专门的门户网站，通过从单一的登陆入口便可以获得综合服务在许多国家提供一系列整合个性服务的整体程度越来越高，提供运营值链焦点的服务被整合进来，或是各种服务在入口处被捆绑在一起。很多国家门户网站正在进行后台的整合和转变。如瑞典的三大政府机构——瑞典公司注册办公室、瑞典税务部、瑞典经济与区域发展部已经联合搭建了瑞典商业注册门户网站，使企业家可以在统一网站登录获取服务。在丹麦，公众通过单一登

录口就可以享受门户网站提供的个性化账户信息服务。世界上已有很多国家建立了政府网站，成为政府为社会提供服务的重要窗口和渠道。在联合国最新发布的《2014年电子政务调查报告》中，2003年以来，联合国193个成员国中无政府网站的成员国比例逐年递减，2014年，193个联合国成员国首次全部拥有自己的政府网站（见图20-1），像中非共和国、利比亚和几内亚这些在2012年还没有设立政府网站的国家也都建立了自己的政府网站。

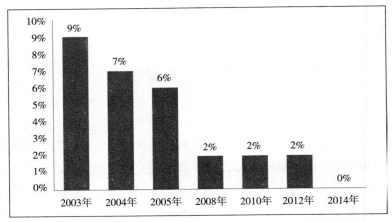

图20-1　2003—2014年间无政府网站的联合国成员国比例情况

数据来源：《联合国2014年电子政务调查报告》，2014年6月。

就使用性而言，联合国成员国的87%，也就是168个国家为用户提供按内容搜索的基本搜索工具。而且，现在大多数国家提供不止一种语言。据2014年的最新调查，74%（143个国家）的国家的政府网站都以某种方式扩展了语言选择范围，其中，具有网站地图或索引的占68%（131个国家），提供帮助和常见问答文档的占46%（89个国家）。如，韩国政府官方网站（http://www.korea.go.kr/）提供包括韩语在内的英语、中文、阿拉伯语、西班牙语、日语等六种版本，如图20-2所示。法国政府网站France.Fr开通了法语、英语、汉语、西班牙语、阿拉伯语、德语、意大利语和俄语服务等多种语言服务，如图20-3所示。

**图20-2　韩国政府官方网站**

数据来源：http://www.korea.go.kr/，2014.12

**图20-3　法国政府网站**

　　政府网站所提供的政务处理服务类型多种多样，最常见的是开设私人账户、申报所得税、公司注册等，如图 20-4 所示。其中设立个人网络账户功能的国家有 101 个，设置申报所得税功能的国家有 73 个，具备工商注册功能的国家有 60 个。

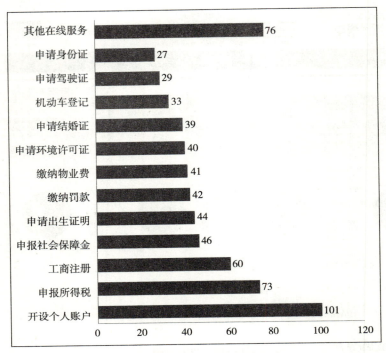

图20-4　国际政府网站政务服务情况

数据来源：《联合国2014年电子政务调查报告》，2014年6月

多年来，世界各国的政府网站服务功能已经趋于成熟，也形成了自己的风格。其中，美国、英国、加拿大、新加坡、韩国等在政府网站服务方面居领先地位。

USA.gov作为美国联邦政府的门户网站，其建设已经相当成熟，是全球政府网站的典范。该网站开通于2000年9月27日，仅耗时3个月，整合了联邦政府的所有服务项目，并与联邦政府各部门、各州和区县政府部门的网站都建立了链接。经过多年的改造更新，现在网站设计简洁明了，风格清新（如图20-5），其功能主要面向企业（G2B）、公众（G2C）、联邦雇员（G2E）和政府（G2G）等四类。作为领先全球的政府网站，USA.gov打出了"政府提供方便"的口号，在首页可以很清楚的看到各种信息服务，如政府服务、销售和拍卖、健康保险和食品安全、移民签证办理、工作教育、居住等，同时提供了电子邮件、电话和博客等便捷联系方式，以及多语言网页。为了保证网站资源和在线服务的安全可靠，美国政府门户网站推出了统一的安全认证计划，社会公众、企业、联邦雇员可以通过门户网站统一的身份认证密码，进入已申请加入计划的联邦政府各部门、地方州政府，获取相关的在线办理服务 [1]。

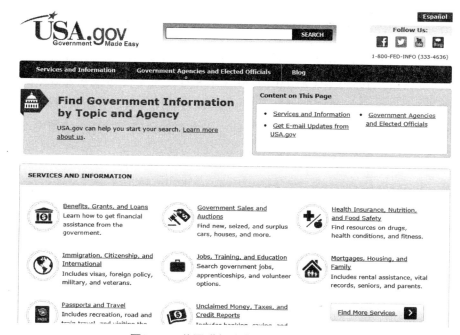

**图20-5 美国联邦政府网站——USA.gov**

来源：http://www.usa.gov/，2014年12月。

新加坡的政府网站（http://www.gov.sg）是国际上公认的世界上最先进的综合服务网站。这个网站因"一站式"的政务服务而闻名，像是政府的一本白皮书，所有服务都可以通过新加坡政府网站找到。新加坡政府网站将新闻报道和公共服务结合起来，充分整合了政府网络资源，打破传统政府服务格局，进行了网上服务整合，集中服务项目10多项，涵盖教育、医疗、交通、学习、文化、安全等诸多方面，提供了互联互通的一体化网站服务。

## （二）政府数据开放不断丰富公共信息服务

各国都在积极建立完善适合本国国情的开放数据战略，如表20-1所示。自2009年美国率先开通政府数据服务网以来，已有63个国家和地区推进政府数据开放，英、美、加拿大、巴西、新西兰、澳大利亚等国家已将政府数据开放纳入了国家发展战略。如：八国集团（美国、英国、法国、德国、意大利、加拿大、

---

[1] 白朝阳：《各国中央政府网站大比拼》，《中国经济周报》2013年第21期。

日本及俄罗斯）2013年签署《开放数据宪章》；欧盟2013年6月颁布对2003年《公共部门信息再利用》指令的修订指令；美国2013年2月颁布《增加联邦资助的科研超过访问的政策》；2013年5月，奥巴马总统签署《政府信息公开和机器可读行政命令》；日本2013年6月颁布《日本再兴战略》，提出开放数据；澳大利亚政府信息管理办公室（AGIMO）2013年8月发布《公共服务大数据战略》，以六条"大数据原则"为支撑，旨在推动公共领域利用大数据分析进行服务改革，制定更好的公共政策，保护公民隐私，使澳大利亚在该领域跻身全球领先水平。

表20-1  主要国家政府数据开放政策一览表

| 国家 | 时间 | 具体举措 |
|------|------|----------|
| 美国 | 2009.02 | 发布《开放透明政府备忘录》，宣布在政府网站提供更多的互动式资源，吸引用户积极参与政府决策过程的直接互动。 |
| | 2009.05 | 正式启用官方公共数据资源分享网站（data.gov）。 |
| | 2010.07 | 发布《开放政府计划》，提出按照开放、参与、合作三原则，推动建立开放透明的政府机构。 |
| | 2012.05 | 发布《数字政府：建设21世纪更好服务美国人民的信息平台》，提出新时期美国电子政务三大战略目标、一个概念模型和四大战略举措。 |
| | 2013.05 | 发布《开放数据政策——将信息作为资产进行管理》，确认信息资源的重大战略意义，提出美国政府的战略行动任务。 |
| | 2013.05 | 发布《实现政府信息公开化和机器可读取化总统行政命令》，要求政府信息资源必须以开放化和机器可读化作为基本形态。 |
| 新加坡 | 2006.06 | 发布《"智慧国家2015"国家数据战略规划》，从数据基础设施、政府服务、人才培养、技术研发和立法等角度，推动公共数据生态的完善，以及在企业应用和政府服务中的落地。 |
| | 2012 | 公布了《个人资料保护法》（PDPA），旨在防范对国内数据以及源于境外的个人资料的滥用行为。 |
| 英国 | 2009.12 | 前首相布朗在伦敦"smartergovernment"集会上，声明将发布更多的政府数据，并用一站式网站呈现。 |
| | 2010.01 | 英国政府开放数据门户网站Data.gov.uk正式投入使用。 |
| 法国 | 2011 | 就开放数据政策作出了官方声明。 |
| | 2012.12 | 法国总理让-马克·艾罗在公共行动现代化部际委员会（CIMAP）首次会议上阐述了法国开放数据政策的主要原则。 |
| | 2013.02 | 在政府数字政策研讨会上，法国政府提出了开放政府数据路线图。 |
| | 2013.11 | 出台《八国集团开放数据宪章行动计划》，在行动计划中，法国政府作出了四项承诺，作为开放政府数据政策的发展重点。 |
| 澳大利亚 | 2009 | 启用Data.gov.au作为政府信息目录的开放数据平台。 |
| | 2013.08 | 发布了《公共服务大数据战略》，旨在推动公共行业利用大数据分析进行服务改革，制定更好的公共政策，保护公民隐私，使澳大利亚在该领域跻身全球领先水平。 |

（续表）

| 国家 | 时间 | 具体举措 |
|---|---|---|
| 加拿大 | 2011.03 | 发布《开放政府战略》。 |
| | 2012.04 | 发布《开放政府行动计划》。 |
| | 2014.02 | 在国际开放数据日，根据《开放数据宪章》发布其开放数据行动方案。 |
| 印度 | 2012 | 批准了国家数据共享和开放政策，目的是在于促进政府拥有的数据和信息得到共享及使用，制定了一个一站式政府数据门户网站data.gov.in。 |
| 日本 | 2013.06 | 发布《日本再兴战略》，提出开放数据。 |
| 八国集团 | 2013.06 | 签署《开放数据宪章》，表示愿意进一步向公众开放可机读的政府数据。 |
| 欧盟 | 2013.06 | 颁布对2003年《公共部门信息再利用》指令的修订指令。 |

资料来源：赛迪智库整理，2014 年 3 月。

在美国建立"Data.gov"取得良好效应的影响下，各国各地区普遍采取建设统一的政府开放数据门户网站的做法。根据国情和地区发展水平的不同，各国各地区政府开放数据门户网站建设模式也存在一定差异。比较常见的途径是新建统一的开放政府数据网站，构建数据收集、管理、开放、查询、下载、再利用的官方平台，如美国、英国、印度、新加坡等。其中，印度、新加坡是在全国范围内统一整合各部门或各地区的数据集，建成域名带有"数据（Data）"、"政府（Gov）"字样的国家开放数据门户网站；而美、英除了拥有全国性的开放数据门户网站外，美国的 80 多个州、县（市）还建立了单独的地区性数据门户网站，英国的索尔福德市议会则建立了单独的部门开放数据门户。爱尔兰则是依托已有的中央统计局在线网站提升其开放数据服务功能。德国的做法是集中开放某一领域如环境信息的统一门户，与他国多个领域数据同时开放形成区别。再如中国香港地区，则是在政府网站上新增 Data.one 类目以实现开放数据功能。

随着公众要求获取和利用政府数据的呼声越来越高，开放数据逐渐向公共事务领域延伸，各类涉及民生内容的大量政府信息得以公开，从而满足民生权益相关信息大众共享的需求。截至 2014 年 4 月，美国新版政府门户网站的开放内容涉及农业、气候、消费者、教育、能源、金融、地理空间、全球发展、健康、就业与技能、公共安全、科研、天气、商业、城市、郡、道德、法律、生产、海洋、州等 21 个领域，其中农业、消费者、教育、就业与技能、公共安全、天气、城市等均是民众关注的热点内容。

同时，政府作为开放数据的主体，日益将开放数据行为本身视作服务民生的一种新型手段。通过拓展有关生存、安全和发展等民生类数据集的广度和深度，为民众生活提供全方位的信息支持。如美国警察部门公开了各类犯罪信息，包括时间、地点等详细内容，帮助居民及时把握所在社区的安全状况、做出相应防范措施，方便居民为案件侦破提供有效线索。此外，政府积极鼓励民众对数据再利用的创新，催生出全新实用的便民工具、产品和服务，以期在破解民生难题、创新服务手段等方面取得突破。如基于上述的公共安全数据，有软件商开发了社区安全状况评估实用工具，为房屋购买者或租赁者提供了重要决策依据。

### （三）移动终端、社交媒体等成为网上服务新渠道

目前，在美国、英国、德国、挪威、芬兰、瑞典等发达国家和南非、印度、巴西等众多发展中国家，移动技术已经被广泛应用于农业、应急救险、教育、社区服务、医疗卫生等领域，提高了政府的工作效率，方便了政府与公众的沟通，为公民提供优质、高效、便捷的服务。如，瑞典的很多公共团体和包括像瑞典国家税务局、海关总署这样的权利机构一直积极推动移动办公应用。以瑞典国家税务局为例，目前，全瑞典700万纳税人中已经有9万多完全通过移动电话来办理年度纳税手续。税务局提前向纳税人寄上应纳税款的表格，纳税人只要通过电子邮件、电话、短信向税务局进行确认就可以了。[1] 南非政府在国内大力发展移动政务，重点开发了Dokoza项目、Accesshealth项目、BCIT项目、USSD项目和通知系统等，解决了发展中国家所遇到的许多特殊挑战和困难。以Dokoza项目为例，它创新了南非医疗保健行业的服务，能够收集和传播实时数据和业务，工作者通过该系统快速与患者进行业务和数据交流。目前，该系统在南非已注册了专利，并广泛运用于到肺结核病和艾滋病的治疗上，今后这一系统能够运用到其他更多的疾病治疗中。

除此之外，移动技术、网络、社交媒体和空间基础技术在降低灾难风险的准备和应急阶段能发挥良好的作用，对于人口居住分散的小岛屿发展中国家特别重要。如在特立尼达拉岛和多巴哥岛这些小岛屿发展中国家，渔业是他们非常重要的部门。由于渔业对经济和社会发展非常重要，特立尼达拉和多巴哥政府优先发展渔业，使其富有竞争力，并带来经济效益，实现了可持续发展，同时支持地方

---

[1] http://www.dylw.net/jisuanjiyingyong/69004_2.html.

渔业社区实现平等、共融发展。渔业发展的障碍包括缺乏对自然资源管理和海洋安全的预警。由于这些国家手机普及率很高（86% 的穷人使用手机），手机成为解决这些问题，特别是小规模渔业中出现的问题的一种高效工具。通过移动渔业手机应用程序，公众能够看到当地渔民发布的"捕到鱼"的信息，通过"需要鱼"程序发布需求，可快速获得市场批发价格；使用指南针和 GPS 定位，通过海洋安全知识"信息区"保护人身安全，遇到紧急情况是，按下 SOS 按钮能够自动通知海岸警卫队需要帮助的人的地理位置。[1]

## 二、政务网上服务发展趋势日益明显

### （一）政府数据将呈爆发式增长

政府是数据资源最大的制造者和使用者。据统计，欧盟商业贸易中有 15%—25% 的数据建立在公共信息基础上，美国政府信息资源每年可产出的经济价值约为 7500 亿欧元（约合人民币 63750 亿元）[2]，欧盟发布的《评估欧洲公共部门信息资源》报告将整个欧盟国家的政府信息资源市场的总价值评估在 600 亿—700 亿欧元（约合人民币 5100 亿元）[3]，加拿大仅"空间地理数据基础设施"一个项目每年可支持高达 20% 的产业增长率。[4]

### （二）移动政务服务将成为网上服务主流

以移动终端办理业务的移动政务充分满足了公众无处不在的服务需求，作为政府为公民提供公共服务的新途径，成为必然的发展趋势。就手机使用情况而言，根据美国市场研究公司 eMarketer 的最新报告《全球手机用户：预测及相对估算》显示，预计到 2017 年，手机普及率将由 2013 年的 61.1% 上升至 69.4%。就互联网普及率，国际电信联盟 5 月 5 日发表的一份报告预计到 2014 年底，全球互联网用户将接近 30 亿，全球互联网用户普及率将达到 40%。[5]

[1]　http://cirp.org.tt/mfisheries/.

[2]　PSI for commercial re-use: The impact of the new directive on the management of access and preservation[EB/OL].2010 年 4 月 20 日.

[3]　Makx Dekkers, Femke Polman, Robbinte Velde , Marcde Vries . Measuring European public sector information resource[R/OL]. 2010 年 4 月 20 日. http://www.epsiplus.net/epsiplus/reportsmepsir_ measuring _ european_public_sector_ resources_report.

[4]　Jeff Labonte, Mark Corey, Tim Evangelatos. Canadian geospatial data infrastructure–geospatial information for the knowledge economy [EB/OL]. 2010 年 4 月 20 日. http://www.geoconnections.org/CGDI.cfm/fuseaction/pubGeneralInfo.home/gcs.cfm.

[5]　《国际电联称 2014 年底全球互联网用户普及率将达到 40%》，2014 年 5 月 10 日，http://www.mofcom.gov.cn/article/i/jyjl/k/201405/20140500580793.shtml.

### （三）政府网站建设日益人性化

目前，各国政府网站建设以用户为核心的服务理念日渐突显。很多国家的政府网站把对公民的服务和沟通的栏目放到首页的突出位置，也开辟很多种便利有效的沟通渠道，如微博、推特、邮件、电话等，公众进入网站后便能迅速找到所需要的信息和服务。如新加坡的政府网站（图20-6），针对政务、市民、企业和外国人的服务对象设置相应的服务栏目，保证了公众方便快捷的获得服务。英国通过按公众的需求将内容组织起来，实现了按照"生活事件"来组织政府服务的网站目标。这些无不体现出"以人为本"的政府网站建设服务趋势。

**图20-6　新加坡政府网站**

来源：http://www.gov.sg/government/web/content/govsg/classic/home.

## 三、主要国家政府在线服务战略特点突出

### （一）新加坡：智慧国家2025

新加坡政府在线服务发展建设一直走在世界前列。2012年，新加坡发布了电子政府2015，其目标是建立一个无缝流畅、以民众为中心的整体型政府，以

及与国民互动、共同创新的合作型政府。截止到目前，一项调查显示，企业对目前电子政务的满意度为 93%，新加坡公民对目前电子政务的满意度为 96%。2014年，日本早稻田大学的电子政务调查显示，"新加坡近 98% 的公共服务已经利用在线方式提供，而且大部分是民众需要办理的事务"。

新加坡在"智能城市 2015"计划实施中，物联网传感器的应用已经非常广泛。比如，汽车上安装的传感器就可以自动发送路面损坏信息。在机场内，可以通过扫描洗手间的二维码，对洗手间进行定位，快速解决问题。

在以往 10 年规划的基础上，新加坡面向未来提出"智慧国家 2025"计划，其重点在于信息的整合、预测民众需求、利用信息来更好地服务人民。智慧国家 2025 理念的核心可以用三个 C 来概括：连接（Connect）、收集（Collect）和理解（Comprehend）。第一个阶段以连接和收集为核心，计划于 2015 年完成。连接的目标是提供一个安全、高速、经济且具有扩展性的全国通讯基础设施。理解是指通过收集来的数据，建立面向公众的有效共享机制，通过对数据户进行分析，以更好地预测民众的需求、提供更好的服务。新加坡十分重视鼓励科技企业创新。2013 年，新加坡全国有 14.67 万信息技术人才，信息技术产业产值达到 148.1 亿新元，年增长率高达 44.6%，其中出口占 72.7%。

### （二）美国：建立一个面向 21 世纪的数字政府更好地服务美国人民战略

21 世纪的数字政府更好地服务美国人民战略（以下简称战略）设置了三大目标：（1）确保美国人民随时随地使用移动设备获取数字政府信息与服务；（2）确保政府通过智能、安全和低成本的方式获取及管理设备、应用与数据；（3）发挥政府数据的作用，推动美国的创新，更好地为美国人民服务。

战略将数字服务分为三层：信息层包含结构化和非结构化的数字信息；平台层包括所有用于管理信息的系统与进程；表述层定义了信息组织与提供的方式。这种分层将信息创建与信息表述分离开来，使人们可以一次性创建内容和数据，并通过不同方式使用信息。

战略的总体原则为：（1）以数据和内容为支撑点。建立数据或内容以机器可读的格式将信息传送给其他计算机（俗称提供 webAPI）的流程。通过在结构数据和元数据中嵌入安全与隐私控制，确保数据和内容的安全传送和接收。具体措施包括：将开放数据、数字内容和 webAPI 列为新的要务，制定相关政策；使用户能通过 webAPI 获取现有的高价值数据与内容。（2）共享平台。零散的采购和开发低效、费钱，且阻碍了新技术新方法的采用，需要转向共享平台模式。这要求在整个政府部门实现强有力的领导。各部门在开发新项目时首先应寻求解决方案和现有基础设施的共享，而不是为每个新项目都添置新的基础设施和系统。各部门内部和彼此间应共享共同的服务，而非针对同一主题创建多个站点。政府应为采用新技术、开发更优质的数字服务和简化管理提供集中支持，以减轻单个机构的负担，避免重复建设，并促进创新。具体措施包括：创建一个数字服务创新中心与咨询小组；创建机构内部的管理机制，以改进数字服务的提供；转移至企业级的资产管理与采购模式。（3）以客户为中心。以客户为中心的政府意味着要机构能快速响应客户需求，使他们能轻松找到并共享信息，完成重要任务。这要求提供高水准的及时的数据、翔实的内容、简化的交易和无缝的互动，使用户能通过任何设备随时随地获取信息。具体措施包括：使用现代化工具与技术提供更好的数字服务；将针对移动领域的面向用户的服务置于优先地位；评估服务性能和客户满意度，以改善服务提供。

## 第三节　简要评析

### 一、采用多种方式提供在线服务

通过移动通信、社交媒体等多种渠道，随时随地、更便利地向公众提供在线服务。2012—2014年，全球各国普遍重视移动应用程序和移动门户网站的开发，用于开展减贫工作、促进经济发展、保护环境以及进行灾情管理。2014年，有118个国家使用社交媒体进行在线咨询，同比增加了50%。

### 二、提高公众的在线参与度

为了使公共事务透明度进一步提高，需要提高公众的在线参与程度。政府利用平台和社交渠道来提高公众在线参与的积极性。通过构建公众参与的法律和制度框架，培训公众数字媒体能力。通过整合线上和线下沟通工具和渠道，为在线参与创造一个良性发展的环境。相比仅仅履行公民义务而言，公众参与更需要依靠一种对拥有共同传统和价值观的政治社区的归属感。据联合国调查报告显示，社交媒体、移动门户网站以及众包在内的在线参与将呈现出跨越式发展的趋势。

### 三、加快开放政府数据

随着提高资源使用率、改善公共服务等方面的政府需求，开放政府数据的重要性逐渐获得各方认可，2014 年全球已经有 46 个国家拥有专门的开放数据门户网站。发展开放政府数据需要国家层面的战略引导、研究与各级政府管理机构的协同配合。同时，政府还需要制定相关标准、法律和制度框架保证公众获取信息的基本权利。

# 第二十一章 网络化社会监管的跨国属性研究

## 第一节 研究背景

目前网络应用有两个重要问题亟待解决，一是日益普及的移动互联网用户承受着过高的漫游接入资费，二是方兴未艾的云服务正在对个人隐私和数据保护提出挑战。也可以说，互联网应用的跨国属性正进一步显现，传统的监管模式已不能适应网络发展的要求。国际电信联盟发布的年度报告《电信改革趋势：网络化社会监管的跨国属性》，在充分分析全球 ICT 市场现状和发展趋势的基础上，重点提出了各国须注重跨境合作，通过多边、区域和全球的积极协调，有效解决频谱监管和国际漫游业务等问题。此外，报告建议加大互联网基础设施投入，积极部署 IXP 和 CDN，以创造更好的网络生态环境。

## 第二节 具体内容

### 一、ICT市场的增长趋势依旧稳健

随着新的应用和服务被不断开发出来，越来越多的人被联系在一起，用户在线体验正在世界范围内扩展。生活在一个网络社会，肯定会让人们产生许多激动人心的愿景，但也提出了如何更充分运用新技术和服务的问题。在这个日益数字化的环境中，需要考虑如何评估各国法律和监管框架的准备程度并协助政策制定者和监管机构在世界范围内推进国家数字化进程。国际电联评估到 2014 年底，固定宽带签约用户的数量将攀升至 6.88 亿，全球普及率将随之达到 9.8%。同时，

移动宽带活跃签约用户的数量在 2010 至 2013 年间增长 21%，到 2013 年底将达到约 21 亿，是固定宽带签约用户数量的近三倍，但仍然远少于移动蜂窝签约用户，到 2013 年底后者达到约 68.4 亿人次[1]（见图 21-1）。国际电联的预估显示，发展中国家的移动宽带普及率达到 20%，而发达国家的普及水平达到 75%。到 2014 年底，全球互联网用户总数达到约 27 亿。在发展中国家，2008 年到 2014 年间，互联网用户的数量增加逾两倍，达到 18 亿多。但是，尽管增速明显，到 2014 年底，发展中国家仍将只有不到三分之一的居民联网。

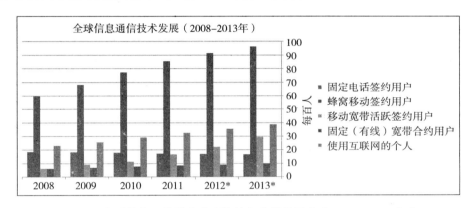

图21-1　全球信息通信技术发展趋势和宽带普及率（2008—2013年）

来源：国际电联电信／信息通信技术指标数据库。

在移动和固定平台上互联网连接日渐增多的影响下，月网际协议（IP）流量已经从二十年前的 1 拍字节[2]暴涨至 2012 年的约 44000 拍字节。预计 2013 年 IP 流量将以每月 14000 拍字节的速度增长，相当于从 1994 至 2003 年十年间全球累积流量的两倍。巨大的流量增幅源自连通人群和设备数量的增加，以及丰富多样且免费（多数情况下）的在线内容的日益普及（见图 21-2）。

[1]　国际电信联盟：《衡量信息社会发展—2012年报告》。
[2]　拍字节，即PB（Petabyte，千万亿字节或千兆字节），是较高级的储存单位。1PB= 1024TB= 10243MB= 10245B。

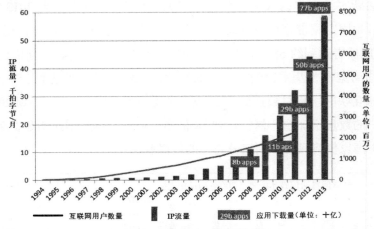

图21-2　IP流量、互联网用户和应用下载量的增长（1994—2013年）

注：2010 年及之后的 IP 流量和应用下载数量以及 2013 年的使用互联网的个体数量均是估值。

来源：国际电联，基于国际电联、思科视觉网络指数等公司的数据。

近几年，视频流媒体、文件共享或在线游戏所产生的数据占据了 90% 的用户流量。随着能提供更丰富用户体验的新移动设备的普及，在线游戏和视频通话服务正成为促进 IP 流量增长的"新星"，其产生的流量在 2010 至 2015 年间同比增长超过 40%。[1] 在发达国家和发展中国家，多重连接设备的使用成为不可逆转的趋势。数字鸿沟的表现不再是拥有数字设备与缺少数字设备的群体之间的差异，而是拥有多屏幕数字设备与缺少多屏幕数字设备（特别是宽带设备，如智能手机、笔记本计算机、平板计算机、个人计算机和软件保护器）的群体之间的差异。

## 二、网络中立性概念崭露头角

广义上讲，网络中立性是指对所有通过网络传输的电子通信均应平等对待。然而，在实践中，"网络中立性"是个模糊的概念，没有通行的定义。之所以会出现网络中立性的问题，是因为人们担忧网络运营商可能歧视某些服务、应用或内容，特别是当这些服务可能对运营商自己的产品构成竞争的时候。主张进行强有力网络中立性保护的人认为，运营商有实施歧视性行为的内在动机，特别是当竞争无法阻止歧视性行为，或者内容（服务）提供商没有足够实力与网络运营商

---

[1]　思科（Cisco）：《视觉网络指数（2012）》。

谈判的时候。反对网络中立性监管的人一般认为，并无证据表明存在广泛的滥用行为，市场会自然而然地约束不良行为。

互联网服务提供商（ISP）出于多种正当理由对其网上的流量进行管理，包括避免网络拥塞和确保网络安全，例如数据上限、拥塞管理算法、优先排序、差异化限流和接入分层，以及简单封堵某些类型流量。这些手段也同样能用于遏制竞争对手及其服务。特别是为了达到抑制竞争的目的，运营商可能通过其对互联网接入的控制权，采取流量管理措施。例如，一些移动运营商将 Skype 或其他 VoIP 应用视为对公司收入的威胁，试图予以封杀。

因此，关于网络中立性争论的一个关键问题是：何种流量管理措施是可以接受的以及在什么情况下允许采取此类措施，何种是不可接受的。例如，英国通信管理局（Ofcom）将管理措施排列成一个谱系，展示了那些不会引发担忧并且通常能提高效率的流量管理措施和处理问题的措施（见图21-3）。

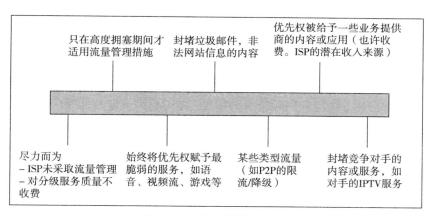

**图21-3　英国流量管理行为**

来源：英国通信管理局，2013 年 5 月。

### 三、频谱监管正面临挑战

在过去五年或更久的时间里，ICT 世界里一项最耀眼的成就便是移动宽带服务的蓬勃发展。伴随着智能电话和平板计算机的出现而产生的对新宽带应用和服务的需求已经促使行业结构和行业关系发生了剧变。例如，融合服务、新兴机对机（m2m）通信、云服务以及 OTT 服务（如 VoIP）正在催生新型服务提供商。虽然许多新服务及其提供商尚处于起步阶段，但有证据表明巨大的变化即将出现。

例如，思科预测[1]，2011 至 2016 年，全球移动数据流量将增长 18 倍，复合增长率达到 78%，是固定宽带流量增速的 3 倍。因而，频谱监管机构面临的最迫切问题之一是如何维持这种增长势头。

随着这些新技术和服务的出现，传统商业模式和监管方式如今正面临挑战。在有效方式管理频谱并确保无线电频谱资源得到有效利用方面，政策制定者和监管机构面临着重大挑战。为解决此类问题，新的频谱监管模式正在付诸实践。在过去二十年里，频谱划分和指配策略经过三个阶段的演进已经成熟，目前已形成了"第三代监管"。此类监管注重对频谱多种用途的评估、重复使用、重整、自由化和对当前频谱使用效率的重新审查。在"第三代监管"中，行政方式日渐被市场方式取代，后者寻求采用经济标准，酌情实现频谱利用的最大价值。

为有效管理频谱，并确保未来发展需求得以实现，许多国家正在制定国家频谱政策，或者将该政策作为其整体 ICT（或宽带）计划的组成部分。"第三代监管"为国家频谱政策的制定和实施提供了一个基点。

### 四、国际移动漫游业务急需协调

移动通信的增长已成为过去二十年中信息通信技术发展最重要的态势之一。然而，这种增长加上跨境和国际旅游的增加，使得跨国政策和监管问题突显出来：国际移动漫游业务高昂的收费价格。所有国际组织、区域组织和个体国家关于国际漫游的分析和审议都得出了类似结论，即国际移动漫游的费用非常高，与国内移动价格没有关联，并且无法体现其成本。此外，各国都意识到，国际移动漫游零售价格高的一个重要原因是批发价格高，这属于到访国监管机构的责任，然而降低批发价格本身可能不足以降低零售价格，因为国际漫游市场的市场力量与竞争还很弱。

由于种种原因，降低移动漫游高收费的解决办法一直难以找到。首先，一个国家的用户通常会根据各自的消费需求，在可用的最优预付费合约或后付费移动电话月租套餐的基础上来选择自己的服务提供商，而国际移动漫游资费在宣传中通常不是这种套餐的一部分。其次，即使用户了解移动业务供应商收取的国际漫游业务收费价格，漫游也不是他们的主要考虑因素，国内通话、短信和国内移动宽带接入才是他们移动活动的主要部分。第三，在旅行时，移动用户通常不能选

---

[1] Cisco：《Visual Networking Index（VNI）Mobile Forecast（2011–2016）》。

择国际漫游服务提供商，只能依赖于他们的国内供应商与其他国家的服务提供商之间达成的漫游协议。最后，用户所属国家的监管部门无权控制和监管到访国家设定的国际漫游价格。通过提高透明度来赋予消费者权利有助于解决前两个问题，而政府与提供商间的跨国合作有助于解决后两个问题。

积极的政策和监管改革是确保国际移动漫游业务市场发生结构性变化的唯一有把握的做法，但这需要至少是双边层面、区域层面，最好是国际层面上的协调。只有通过适当的双边、区域或国际协议，才能在解决漫游高昂价格问题上取得进展。虽然在一些双边和区域协议中所采取的最初步骤有助于降低用户的价格，但在没有监管介入的情况下，从长远看不足以给全球市场带来持续的竞争。欧盟国际漫游法规 III 及其结构性措施正朝着有助于此种竞争出现的方向努力。世界贸易组织也开始进行国际移动漫游方面的非正式讨论。双边协议和区域协议值得鼓励，但同时应向其他有这方面意愿并能够做出与原始签署国同样承诺的国家开放。国际电联在其成员间制定和推广国际移动漫游业务监管最佳做法，尤其是作为一个论坛，在那些已经着手采取行动来降低价格和促进国际移动漫游市场竞争的国家中开展经验教训交流能够发挥重要作用。

### 五、全球和区域互连导致跨界融合成为常态

目前，全球流量持续增长，但流量的构成正在发生变化。纵观通信历史，在大部分时间内，话音业务一直是主要业务，占全球流量的大部分和全球运营商收入的大部分。今天，虽然话音业务对于收入来说仍然十分重要，但它在全球网络传送的流量中只占很小部分。视频业务，尤其是视频流和视频下载目前占全球网络流量的绝大部分。另外，云服务也开始带来了其他流量，因为越来越多的企业正在使用基于云的业务。视频和云服务的发展趋势以及交互式游戏和可视会议等促进了对更高质量业务的需求，而互联网生态系统的各部分都在寻求降低延时的方法。

互联网的发展及其流量结构的变化导致了互联网生态系统的发展。为应对这一变化，国际互联网连接市场加大了对互联网交换点（IXP）、内容传送网络（CDN）和长途设施的投资，所有这些都有利于提高服务质量、降低成本和价格。其中，IXP 在互联网发展中发挥的作用尤为关键，建立本国或本地区的 IXP 可以成为互联网设施投资良性循环的一个部分，因为这有助于鼓励进一步投资骨干和本地接

入网、IT 相关业务以及国内制作内容。

在过去十年中，互联网上出现了一种新型的业务提供商，即内容传送网络（简称 CDN）提供商。CDN 的目的是直接向终端接入网络提供内容。此外，CDN 还通过更加直接的路由和在内容接收方附近缓冲内容的方式，降低了延时和传输成本，提高了质量。CDN 改变了互联网的拓扑，提供更直接的流量传输，进一步实现了转接业务提供商的去中介化。最近几年互联网的发展还大大得益于国际长途骨干网的部署，其中很多是海缆。

消费者和企业的业务需求的转变、互联网结构本身所发生的巨大变化都给市场参与者带来了机遇和挑战。处于价值链上下游的公司都在重新评估其商业模式，并努力适应新的变化。例如，有线和无线宽带接入提供商正在极力增加容量，以应对日益增多的高带宽需求，并且正在不断改变其资费结构，使其与网络使用情况密切联系起来。内容提供商和媒体公司正在探索如何从互联网带来的新的销售收入中获益，同时通过继续采取防守战略保持目前从现有的传送信道中获得的利润。

## 六、云技术带来隐私和数据保护新问题

云计算一直被视为一项"改变游戏规则"的技术[1]。它为用户、企业和政府部门带来了一系列好处。但是，云服务一方面可以为政府、企业、公民和用户带来财务和效率方面的优势，但同时又对个人隐私或个人数据构成挑战。因此，我们面临的挑战是平衡利益攸关方、政策制定者、政府部门、企业和消费者的利益从而达成一种连贯、明确且适当务实的监管方式。此外，还必须认识到互联网不受地域限制的跨国属性，并认识到技术变革的步伐。在过去几十年世界各国日益关注隐私问题的大背景下，89 个国家已经通过了隐私或数据保护法。但是，在许多相关法律和规则获得通过时，互联网尚未出现。

今天，隐私和数据保护的需求日益增强的，政策制定者和监管机构制定的相关政策措施正在世界范围内快速扩展。尽管隐私问题的重要性得到了广泛认可，但不同国家和区域处理这些问题的方式不尽相同。例如，在欧洲，《欧洲人权公约》第 8 条阐明了欧洲联盟有关隐私的根本原则，"电子隐私指令"和"欧洲直接"指令对此做出了具体的法律规定前者重点关注个人数据的保护，后者适用于

---

[1] IBM：《云计算的力量：驱动商业模式创新》。

个人数据的收集和处理。2012年，欧盟出台一项新的法规取代现行"指令"。但是，欧盟各国也有自己的隐私和数据保护法规，法规的多样化已经造成了跨国云环境下的困难。与之相似，美国有约束个人信息共享行为的《爱国者法》，各州也有对隐私进行监管的法律（通常是消费者保护规定）。加拿大有管理隐私的联邦法律以及隐私专员，但该国的法律并不像"欧盟指令"那样限制跨境数据流动。许多国家，如巴西、南非或阿联酋，尽管没有总体性的隐私或数据保护法律，但都在《宪法》中确认了隐私权，而且这些国家和印度、日本以及沙特阿拉伯等其他国家普遍都有消费者保护、电信、网络安全或信息技术方面的具体法律，这些法律含有具体的隐私和（或）数据保护规定。

但问题随之而来：当前拼凑起来的各种监管规则适合云环境吗？答案是否定的。隐私和数据保护方面的国家监管是二三十年前引入的。更重要的是，无论是通过社交网络或电子邮件提供给个人，或者提供给任何规模的企业或提供给政府部门，云服务在本质上都具有全球性，而且技术正在沿着更加深入的国际扩张之路迅速发展。在这一背景下，限制国际数据流动以保护隐私权利不再是一项有效或者高效的工具。

## 第三节　简要评析

### 一、在竞争环境中灵活应对

在这样一个过渡时代，政策制定者和监管机构需要认真考虑制定的法律和监管框架是否能够有效应对不断变化的ICT格局，确保采取非歧视性政策并确保网络和服务提供商提供信息的透明度。跨国特征已成为现代宽带网络服务的重点，增强跨境、区域和国际合作是互联网接入中获益的关键。监管机构采用适当的监管工具来应对新市场行为和不断增强的消费者保护需求愈发关键。监管机构在考虑这些问题时，需要高度关注国际环境。移动互联网的崛起已经迫使人们寻找新的应用频谱。这可以在区域宽带计划的制定过程中得以实现。在固定网络方面，政策制定者和监管机构正面临着如何改善互联网资源接入，也就是增加跨国服务连接并降低成本的问题，以及如何确保在平衡用户、网络运营商和内容（服务）提供商需求基础上的公平和有效。

## 二、不断变幻的信息通信市场将继续影响网络中立性争论

固网和移动运营商面对投资成本的不断增加，将寻求实现更加合理的业务和收入分享模式。因而，内容（服务）提供商也采取各种相应措施保护自身利益，如采用内容传递网络（CDN），或通过建设或并购方式拥有自己的网络，以降低对公网的依赖。为此，监管模式和业务模式都需要进行调整，以确保能够鼓励对先进网络和服务进行投资。关于接入监管模式的争论仍在持续，其中，网络中立性管理倡导者呼吁对接入网和回传网都进行更大规模的投资和升级。同样，有人建议采取新业务模式，进行必要投资以服务于对带宽需求高的内容和应用。这包括向服务提供商收费以进行优先排序（为"延迟敏感型"服务提供更快速度或更高服务质量）以及向最终用户提供有保障的网络容量和服务质量。

## 三、确保频率能够被长期有效、有价值地使用

实施频谱规划的一个重要原因是确保可以及时颁发许可，同时确保频率能够被长期有效、有价值地使用。为满足这些目标，政策制定者和监管机构已经开始制定市场化政策，如拍卖、灵活使用、同频段内升级、频谱共用和频谱交易，以补充或取代繁琐低效的流程。此外，监管机构已采取了各种措施，确保服务得到广泛部署，频谱得到有效利用，并确保能够鼓励竞争。

巨大的变化出现在移动宽带领域，随之而来的频谱政策转变在范围上将具有国际性。因此，政府应尽最大可能在适当的国际和区域范围内设定它们的国内频谱政策和规划，这必须通过国际间协调才能实现。

在国际层面，国际电联提供了一个公共平台，其所有成员国都能参与划分频谱的工作，并制定最大限度协调使用频谱资源的标准和计划。国际电联在促进世界各区域间协调方面发挥着关键作用，同时确保服务能够彼此共存，实现干扰最小化。区域层面的接触对于确保频谱得到最有效利用也是至关重要的。区域组织是制定促进邻国间协调政策的重要平台。此外，世界无线电通信大会（WRC）和无线电通信全会（RA）的区域筹备工作为许多国家提供了在频谱有效使用方面保持同步发展态势的一种便捷方式。区域机构举办的一系列筹备会议也使周边国家有机会就边界问题开展对话，共享相似的经验并促进协调。这些机会也为国家频谱规划及相关预测的不断更新创造了环境。

## 四、政策制定者和监管机构一直在尝试通过各种不同方法来降低费率

首先，一直高度重视通过税收和互连政策来直接降低批发和零售层面的费率。考虑到影响移动漫游价格的主要成本因素是批发费率，更长远的解决办法是找到方法来降低该费率，同时确保批发价格的降低能传递到零售市场。其次，确保消费者充分知情，并在漫游费率和限制性规定等方面提高透明度。虽然提高对消费者的透明度措施对于降低国际移动漫游业务费率可能只有较小影响，但这些措施可以帮助消费者避免"骇人账单"，并可为用户尝试其他选择提供信息和动机。其三，从长远来看，要解决国际移动漫游费的问题，必须创造有效竞争的条件。如 VoIP 之类新技术的引进，可能会带来国际移动漫游业务市场的结构性变化以促进竞争，但可能需要有利的政策或修改法律（法规），以使这些技术能够为用户所用。

## 五、政策制定者和监管机构在解决跨国互连问题时面临诸多挑战

特别是发展中国家，为了支持宽带的普及和应用，在促进互联网设施的发展方面将面临各种挑战。各区域和各国的互联网资源及发展机遇大不相同。这些差异一部分源于地理位置、距离和规模的不同，同时也与各国的竞争环境以及各国选择的自由化进程密切相关。积极有效协调这些因素对于新兴市场中互联网的成功发展具有重要的作用。

## 六、政策制定者和监管机构应具备"云意识"的政策框架

他们更需要着眼未来，尤其要重视开展跨境合作的根本作用和重要性。目前，在区域和全球层面采取了一些措施，制定了有关云环境中隐私和数据保护的更具连贯性的政策，包括《马德里决议》，也包括国际电联和国际商会在内的国际组织所制定的一些规则。在这一过程中要特别关注发展中国家的要求，在兼顾继续建设基础设施的同时，制定适当的法律和制度框架和保障措施来保护隐私和数据。

# 第二十二章 MOOC（慕课）发展动态

## 第一节 研究背景

　　MOOC（慕课）是为了增强知识传播而由具有分享和协作精神的个人组织发布的大规模网络开放课程。就字面来理解，MOOC 具有以下几个特点：一是规模化，每门课程的学习者以万计；二是开放化，尊崇创用 Creative Commons 协议；三是网络化，不是面对面的课程，而是通过互联网进行授课、作业、考核等。当今，网络化、数字化教育与终身学习理念不断融合，信息技术的创新应用不断影响着教育理念、模式和走向，推动优质教育资源均衡配置和开放共享。世界主要国家纷纷通过网络在线教育的方式扩展教育领域，提高全民的教育程度。

## 第二节 具体内容

### 一、全球MOOC发展现状

　　最早的 MOOC 实践及其概念的提出始于 2008 年。当年，加拿大阿萨巴斯卡大学两位学者设计和推出一门名叫《连通主义与连通知识》的课程，这门课程有25 名来自曼尼托巴大学的付费学生，还有 2300 多位来自世界各地的免费学生在线学习这门课程。与此同时，为了总结这种课程结构，加拿大的另两名学者 Dave Cormier 与 Bryan Alexander 提出了 MOOC 这个概念。2011 年秋 MOOC 获得了突破性发展,斯坦福大学两位教授 Sebastian Thrun 与 Peter Norvig 联合开出的一门《人工智能导论》的免费课程，当时全球有 16 万人注册学习这门课程，这是全球第一个真正意义上的 MOOC。之后，斯坦福大学创建了 Udacity、Coursera、NovoED 三家商业 MOOC 公司；麻省理工学院（MIT）和哈佛大学也紧随其后，分别在 2012 年创立了非营利的 MOOC: MITx 和 edX。因此，2012 年被美国《纽约时报》誉为"MOOC 元年"。

盖洛普（Gallup）民意调查结果显示，美国民众对大学在线教育的支持率呈上升趋势，已由 2011 年的 30% 上升为 2014 年的 37%。英国文化委员会首次尝试在英国首个慕课平台——"未来学习"（Future Learn）上开设免费英语课程，吸引了来自全球 178 个国家的学生注册该英语课程。德国大型在线教学平台 iversity 于 2014 年 10 月中旬开设第一批慕课课程，课程种类包括医学、计算机技术、工商管理、物理、法律、设计原理等多个学科。同时，世界各国注重新一代信息技术创新教学方式，加快从以教为中心向以学为中心转变，从知识传授为主向能力培养为主转变，从课堂学习为主向实践应用和创作等多种学习方式转变。美国所有的大中小学已经开设了 3D 打印课程，对青少年进行 3D 打印创新意识、技术手段的培养。美国计划到 2016 年在 1000 所美国中小学校引入"创客空间"，配备开源硬件、3D 打印机和激光切割机等数字开发和制造工具。英国开放大学在 SecondLife（基于互联网的三维虚拟世界）中开展教学工作，教师与学生在虚拟世界进行实时互动和交流。

迄今，MOOC 的其教学模式已基本成型：一是有系统的教材和课程结构；二是课程持续时向与通常大学教育一样，学生须在截止日期之前注册课程才有资格进行学习；三是授课不仅有教学视频，而且还配合平台作业、测验和讨论等；四是具有丰富的教学资源，不仅是教授讲课，还融合多媒体资料让学生更加立体地掌握知识；五是与全球顶级高校合作关系，如 Coursera 与斯坦福大学、普林斯顿大学、密歇根大学、宾夕法尼亚大学等的合作，edX 和 MIT 和哈佛大学的紧密关系等等；六是具备学生学习评价体系，学生通过在 MOOC 平台完成学习可以拿到平台和合作大学提供的一种专属证书，甚至正式学分。

总体来说，这几年 MOOC 的发展一直势头不减，仅 2014 年 2 月至 4 月，全球 MOOC 就从 1533 个发展到了 2230 个，其中 510 个在欧洲地区，仅西班牙就拥有 198 个；其余分布在欧洲以外地区的 MOOC 几乎都在美国，超过一千多个。从语种来看，阿拉伯语和汉语的 MOOC 增长速度最快，按课程种类，科学技术类 MOOC 课程最多，其次是社会科学、应用科学和商学。参加 MOOC 的男女比例基本为 2:1，平均年龄 28 岁，65% 拥有学士以上学位，73% 有全职工作业余参加 MOOC。

## 二、欧美MOOC发展动态

### （一）美国是全球 MOOC 集中度最高的国家

美国的 Coursera、Udacity 和 edX 三大机构是目前市场上最主要的 MOOC 提供者。

#### 1.Coursera

2011 年，斯坦福大学教授创立 Coursera，Coursera 目前拥有 20 个科目的 204 门课程，包括计算机科学、数学、商务、人文、社会科学、医学、工程学和教育等。很多美国的常青藤大学以及杜克大学、约翰霍普金斯大学、莱斯大学、加州理工大学、伊利诺伊大学厄巴纳分校、伯克利音乐学院等纷纷加入了 Coursera 的阵营。

#### 2.Udacity

Udacity 也是由斯坦福大学教授创办的盈利性网站，主要覆盖计算机科学、数学、物理、商务等领域的 18 门课程。包含多个单元，每个单元又包含多个知识模块，每个知识模块都有对应的练习、可以打印的、非常详细的课堂笔记。

#### 3. Edx

Edx 是由 MIT 和哈佛大学联合推出的非盈利性在线教育平台，加盟学校包括伯克利、德克萨斯大学等。该平台向全球免费提供知名高校的优质课程，同时通过课堂 / 在线混合模式重构校园教育。平台包括在线教学、采取分段式观看教学视频、阶段网上社区讨论、虚拟实验室等功能。Edx 目前主要覆盖化学、计算机科学、电子、公共医疗等多个领域的 30 多门课程。

### （二）欧洲 MOOC 发展迅速特色明显

根据 EU Open Education 统计，2013 年 9 月底欧洲拥有 276 个 MOOC，仅仅过了一个月，到 10 月底已经发展到了 345 个，在全球 MOOC 中约占 30%，其中，西班牙最多，达 94 个，其次是英国和德国，分别有 65 个和 59 个。事实上全球大约 1/3 的 MOOC 都包含欧洲的高等教育机构，这些教育机构或是参与美国的 MOOC 平台，或是参与欧洲大学自建 MOOC，如英国开放大学的 MOOC 平台 FutureLeam，西班牙的一些大学合作创立 Miriada X 平台等。还有就是请商业公司和基金资助的 MOOC 公司，如前诺基亚资深团队创建的 CBTec 公司在芬兰设立了 Eliademy，法国 T616 com 自己推出的 MOOC 平台等。

由于欧洲地缘复杂，具有多元语言和文化特色，以及低市场化导向的高等教育模式，因此欧洲的 MOOC 发展与美国显著不同。而这种不同的代表就是欧洲的"大规模开放在线课程"计划，其门户网站 www.OpenupEd.eu（以下简称 OpenupEd）。首先，它是第一个泛欧洲的多机构合作的统一 MOOC 平台。合作伙伴来自欧洲 11 个国家。第二，OpenupEd 体现了欧洲 MOOC 发展的政府背景，OpenupEd 得到了欧盟的支持，总部设在法国，具体由欧洲远程教学大学协会负责管理实施。此外，法国的 MOOC 平台 FUN，意大利的 MOOC 也都是由政府在主导。第三，OpenupEd 体现了文化的多元性，OpenupEd 公开课涵盖了 12 种语言，包括阿拉伯语、波兰语、斯洛伐克语、希伯来语等等，许多课程还支持两三种语言。第四，OpenupEd 涉及多种主题，从经济学到数学，从电子商务到信息技术，从文化遗产到气候变化，从企业责任到国际关系，从心理学到社会学，以及从语言学习到小说创作等等，涵盖范围十分广泛。还有 professional education。

OpenupEd 还有一个显著特征是建立一套认证体系——"OpenupEd 标签"。OpenupEd 标签是在机构和课程两个层面作为课程准入/审查程序的基本准则，加入 MOOC 必须经过审查并出具证明才能被授予 OpenupEd 标签，OpenupEd 的合作机构的 MOOC 在加入时也会进行 OpenupEd 的审核程序，而且，OpenupEd 标签会定期更新。

OpenupEd 有明确的运营模式：一是，可以利用 OpenupEd 标签和 OpenupEd MOOC 标签，开展 OpenupEd 品牌营销。二是，强化 MOOC 的可见性和营销力度，在 OpenupEd 网站门户上展示所有 MOOC，参与者作为 OpenupE 合作者得到相关资讯。三是，可以在 OpenupEd 框架内进行 MOOC 开发，并支持所有机构的评估和监测工作。这样的模式将有利于 OpenupEd 的参与者的持续发展和盈利前景。

### （三）其他部分知名 MOOC 各有特点

1.Udemy（https://www.udemy.com/）

目前，Udemy 提供 5000 多门课程，涉及各个学科；注册学生数超过 50 万；任何个人或组织都可以在 Udemy 平台上开设课程。Udemy 一直不断地吸纳各行各业专家在该平台上教学。Udemy 的 Teach2013 计划，旨在鼓励工业界的专家和领袖创建自己的课程并开展教学。Udemy 中收费的约 1500 门，平均每个学生学习一门课程需要缴纳 20—200 美元的费用，课程费用由教师决定，课程证书通常以主讲教师个人的名义颁发给考核过关的学生。

2.P2PU（https://p2pu.org/en/）

P2PU 由 Hewlett 基金利 nuIUeworth 基金提供经费支持创建。理念主要有开放、社区以及同伴学习（Peer Leaming）。内容包括麻省理工学院开放课件的内容、OpenStudy 的社区、Codecademy 的练习。虽然，P2PU 所有课程都是免费的，但不提供学分认证。P2PU 是基于社区的评价、反馈以及在此基础上的修订课程以改进质量。

# 第三节　简要评析

## 一、多方因素促成MOOC在短时间内快速发展

### （一）平台供应商为 MOOC 发展注入活力

专业化 MOOC 平台供应商的不断涌现，降低了研究机构 MOOC 课程的门槛和经费投入，如 Google 推出的 MOOC 开源制作工具 Course Builder，使得普通老师自己制作 MOOC 课程成为可能。Instructure 公司的 Canvas 学习管理系统，斯坦福大学新推出的 Class2go 整合了 YouTube、Facebook 等互联网应用来播放教学视频、扩展在线学习空间。

### （二）众多高校积极促进 MOOC 快速成长

Coursera 得到众多高校的追捧，包括加州理工学院、宾夕法尼亚大学、哥伦比亚大学等 62 所知名大学，有超过 200 万的注册学员。麻省理工学院和哈佛大学推出 edX 的免费在线课程技术后，收到包括伯克利大学在内 120 多所院校的加入意愿。在英国，远程教育提供商 FutureLeam 公司吸引了伯明翰大学、布里斯托大学等 11 所大学。

### （三）MOOC 的发展得到不同投资方的支持

KPCB、GreylockPartners、Charles River Ventures 等国际著名风险投资公司均投入多笔资金用于 MOOC 平台研发、业务拓展以及这类新型网络教育方式的研究。比尔和梅林达·盖茨基金会支持麻省理工学院开发建立全新的计算机类课程在线

学习模型，支持 MOOC 课程学生网上学习的数据。

### （四）MOOC 课程学分证书逐渐受到高校认可

2012 年，美国教育理事会同意评审 Coursera 的几门课程。2013 年 MOOC 在 2012 年蓬勃发展的基础上又呈现新的特点，首先是 MOOC 课程开始与学位挂钩。2013 年 1 月 23 日，美国高等教育联盟发起"与学位挂钩的大规模在线公开课"计划（MOOC2Degree）。美国 40 所公立大学计划将学校的所有课程搬上网，让学生不必经过测试，就可听课，以攻读学位。科罗拉多州立大学全球校区允许其学生在完成了 Udacity 提供的计算机科学引论课程的学习后获得学会，使 Udacity 成为首个在线课程学分与大学学分挂钩的平台。其次是公司开始利用 MOOC 为现有或潜在客户免费培训成为趋势，如 MongoDB 大学、OpenSAP 和 Udacity 已经与企业合作，提供由 Autodesk、Nvidia 和谷歌专家协助的公共课程。另外，迄今，MOOC 仅采用"邀请"方式为学校和教授提供教学机会，但新的平台如 EdX 和 Google 合作的 MOOC.org，以及 OpenLearning 等将扩大这种机会。

众多有利因素促进了 MOOC 的成长，但是其要保持持续发展，有些隐忧也需要在发展中得以解决，如 MOOC 学分的互相承认，MOOC 商业盈利模式的探索等。

## 二、各著名MOOC运营平台仍在努力寻找可持续的商业盈利渠道

从互联网经济学的角度看，MOOC 领域类似于亚马逊、eBay 和谷歌，都是"内容生产者去往消费者最多的地方，同时消费者选择最多内容的所在地。"但目前 MOOC 并未形成成熟的商业模式，各著名 MOOC 运营平台仍在努力寻找可持续的商业盈利渠道。

Coursera 已经开始向需要结业证书的用户收费，以便他们提供给未来的雇主。而且，如果一些大学希望充实现有的教学内容，Coursera 也开始收费授权允许他们使用 Coursera 中的课程教材。但 Coursera 暂时不打算帮助企业在自己的学员中招募员工，因为每个雇主的需求各异，迎合所有的需求不是"可规模化的模式"。

Udacity 主动与企业联手，将培训企业现有及潜在员工视为自身商业模式的核心。Udacity 与包括谷歌在内的多家公司保持业务合作。此外，Udacity 还联合美国公立大学佐治亚理工学院（GeorgiaTech），与美国移动运营商 AT&T 合作，有权给学员授予佐治亚理工学院的计算机学博士学位。Udacity 将免费提供修学

这个学位的课程教材，但学生要支付约 7000 美元学费。

EdX 则选择了另一条道路，将自身的 MOOC 技术出售给斯坦福大学，双方都能创造自己的 MOOC 内容，大学可以增强现有的教学实力，使现实生活中学习大学课程更有吸引力。

而成立于 2007 年的爱尔兰免费网络课程供应商 Alison 就实现了盈利。Alison 主要提供假期辅导教学，它的不少利润来自出售网站的广告位。

另一类重要的 MOOC 提供者是出版商。如《经济学人》杂志股份的培生出版集团（Pearson），其旗下拥有教科书出版业务，他们可以将提供免费的 MOOC 作为促销手段，以此吸引消费者购买相关付费内容。

除了对盈利性商业模式不确定外，人们还对 MOOC 市场的大小存在分歧。有的人认为这是一场零和游戏，收益甚至负，因为廉价网络课程急剧降低了高等教育的成本，将许多传统学府逼人绝境。另一些人相信利大于弊，因为 MOOC 极大地拓展了人们进入高等教育的渠道，与上述负面影响相比起来会显得微不足道。

# 第二十三章　工业4.0发展动态

## 第一节　研究背景

2013 年 4 月，德国"工业 4.0 工作组"发布《保障德国制造业的未来：关于实施工业 4.0 战略的建议》报告认为，在制造业领域，技术的突破和发展将工业革命分为 4 个阶段。18 世纪末，第一次工业革命始于第一台机械生产设备的诞生；20 世纪初，电力的应用，基于分工的大批量生产迎来了第二次工业革命；20 世纪 70 年代，第三次工业革命伴随着智能联网、自控生产系统孕育而生。目前，物联网和制造业服务化宣告着第四次工业革命——工业 4.0 的到来。

## 第二节　具体内容

### 一、工业4.0是以智能制造为主导的第四次工业革命

当前，全球工业市场正面临着巨大的变革：更新周期缩短、差异不断变大、产品个性化突出，工业 4.0 构建的兼具个性化和数字化的产品与服务生产模式，突破了传统的行业界限，催生出新的活动领域和合作形式，创造新的价值网络，重组产业链分工。从内容来看，工业 4.0 项目主要面向两大主题，一是"智慧工厂"，重点研究智能化生产系统及过程，以及网络化分布式生产设施的实现；二是"智能生产"，主要涉及整个企业的生产物流管理、人机互动以及 3D 技术在工业生产过程中的应用。工业 4.0 和智慧工厂是物联网和互联网服务的一部分，工业 4.0 的框架内没有涉及新技术的引进，而是强调通过网络与信息物理系统的融合来改

变当前的工业生产与服务模式。

## （一）信息物理系统

信息物理系统（cyber physical system，CPS）最早由美国科学家提出，相当于物联网的一种表述。与物联网相比，CPS 最显著的特点是强调物理过程与信息刚的反顶。智慧工厂是从嵌入式系统向 CPS 发展的技术进化。CPS 可提供构建物联网的基础部分，并且与服务网一体化，连接虚拟空间与物理现实世界，体现了嵌入式系统的进一步进化。把 CPS 运用于生产制造，构成信息物理生产系统（CPPS），以 CPPS 为模型构建智慧工厂，为智慧工厂指明了一条现实可行性的途径。

## （二）信息技术

装备制造业离不开信息化的支撑，信息技术促进设计技术的现代化，加工制造的精密化、快速化，自动化技术的柔性化、智能化，实现制造业的服务化。信息技术已渗透进入制造领域各要素和各环节（工业技术、装备、活动、产品等），并打造出了新型工业产品，构筑新的制造模式。装备企业已普遍将信息技术或产品渗透到装备类产品中，增加其技术含量。丰田等汽车厂商将信息技术整合到汽车制造中，生成人机界面，提高汽车生产平台的可操作性。特斯拉运用信息技术对传统汽车产业进行改造升级，在电动汽车中融入了大型中控触摸屏、谷歌引擎、语音输入操控系统、内置无线网络等信息技术元素，同时在生产过程中运用大数据技术提升自动化水平，将信息技术和传统工业产品设计绝妙融合，大幅提高生产效率。

目前，信息技术产业正不断涌现出众多颠覆性的技术创新，云计算、物联网、移动互联网、大数据以及智慧城市代表了新一代信息技术的发展，这些技术的发展驱动产生新的模式和新的业态，突出了制造业服务化的趋势。以云计算为例，其对于制造业的应用优势主要体现在系统的高效性、资源的共享性以及部署的灵活性，越来越多的云应用开始融入制造企业的日常业务，包括在研发信息化、管理信息化、信息技术架构等领域。通用电气（GE）很早就进行制造业服务化的探索和实践，2013 年，通用电气推出第一个大数据与分析平台，该平台为支持工业互联网并把大数据转化为实时信息而开发，将惠及全球航空、医疗、能源生产与分配、交通运输及制造业等主要行业。随着云计算、物联网等技术的日趋成熟，一种面向服务的网络化制造新模式——云制造应运而生。云制造是先进硬件技术以及新兴物联网技术等的交叉融合，其虚拟化、优化调度并协同互联制造业资源包括制造全生命周期活动中的各类制造设备，如机床、加工中心、计算设备及制造过程中的各种模型、数据、软件、领域知识等。

## （三）工业机器人

工业机器人作为人工智能技术的主体，是智能制造的核心部件，可适应敏捷制造、多样化、个性化的需求，应用领域正在不断拓展。随着系统化生产的发展，模糊控制、人工智能等技术进一步应用。随着机器人应用领域的不断扩展、深化及在柔性制造系统（FMS）、计算机集成制造系统（CIMS）中的群体应用，工业机器人高性能化、标准化、智能化、环保化特征越发明显，以适应敏捷制造、多样化、个性化的需求以及多变的非结构环境作业。汽车及汽车零部件制造业、机械加工行业、电子电气行业、橡胶及塑料工业、食品加工、物流等诸多行业已大量使用工业机器人自动化生产线。世界最大的机器人制造公司ABB拥有最先进的机器人生产线，为汽车整车、零部件及其他制造行业提供生产解决方案，公司制造的工业机器人广泛应用在焊接、装配、铸造、密封涂胶、材料处理、包装、喷漆、水切割等领域。

## （四）数控机床

数控机床作为装备制造业的工作母机，是机械加工工艺过程自动化与智能化的基础，可实现机床及机械设备的运动控制与加工过程的自动化、智能化。智能制造通过采用数控机床等智能设备改造升级生产线，以适应个性化定制、虚拟制造、网络化制造、柔性制造、敏捷制造等新型制造模式的要求，推动企业走向"产品＋服务＋管理"，从产品制造商向系统集成和服务商转变。装备制造业的关键领域都需要大批先进的数控机床。汽车工业是高档数控机床第一重要用户，汽车制造需要大量高速、高效、高可靠性的数控机床；航空、航天等高新技术产业的发展需要精密、智能、多坐标联动专用数控机床；机械、纺织、轨道交通等传统产业对高档数控机床、自动化控制系统及仪器仪表的需求日益增加；能源、石油化工、煤化工装置等同样需要大批重型、高效、专用数控机床进行加工制造。数控机床的技术总体发展趋势是向高速、高精、高效、复合化、环保化方向发展，且已进入智能化时代。随着工业机器人在机床上的不断应用，加工中心和与机器人有效结合，提高生产效率和安全性，也是数控机床发展的潮流。

### （五）3D打印

3D打印可以看作传统制造业走向智能化时代的标志之一。制造模式方面，数字化、个性化、分散化的定制生产成为发展潮流。流程方面，直接从计算机图形数据中生成任何形状的零件，降低产品研发创新成本，极大地缩短产品的研制周期。设计方面，传统制造技术和工匠制造的产品形状有限，3D打印机可以开辟巨大的设计空间，制造形状的能力不再受制于所使用的工具。供应链方面，3D打印机可以按需打印，即时生产减少了企业的实物库存，催生专业化创新服务模式，触发新的产品策略和客户关系。

3D打印应用对象覆盖大部分制造行业。在航空航天工业的应用标志性企业如NASA和Piper Aircraft均应用了3D打印。如NASA火星探测车约70个部件均采用数字方式制造，即直接利用计算机设计在生产级的Stratasys 3D打印机的加热腔中制得，能够制造出具有复杂形状的坚固部件，足以经受火星这类非地球条件的严苛考验，而量产部件和传统制造方法则达不到这样的要求。在汽车行业，汽车巨头BMW和Jaguar LandRover以及Minimizer等精密零配件供应商，都发现3D打印是加速汽车设计和制造的最佳方式。Jaguar LandRover在2008年投资购买了Objet Connex500 3D打印机，以拓宽其基于树脂的快速原型制作功能，并帮助缩短开发周期。

## 二、工业4.0拥有巨大的发展潜力

当今世界正面临资源能源利用效率、城镇化和人才结构调整等挑战，工业4.0将正视和解决这些挑战。工业4.0能够将人口结构变动和社会因素考虑在内，并以合适的方式来组织生产，能够持续带来覆盖整个价值网络的资源生产率和效率的增益。工业4.0促使企业权衡投资与节约之间的利弊：智能辅助系统可以把工人从单调、程式化的工作中解放出来，能把精力集中在创新和增值业务上。工业4.0能使生产和交付更加灵活，将引领产业未来发展趋势，并致力于解决世界面临的挑战。在工业4.0中，供应商灵活应对生产中断和故障，使生产和交付变得更加灵活。工业4.0也将催生出新的商业模式。工业4.0还创新企业和中小企业带来发展机会。

## 三、工业4.0需要进一步改进的领域

工业4.0拥有巨大的潜力，据德国电子电气工业协会预测，工业4.0将会使

工业生产效率提高 30%。但工业 4.0 被视为引领产业未来发展趋势的同时，也有认为它还只是一个概念。碍于目前一些技术上的挑战，工业 4.0 在 2020 年后才有可能真正被实现。为了达成工业 4.0 的目标，德国认为其所进行的研究首先必须实现"制造系统的水平和垂直集成"和"工程上端到端的集成"，共有 8 个领域需要进一步改进：1. 标准化和参考架构。工业 4.0 将会涉及网络技术的设计需要一个参照架构来为这些标准提供描述并促进标准的实现。2. 复杂系统的管理。制造系统正在日益复杂，模型可以为这些复杂系统提供管理基础。3. 综合的工业基础宽带设施。宽带网络基础设施需要进一步的、大规模的拓展，这也是工业 4.0 的关键保障。4. 安全和安保。保障设备和产品中包含的信息特别需要被保护，以防止数据滥用或者在未被授权的情况下使用。5. 工作的组织和设计。针对组织工作的社会科技使工作设计和职业生涯的学习将变得尤为必要。6. 培训和持续性的职业发展。7. 规章制度。在工业 4.0 下建立新的制造流程和水平的商业网络架构时必须遵守法律，而将从根本上改变工人们的工作和职业诉求。8. 资源效率。工业 4.0 将会使得从原材料变为产品的过程更加多产和高效。

# 第三节　简要评析

## 一、加强政府、行业协会、企业的合作与互动

德国工业 4.0 核心目标都是巩固和确保各自在全球的领先地位，在推进举措上可谓不遗余力。德国以"官、产、学、研"一体化推进工业 4.0 的落实，工业 4.0 工作组内有政府机构聘请的观察员，有信息技术、电信和新媒体协会（BITKOM），机械设备制造业联合会（VDMA）和电气和电子制造商协会（ZVEI）等制造商协会，还有能够代表德国制造业发展水平的领先企业，如 ABB、巴斯夫、宝马、西门子等以及研究机构和大学。

## 二、定义框架和标准，注重实践和落地

德国工业 4.0 的目标首先是定义架构和标准，然后开发一些最佳实践。如，德国由几大协会共同组建的工业 4.0 平台，其重要使命就是制定工业 4.0 的规范和标准；德国还设立了众多工业 4.0 项目，由德国创新网络、企业、科研机构一起进行研发工作。

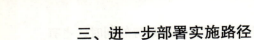

### 三、进一步部署实施路径

在实践路径的选择上还需要包括三方面的集成。装备的横向集成，即实现智慧工厂的物理基础，包括智能装备内部自动化系统的网络化，也包括生产线上装备与装备之间的联网以及生产线和生产线之间、车间和车间之间、工厂和工厂之间的联网。信息的纵向集成，即解决主要设备的互操作性和关键信息的一致性，数据或信息可以自上而下和自下而上有效流动。产品生命周期和企业价值链集成，既要集成装备产品的概念设计、创新研发、生产制造、安装调试、运维升级、报废拆解直至进入再循环的整个生命周期，同时集成产品制造企业的分析需求、获取订单、供应链和制造、物流交付、获取收入、售后服务直至获取新的订单的整个循环体系。

# 第二十四章 工业互联网发展动态

## 第一节 研究背景

2012 年 2 月，通用电气公司（GE）发布《工业互联网：突破智慧与机器的界限》白皮书。报告强调，将工业革命的成果及其带来的机器、机组和物理网络，与近期互联网的成果——智能设备、智能网络和智能决策融合到一起，此种融合就称作"工业互联网"。工业互联网目标是升级关键的工业领域、重构全球工业、激发生产率、提高能效和效率，能够在更深的层面将人、数据和机器连接起来。

## 第二节 具体内容

### 一、工业互联网构筑的新型工业网络模式

#### （一）工业互联网将人、数据和机器三种元素融合

工业互联网的精髓就是人、数据和机器三种元素的融合。1. 智能机器：现实世界中的机器、设备、团队和网络通过先进的传感器、控制器和软件应用程序连接起来。2. 高级分析：使用基于物理的分析法、预测算法等专业知识来理解机器与大型系统的运作方式。3. 工作人员：建立员工之间的实时连接，连接各种工作场所的人员，以支持更为智能的设计、操作、维护以及高质量的服务与安全保障。

在最初阶段，工业互联网为机器嵌入传感器，这方便了海量数据的收集与分析，从而改善机器性能与系统及连接网络的效率。数据本身甚至也会变得"智能化"，能够迅速掌握目标用户位置。如在航空业，工业互联网就蕴藏着无限潜能。

据估算，目前有 2 万架商用飞机，它们配备有 4.3 万台喷气发动机，每台喷气发动机由诸多旋转设备组成，通过嵌入传感器，航空公司能够对飞机上的各项性能指标进行实时监测和分析，并对故障进行预测。

工业互联网最终将人机连接，结合软件和大数据分析，重构全球工业，将为企业与经济体提供新的机遇。伴随着先进的系统监控和信息技术成本的下降，高频率的实时数据为系统操作提供全新视野。大数据在研发、供应链管理、生产、售后服务等环节应用带来的效益整体提升，有助于缩短开发周期、优化装配过程、降低产品开发及装配成本。最终，工业互联网将传统方法与新方法相结合，这样可以利用二者的强大历史和实时数据进行特定行业的高级分析。

### （二）工业互联网将提高各行业效率，激发生产力提升

工业互联网的价值可从三个方面来体现。第一是提高油、气、电等能源的使用效率；第二，提高工业系统与设备的维修和维护效率力；第三，提高运营效率。工业互联网的技术创新将直接应用于各行各业，其涉及的行业领域比传统经济类别更广，随着全球经济继续发展，工业互联网的应用潜力也将不断增长：工业互联网有助于优化重工业的时间安排和货物流向；对于航空客运等商业运输服务业，工业互联网在提高其服务和安全的同时进一步优化其运营和资产；在医疗保健业中，工业互联网的重点从优化货物流向转为优化个人信息流向和业务流程，即在合适的时间将正确的信息传达给合适的人。

GE 的这份白皮书指出，通过部署工业互联网，各行业将实现 1% 的效率提升或 1% 的燃料节省，并带来显著的经济效益。至 2025 年，医疗行业效率提升 1%，可以帮助全球医疗行业节约 630 亿美元；世界铁路网交通运输效率若提高 1%，将节省 270 亿美元能源支出；商用航空领域节省 1% 的燃料意味着能节省 300 亿美元支出；燃气电厂节省 1% 的燃料，将节省 660 亿美元能耗支出。随着工业互联网应用潜力的不断增长，预计将产生 32.3 万亿美元的经济效益。到 2025 年，工业互联网将创造 82 万亿美元的经济价值。

工业互联网促进生产力的提升就意味着收入和生活水平的改善。在美国，如果工业互联网推动生产力每年增长 0.7%—1.5%，有可能使生产力再一次达到网络革命巅峰水平，在接下来的 20 年里，平均收入水平将提高 25%—40%。若其他各国生产力增长水平能有美国的一半左右，工业互联网将为全球 GDP 创造 10 万亿—15 万亿美元价值（按照 2005 年的美元汇率），相当于美国目前的经济总量。

### （三）工业互联网可能创造出新的产品、服务和商业模式

工业互联网重新定义了传统设备制造业，虽然设备销售仍然是商业模式的重要组成部分，但更重要的是依托设备展开的增值服务和创新服务。工业互联网将创造出新的服务、新的产品、新的商业模式。据互联网专业人士分析，工业互联网概念可以分成三层：第一层是基本版。在现有的产品设计、制造、销售、运行、维护体系中引入数据化、互联网、软件分析。第二层是增强版。以高端设备制造商和互联网相连，催生出新的产品、服务和商业模式。第三层是创新版。互联网就是要打破公司、行业和角色界限。GE 已提出了创新型工业互联网概念的理念，即通过平台、网络和数据的开放引入第三方创新者打造全新的服务和商业模式。例如，在医疗诊断实现网络化后，就有可能推出家庭级疾病诊断设备，诊断数据通过网络上传给医生，并通过医患互动做出建议或推荐专门医院和医生进行进一步诊疗，还将引发一个全新的家庭医疗服务行业和医疗保险服务品种的出现。

## 二、通用电气的工业互联网部署

通用电气公司（GE）是全球工业设备制造业的龙头企业，在航空、铁路、能源、医疗等行业的高端关键设备制造方面具有举足轻重的产业地位。通过推行工业互联网，GE 希望将人、数据和机器进行连接，帮助客户提高效率并节省成本，并对工业互联网进行了多方部署和实践。

2011 年，GE 组建了 GE 全球软件和分析中心，并将该中心的位置选在美国信息科技的重镇——硅谷。GE 全球软件中心最根本任务是为客户提供新的技术服务，针对新兴业务模式提供新的服务产品与支持。2012 年 12 月，GE 航空和埃森哲成立名为 Taleris 的全新合资公司，将为全球各地的航空公司和航空货运公司提供服务，通过利用飞机性能数据、故障预测、恢复和规划，来提高飞机的飞行效率。2012 年，GE 推出 9 项全新工业互联网服务技术，包括智能运营服务、铁路网络优化解决方案、智慧电网解决方案兼服务（SaaS）、医院运营管理（HOM）系统、节油减排解决方案、实时智能运营（Rt01）软件、灵活能效优化产品、剂量管控产品和海底综合管理技术。GE 工业互联网的应用已经初显成效。自 2012 年 11 月 GE 发布 9 个工业互联网产品以来，至 2013 年 10 月这些产品带来的销售收入就已经达到 2.9 亿美元，订单 4 亿美元。GE 公司的设备目前拥有高达 1600 亿美元的服务合同，工业互联网产品的应用将为公司平均每台设备带

来 30% 的销售额增长，软件的销售额每年将增长 15%。成功运用工业互联网案例的也有不少：英国圣·卢克医疗中心使用 GE 公司提供的软件分析病人和设备数据后，病床转换腾位时间缩短了 51 分钟；巴西戈尔航空公司用 GE 公司的软件跟踪和分析飞行路线和油耗，预计提升的飞机运转效率在未来 5 年将节约成本 9000 万美元。

2013 年 6 月，GE 推出第一个支持工业互联 Pcg 战略的大数据与分析平台。该平台由 ProficyHistorianHD 最新版提供支持（第一个基于 Hadoop 的历史数据管理软件），Historian 在一个安全而封闭的架构中提供实时数据管理、分析以及机器与运营的连接，让全球重要行业从被动的"工业运营"模式转向"预测模式"。基于平台，GE 和合作伙伴将通过整合服务及提升软件、分析及云计算能力，将云计算中由大型工业机器产生的数据转化为买时信息，可惠及制造、航空、医疗、能源及交通运输等全球主要行业。

2013 年 10 月，GE 推出 24 种工业互联网应用产品，并宣布 2014 年公司开发的 Predix 新软件平台将开放给第三方用户和软件商，使 Prefix 平台与软件开发商和解决方案提供商的产品实现对接，还宣布与 AT＆T、思科和英特尔扩大合作关系，保证在任何时间、任何地点都能够获得并管理数据。2014 年 3 月，GE 与 AT＆T、思科、IBM 和英特尔一起宣布成立工业互联网联盟（IIC），以期打破技术壁垒，通过促进物理世界和数字世界的融合，为更好地访问大数据提供支持。

## 第三节　简要评析

### 一、工业互联网普惠效果日益体现

伴随全球一体化不断深化，技术转让迅速发展，工业互联网的益处将惠及全球。实际上，随着新兴市场大力投资基础设施，尽早采用并快速部署工业互联网技术将成为发展的强劲助推器。新兴市场国家或许不需要沿袭发达国家曾经走过的道路。例如，无线技术将替代电缆或有线技术；私有、半公共或公共云系统将替代各个孤立系统。这一切都有助于弥补发达国家与发展中国家生产力之间的鸿沟。在该进程中，工业互联网将缓解资源与资金压力，令全球经济社会发展更具有可持续性。

## 二、工业互联网应用潜力不断增长

工业互联网的应用潜力随着全球经济继续发展也将不断增长。到 2025 年，工业互联网将创造 82 万亿美元的经济价值（约为全球经济总量的二分之一）。工业互联网效率增长 1%，将产生巨大影响。例如，在商用航空领域，每节省 1% 的燃料意味着将来 15 年中能节省 300 亿美元支出。同样，若全球燃气电厂运作相率提升 1%，将节省 660 亿美元能耗支出。此外，工业互联网能提高医疗保健流程效率，有益于该行业的发展。医疗保健行业效率每增长一个百分点，将节省 630 亿美元。世界铁路网交通运输效率，若提高一个百分点，将节省 270 亿美元能源支出。

# 展 望 篇

# 第二十五章　2015年世界信息化面临形势

## 第一节　信息化正步入加速创新的新阶段

信息化与全球化相互交织，推动着资本、信息、人才在全球范围内加速流动，研发设计、生产制造、业务重组等资源配置的全球体系加速演进，产业创新模式加速向高效共享和协同转变。信息技术产业边界日益交融，新型商务模式和服务经济加速兴起，衍生和催生着新的业态。电子商务、现代物流、软件和服务外包为代表的新型生产性服务业迅猛发展。网络出版、在线游戏、数字音乐、手机媒体等数字内容产业快速成长，新型显示器件、数字视听、半导体照明、汽车电子、电力电子等新兴产业群加速形成。信息技术加快向传统产业渗透，互联网的价值发现、聚合资源、互动创新作用，推动产业链垂直整合、制造业服务化转型和企业跨界发展，生产设备智能化、生产方式柔性化、生产组织灵巧化重构产业价值链，使得产业附加值的知识和信息含量不断提升，推动了规模经济向知识经济的延伸发展，加速了传统产业向高端制造和现代服务业转变。

## 第二节　信息通信技术正酝酿新一轮重大突破

当前，"融合、创新、变革"已成为信息技术和产业发展的主旋律。以互联网持续创新和信息化深入应用为引领，信息技术不断突破原有技术架构和发展模式，从感知、传输、计算到信息处理的各主要环节均进入代际跃迁的关键时期，信息技术正在步入体系化创新和群体性突破的新阶段，并与能源、材料、生物、制造、空间技术交叉融合，推动颠覆性产业变革和国际格局的重塑。随着泛在获取、高速传输、海量存储、数据挖掘和知识共享等需求的相互叠加与促进，集成电路、基础软件、计算机、通信网络、互联网应用、信息处理等核心技术不断取得突破，原有技术架构和发展模式不断被打破，开始步入代际跃迁的关键时期。当前，集成电路正在步入"后摩尔时期"，石墨烯等新型信息功能材料、器件和工艺加速发展；软件技术进入"云时代"，以精细化、平台化、服务化、个性化、云化为特征的新一代软件与行业需求深入结合；计算机整机进入"后 PC 时代"，"Wintel"平台正在瓦解，以 ARM+Android 为主的多开放平台和技术产业新格局加速形成；数据网络正在步入"后 IP 时代"，发展安全可信、宽带融合、高效扩展的未来网络正成为网络科学家的努力方向；移动通信全面步入 4G，并正在开启 5G 新时代，为移动互联网发展带来新机遇；互联网应用技术进入"后 WEB"时代，以 HTML5 和 HTTP2 为核心的新一代 Web 技术将推动互联网应用的变革；云计算、大数据与物联网、移动互联网深度融合，共同推动信息处理方法以及应用模式的根本性变革。

## 第三节　世界各国力争抓住信息技术创新应用带来的新机遇

信息技术的广泛应用和深度融合，信息产业的巨大带动性和广泛渗透性，以及信息基础设施的基础性和关键载体地位，决定了信息技术产业在促进经济发展、转变发展方式、促进社会就业等方面的重要作用，信息技术和产业的自主可控决定了国家综合竞争力和发展主动权，构建信息优势成为"后危机时代"国际竞争的战略制高点。发达国家已开始实施新一轮的 IT 计划，不仅着眼于恢复经济，更强调提升经济长期竞争力，并将其作为应对金融危机和抢占未来发展制高点的重大战略，力图继续保持长期积累的领先优势和主导地位。发达国家依托龙头企业的技术优势和主导的技术产业生态体系，加速技术的跨界融合和垂直整合，积极推进信息技术的系统性和体系化创新，着力推动单点技术优势向体系化技术优势的转化、单一产品优势向产业体系优势的转化，打造国际先进的信息网络、计算、信息安全等核心技术体系，并推动缔结类似于 Wintel 的技术产业联盟，构建新型产业格局，推动集成电路、基础软件、关键器件等薄弱领域的整体突破。发展中国家也积极争抢信息通信技术创新和应用的新机遇，实现信息时代"硬实力"

与"巧实力"的国家战略组合，加快构建国家战略新优势。

## 第四节　信息化成为持续促进全球经济社会转型发展的重要驱动力

当前，实体经济与虚拟经济相结合，物质生产与服务供应、知识管理相结合，硬件制造与软件开发相结合，产业边界不断拓展，传统农业、工业和服务业的生产方式和组织形式发生了深刻的变革，新型业态层出不穷，信息化不断创造出新的增长点，经济增长质量的效益得到极大的提高。ICT 产业是全球经济最强劲的增长驱动力。所有的国家都已经认识到 ICT 产业能提升国家的竞争力和创新能力，无论是美国、欧盟，还是亚洲、非洲国家，都已发布了 ICT 产业创新战略，旨在

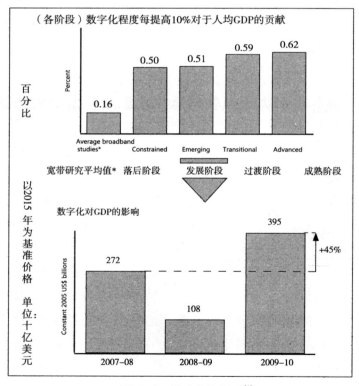

图25-1　数字化和GDP[1]

---

[1] 资料来源：数据源自美国环球通视有限公司以及电信咨询服务公司，由博斯公司分析。
＊宽带研究平均值根据世界经合组织、德国、拉丁美洲、巴西、智利和马来西亚数据平均所得。

使其成为未来经济增长的"推动者"。世界经济论坛通过研究发现，数字化程度每提高 10%，会使人均 GDP 出现 0.5%—0.62% 的涨幅。而过去主要集中于宽带普及率的研究则表明：宽带普及率每上涨 10%，仅能促进人均 GDP 提高 0.16%—0.25%。因此，数字化对于 GDP 的影响是宽带普及对其影响的两倍以上。除此之外，当国家过渡到更高级的阶段时，数字化的经济影响也会增强。经济体数字化处于落后阶段时，数字化程度每增长 10%，则人均 GDP 增长 0.5%；经济体数字化处于成熟阶段时，数字化程度每增长 10%，则人均 GDP 增长 0.62%（见图 25-1）。

## 第五节　网络空间治理普遍受到各国重视

随着互联网融入到人们社会生活的各个领域，包括政府、国际组织、民间团体、商业机构等在内的利益相关方越来越多关注国际互联网治理，国际互联网治理成为全球议题。发达国家不断强化多利益相关方原则在技术标准、关键资源等方面的作用，从而建立事实标准和原则，在互联网相关的应用领域明确规则，推动基于互联网的应用和行为达成一致规范，纷纷占有与互联网有关的资源，占领治理规则制定等制高点，努力提升各自在国际互联网领域的掌控能力。"网络治理权不应只限于政府，网络治理的参与者应该包括所有具有资质的利益攸关者"[1]。从目前 ICCAN 国际化的进程看，国家、政府、非政府组织参与的国际互联网治理已经成为必然之势，"网络空间国际行为规范"得到了有关各方的普遍关注，已经成为网络空间国际治理架构形成的核心内容。各国采取多种形式，从互联网内容、文化、技术、管理到应用、服务等不同层面积极推进国际合作，增进相互间的了解，宣传推广符合自身利益和政治文化背景的理念与规范，促进国与国之间，地区与地区之间，互联网社群与社群之间的交流合作，有效推动互联网环境下的信息共享与联合行动。"本着相互尊重和相互信任的原则，通过积极有效地国际合作，共同构建和平、安全、开放、合作的网络空间，建立多边、民主、透明的国际互联网治理体系"[2] 是符合当前全世界大多数，特别是发展中国家的共同利益和诉求。

---

[1]　美国：《网络空间国际战略》。
[2]　习近平：《弘扬传统友好　共谱合作新篇》，2014年7月。

# 第二十六章　2015年世界信息化发展趋势

## 第一节　网络空间主导权正成为大国博弈的战略焦点

网络空间被越来越多的国家视为陆、海、空、天之外的具有鲜明主权特征的"第五空间"。今后，政治、外交、军事、文化与信息技术、信息资源、产业将进行深度战略整合，经济科技发展和综合国力竞争制高点的关键在于抢占网络空间主导权。俄罗斯、中国等在第66届联合国代表大会上提出的维护网络空间的信息主权、反对信息霸权成为双边多边关系中重要的议题之一。"网络治理权不应只限于政府，网络治理的参与者应该包括所有具有资质的利益攸关者"[1]。各国将继续在本国政治体系下完善组建并完善网络领导和高层协调体系，以加强对于网络与信息安全的统筹。

## 第二节　互联网应用热点从消费领域转向生产领域

在互联网消费愈演愈烈的今天，生产型互联网逐渐步入人们的视野。电子商务、社交网络、搜索引擎等消费互联网行业正由爆发式增长向稳定增长阶段转变。与此同时，个性化定制、按需制造、众包众设、异地协同设计等一批生产型互联网应用新模式不断涌现。根据波士顿咨询公司（BCG）2012年1月发布报告《数字宣言：企业和国家如何在数字经济中获胜》（The Connected World The Digital Manifesto: How Companies and Countires Can Win in the Digtial Economy），2016年

---

[1]　美国：《网络空间国际战略》。

G20 的互联网经济将达 4.2 万亿美元，未来五年发展中国家的互联网经济将平均以 17.8% 的速度增长，远超过其他任何一个传统产业。

## 第三节　基础设施和信息资源成为网络信息安全保护重点

随着信息化日新月异的发展，信息安全越来越受到各国政府的重视。信息化在政治、经济、文化、军事、社会等领域广泛应用涉及大量的硬件与软件、涉密或敏感信息。同时，高科技实施侵入、干扰、窃取和破坏使用的手段不断推陈出新。预计未来几年，各国（地区）在加强信息安全建设方面将更加注重安全评估、完善标准化建设、加大投资力度。美国已将保护网络基础设施作为维护美国国家安全的第一要务。为了进一步完善信息安全保障体系，各国势必更加重视信息安全问题。网络安全监测和评估将成为一种普遍做法。各国在加强网络实时监测的同时，还将采取定期或不定期评估的办法，全面评估网络安全中存在的问题，制定整改办法。

## 第四节　智能物流将成为跨区域经济体的发展重点

在世界各地，今后将聚焦重点在以现代信息网络、信息技术和信息平台为基础的智能物流，形成集商贸服务、集成服务、金融服务及各类现代服务为一体的长距离、大容量、广覆盖、高效率战略性物流网络体系。世界银行 2014 年 3 月发布《物流绩效指数》报告指出，高收入国家占据世界排名前 10，德国整体物流绩效在世界排名中高居榜首，与其物流业信息化水平较高不无关系。大数据、云计算、物联网等新技术在给物流企业带来挑战的同时，也带来了机遇。IBM 全球企业咨询服务部专家提出，智慧物流将成为信息化物流的下一站。智慧物流包括三个概念：感知、互联和数据挖掘。通过利用云计算、物联网、优化和智能分析以及移动技术等先进手段，传统的供应链企业有望转型升级，并创造出新的商业模式。

## 第五节　智慧城市建设更加聚焦民生服务

随着云计算、物联网、大数据、移动互联网等新一代信息技术的创新发展和应用，传统的教育、医疗、社会保障、生活服务等公共服务方式加快数字化、网络化转型。逐步优化人们学习、工作和生活环境，满足居民个性化需求的在线教育、远程医疗、智慧社区等新型服务方式加速形成。城乡的数字鸿沟在面向基层、覆盖城乡、功能完善、布局合理的公共服务体系、普遍服务机制建设下逐步缩小，推动基本公共服务均等化，促进形成公平、和谐的社会氛围。例如，德国弗里德里希哈芬市将实施"远程诊疗"项目，患者定期将血压、体重等监控数据从家里传到医院的远程医疗中心，仅仅通过利用互联网、手机等 ICT 手段。英国在格洛斯特建立"智能屋"以通讯网络为载体以电脑终端为核心的在线监测，可以为老年人提供在线实时健康检测，并将测量结果自动传输给社区医生。伦敦"贝丁顿零化石能源发展"生态社区综合使用太阳能、风能、生物质能等可再生能源，实现建筑隔热、智能供热、天然采光等设计，可节约 81% 的供热能耗以及 45% 的电力消耗。

## 第六节　智能制造成为未来制造业发展的必然趋势

随着新一代网络信息技术的推广应用，世界各国工业、农业、服务业等传统行业与互联网技术加速融合，不断向智能化方向发展。集成电路、人工智能、移动互联、大数据、新型传感器、3D 打印等新技术的持续演进，推动着制造业产品、装备、服务的智能化，形成新型生产组织方式和产业形态。无人驾驶汽车、无人飞机、数控机床、智能机器人、智慧家庭、可穿戴设备等高度智能化产品的商业化步伐不断加快，麦肯锡、思科等认为未来 10 年万物物联（IOE）带来的商业价值将达到 19 万亿美元，连接到互联网的设备数量将从目前的百亿级增加到千亿级。智能装备呈现集成化、高端化、无人化趋势，制造装备正从智能制造单元、智能车间向智能工厂演进，基于信息物理生产系统（CPS）的智能工厂和智能制造模式正在引领制造方式的变革。服务智能化推动企业生产从以传统的产品制造为核心转向提供具有丰富内涵的产品和服务，直至为顾客提供整体解决方案。全球研发设计、生产制造、服务交易等资源配置体系加速重组，网络众包、异地协同设计、大规模个性化定制、精准供应链管理等正在构建企业新竞争优势。当前，美国提出"工业互联网"战略、德国提出"工业 4.0"战略，主要意图就是抢占智能制造这一未来产业竞争制高点。越来越多的事实表明，智能制造正以前所未有的广度和深度，加快推进制造业生产方式和发展模式的深刻变革。

# 附　录

# 附录一：2014年世界经济论坛网络化准备指数

| 2014年排名 | 国家和地区 | 指数 | 2013年排名 | 2014年排名 | 国家和地区 | 指数 | 2013年排名 |
|---|---|---|---|---|---|---|---|
| 1 | 芬兰 | 6.04 | 1 | 75 | 罗马尼亚 | 3.95 | 75 |
| 2 | 新加坡 | 5.97 | 2 | 76 | 斯里兰卡 | 3.94 | 69 |
| 3 | 瑞典 | 5.93 | 3 | 77 | 摩尔多瓦 | 3.89 | 77 |
| 4 | 荷兰 | 5.79 | 4 | 78 | 菲律宾 | 3.89 | 86 |
| 5 | 挪威 | 5.70 | 5 | 79 | 墨西哥 | 3.89 | 63 |
| 6 | 瑞士 | 5.62 | 6 | 80 | 塞尔维亚 | 3.88 | 87 |
| 7 | 美国 | 5.61 | 9 | 81 | 乌克兰 | 3.87 | 73 |
| 8 | 中国香港 | 5.60 | 14 | 82 | 厄瓜多尔 | 3.85 | 91 |
| 9 | 英国 | 5.54 | 7 | 83 | 印度 | 3.85 | 68 |
| 10 | 韩国 | 5.54 | 11 | 84 | 越南 | 3.84 | 84 |
| 11 | 卢森堡 | 5.53 | 16 | 85 | 卢旺达 | 3.78 | 88 |
| 12 | 德国 | 5.50 | 13 | 86 | 牙买加 | 3.77 | 85 |
| 13 | 丹麦 | 5.50 | 8 | 87 | 突尼斯 | 3.77 | n/a |
| 14 | 中国台湾 | 5.47 | 10 | 88 | 圭亚那 | 3.77 | 100 |
| 15 | 以色列 | 5.42 | 15 | 89 | 佛得角 | 3.73 | 81 |
| 16 | 日本 | 5.41 | 21 | 90 | 秘鲁 | 3.71 | 103 |
| 17 | 加拿大 | 5.41 | 12 | 91 | 埃及 | 3.71 | 80 |
| 18 | 澳大利亚 | 5.40 | 18 | 92 | 肯尼亚 | 3.71 | 92 |
| 19 | 冰岛 | 5.30 | 17 | 93 | 多米尼加共和国 | 3.69 | 90 |
| 20 | 新西兰 | 5.27 | 20 | 94 | 不丹 | 3.68 | n/a |
| 21 | 爱沙尼亚 | 5.27 | 22 | 95 | 阿尔巴尼亚 | 3.66 | 83 |

（续表）

| 2014年排名 | 国家和地区 | 指数 | 2013年排名 | 2014年排名 | 国家和地区 | 指数 | 2013年排名 |
|---|---|---|---|---|---|---|---|
| 22 | 奥地利 | 5.26 | 19 | 96 | 加纳 | 3.65 | 95 |
| 23 | 卡塔尔 | 5.22 | 23 | 97 | 黎巴嫩 | 3.64 | 94 |
| 24 | 阿拉伯联合酋长国 | 5.20 | 25 | 98 | 萨尔瓦多 | 3.63 | 93 |
| 25 | 法国 | 5.09 | 26 | 99 | 摩洛哥 | 3.61 | 89 |
| 26 | 爱尔兰 | 5.07 | 27 | 100 | 阿根廷 | 3.53 | 99 |
| 27 | 比利时 | 5.06 | 24 | 101 | 危地马拉 | 3.52 | 102 |
| 28 | 马耳他 | 4.96 | 28 | 102 | 巴拉圭 | 3.47 | 104 |
| 29 | 巴林 | 4.86 | 29 | 103 | 博茨瓦纳 | 3.43 | 96 |
| 30 | 马来西亚 | 4.83 | 30 | 104 | 伊朗 | 3.42 | 101 |
| 31 | 立陶宛 | 4.78 | 32 | 105 | 纳米比亚 | 3.41 | 111 |
| 32 | 沙特阿拉伯 | 4.78 | 31 | 106 | 委内瑞拉 | 3.39 | 108 |
| 33 | 葡萄牙 | 4.73 | 33 | 107 | 冈比亚 | 3.38 | 98 |
| 34 | 西班牙 | 4.69 | 38 | 108 | 柬埔寨 | 3.36 | 106 |
| 35 | 智利 | 4.61 | 34 | 109 | 老挝 | 3.34 | n/a |
| 36 | 斯洛文尼亚 | 4.60 | 37 | 110 | 赞比亚 | 3.34 | 115 |
| 37 | 塞浦路斯 | 4.60 | 35 | 111 | 巴基斯坦 | 3.33 | 105 |
| 38 | 哈萨克斯坦 | 4.58 | 43 | 112 | 尼日利亚 | 3.31 | 113 |
| 39 | 拉脱维亚 | 4.58 | 41 | 113 | 苏里南 | 3.30 | 117 |
| 40 | 阿曼 | 4.56 | 40 | 114 | 塞内加尔 | 3.30 | 107 |
| 41 | 波多黎各 | 4.54 | 36 | 115 | 乌干达 | 3.25 | 110 |
| 42 | 捷克 | 4.49 | 42 | 116 | 洪都拉斯 | 3.24 | 109 |
| 43 | 巴拿马 | 4.36 | 46 | 117 | 津巴布韦 | 3.24 | 116 |
| 44 | 约旦 | 4.36 | 46 | 118 | 吉尔吉斯斯坦 | 3.22 | 118 |
| 45 | 文莱达鲁萨兰国 | 4.34 | 57 | 119 | 孟加拉国 | 3.21 | 114 |
| 46 | 克罗地亚 | 4.34 | 51 | 120 | 玻利维亚 | 3.21 | 119 |
| 47 | 匈牙利 | 4.32 | 44 | 121 | 利比里亚 | 3.19 | 97 |
| 48 | 毛里求斯 | 4.31 | 55 | 122 | 科特迪瓦 | 3.14 | 120 |
| 49 | 阿塞拜疆 | 4.31 | 56 | 123 | 涅帕 | 3.09 | 126 |
| 50 | 俄罗斯 | 4.30 | 54 | 124 | 尼加拉瓜 | 3.08 | 125 |
| 51 | 土耳其 | 4.30 | 45 | 125 | 坦桑尼亚 | 3.04 | 127 |

（续表）

| 2014年排名 | 国家和地区 | 指数 | 2013年排名 | 2014年排名 | 国家和地区 | 指数 | 2013年排名 |
|---|---|---|---|---|---|---|---|
| 52 | 黑山 | 4.27 | 48 | 126 | 斯威士兰 | 3.00 | 136 |
| 53 | 哥斯达黎加 | 4.25 | 53 | 127 | 马里 | 3.00 | 122 |
| 54 | 波兰 | 4.24 | 49 | 128 | 加蓬 | 2.98 | 121 |
| 55 | 巴巴多斯 | 4.22 | 39 | 129 | 阿尔及利亚 | 2.98 | 131 |
| 56 | 乌拉圭 | 4.22 | 52 | 130 | 埃塞俄比亚 | 2.95 | 128 |
| 57 | 马其顿 | 4.19 | 67 | 131 | 喀麦隆 | 2.94 | 124 |
| 58 | 意大利 | 4.18 | 50 | 132 | 马拉维 | 2.90 | 129 |
| 59 | 斯洛伐克 | 4.12 | 61 | 133 | 莱索托 | 2.88 | 138 |
| 60 | 格鲁吉亚 | 4.09 | 65 | 134 | 塞拉利昂 | 2.85 | 143 |
| 61 | 蒙古 | 4.07 | 59 | 135 | 贝宁 | 2.82 | 123 |
| 62 | 中国 | 4.05 | 58 | 136 | 布基纳法索 | 2.78 | 130 |
| 63 | 哥伦比亚 | 4.05 | 66 | 137 | 莫桑比克 | 2.77 | 133 |
| 64 | 印尼 | 4.04 | 76 | 138 | 利比亚 | 2.75 | 132 |
| 65 | 亚美尼亚 | 4.03 | 82 | 139 | 马达加斯加岛 | 2.74 | 137 |
| 66 | 塞舌尔 | 4.02 | 79 | 140 | 也门 | 2.73 | 139 |
| 67 | 泰国 | 4.01 | 74 | 141 | 东帝汶 | 2.69 | 134 |
| 68 | 波黑 | 3.99 | 78 | 142 | 毛里塔尼亚 | 2.61 | 135 |
| 69 | 巴西 | 3.98 | 60 | 143 | 海地 | 2.52 | 141 |
| 70 | 南非 | 3.98 | 70 | 144 | 安哥拉 | 2.52 | n/a |
| 71 | 特立尼达和多巴哥 | 3.97 | 72 | 145 | 几内亚 | 2.48 | 140 |
| 72 | 科威特 | 3.96 | 62 | 146 | 缅甸 | 2.35 | n/a |
| 73 | 保加利亚 | 3.96 | 71 | 147 | 布隆迪 | 2.31 | 144 |
| 74 | 希腊 | 3.95 | 64 | 148 | 乍得 | 2.22 | 142 |

数据来源：《2014全球信息技术报告》,《世界经济论坛》2014年9月。

# 附录二：2014年联合国电子政务发展指数排名

| 排名 | 国家 | EGDI | 在线服务 | 通信基础设施 | 人力资本 |
|---|---|---|---|---|---|
| 1 | 韩国 | 0.9462 | 0.9764 | 0.935 | 0.9273 |
| 2 | 澳大利亚 | 0.9103 | 0.9291 | 0.8041 | 0.9978 |
| 3 | 新加坡 | 0.9076 | 0.9921 | 0.8793 | 0.8515 |
| 4 | 法国 | 0.8938 | 1.0000 | 0.8003 | 0.8812 |
| 5 | 荷兰 | 0.8897 | 0.9291 | 0.8175 | 0.9224 |
| 6 | 日本 | 0.8874 | 0.9449 | 0.8553 | 0.8621 |
| 7 | 美国 | 0.8748 | 0.9449 | 0.7406 | 0.939 |
| 8 | 英国 | 0.8695 | 0.8976 | 0.8534 | 0.8574 |
| 9 | 新西兰 | 0.8644 | 0.8425 | 0.7506 | 1.0000 |
| 10 | 芬兰 | 0.8449 | 0.7717 | 0.8594 | 0.9037 |
| 11 | 加拿大 | 0.8418 | 0.9134 | 0.7168 | 0.8952 |
| 12 | 西班牙 | 0.8410 | 0.9449 | 0.6629 | 0.9152 |
| 13 | 挪威 | 0.8357 | 0.7559 | 0.8133 | 0.9380 |
| 14 | 瑞典 | 0.8225 | 0.7008 | 0.8866 | 0.8802 |
| 15 | 爱沙尼亚 | 0.8180 | 0.7717 | 0.7934 | 0.8889 |
| 16 | 丹麦 | 0.8162 | 0.6614 | 0.8740 | 0.9132 |
| 17 | 以色列 | 0.8162 | 0.8740 | 0.7200 | 0.8545 |
| 18 | 巴林 | 0.8089 | 0.9370 | 0.7055 | 0.7840 |
| 19 | 冰岛 | 0.7970 | 0.6142 | 0.8591 | 0.9178 |
| 20 | 奥地利 | 0.7912 | 0.7480 | 0.7597 | 0.8660 |
| 21 | 德国 | 0.7864 | 0.6693 | 0.8038 | 0.8862 |
| 22 | 爱尔兰 | 0.7810 | 0.6772 | 0.7039 | 0.9619 |
| 23 | 意大利 | 0.7593 | 0.7480 | 0.6747 | 0.8552 |

（续表）

| 排名 | 国家 | EGDI | 在线服务 | 通信基础设施 | 人力资本 |
|---|---|---|---|---|---|
| 24 | 卢森堡 | 0.7591 | 0.6220 | 0.8723 | 0.7830 |
| 25 | 比利时 | 0.7564 | 0.6772 | 0.6988 | 0.8932 |
| 26 | 乌拉圭 | 0.7420 | 0.8504 | 0.5607 | 0.8148 |
| 27 | 俄罗斯 | 0.7296 | 0.7087 | 0.6413 | 0.8388 |
| 28 | 哈萨克斯坦 | 0.7283 | 0.7480 | 0.5749 | 0.8619 |
| 29 | 立陶宛 | 0.7271 | 0.7559 | 0.5697 | 0.8557 |
| 30 | 瑞士 | 0.7267 | 0.5039 | 0.8199 | 0.8562 |
| 31 | 拉脱维亚 | 0.7178 | 0.7008 | 0.6237 | 0.8288 |
| 32 | 阿联酋 | 0.7136 | 0.8819 | 0.5932 | 0.6657 |
| 33 | 智利 | 0.7122 | 0.8189 | 0.4940 | 0.8236 |
| 34 | 希腊 | 0.7118 | 0.6063 | 0.6549 | 0.8741 |
| 35 | 列支敦士登 | 0.6982 | 0.5118 | 0.7468 | 0.8361 |
| 36 | 沙特阿拉伯 | 0.6900 | 0.7717 | 0.5523 | 0.7461 |
| 37 | 葡萄牙 | 0.6900 | 0.6378 | 0.6094 | 0.8227 |
| 38 | 摩纳哥 | 0.6715 | 0.2205 | 1.0000 | 0.7940 |
| 39 | 匈牙利 | 0.6637 | 0.5591 | 0.5654 | 0.8668 |
| 40 | 马耳他 | 0.6518 | 0.4016 | 0.7683 | 0.7855 |
| 41 | 斯洛文尼亚 | 0.6505 | 0.4252 | 0.6193 | 0.9072 |
| 42 | 波兰 | 0.6482 | 0.5433 | 0.5618 | 0.8396 |
| 43 | 安道尔 | 0.6426 | 0.4331 | 0.7671 | 0.7277 |
| 44 | 卡塔尔 | 0.6362 | 0.6535 | 0.5879 | 0.6671 |
| 45 | 黑山 | 0.6346 | 0.5276 | 0.5481 | 0.8279 |
| 46 | 阿根廷 | 0.6306 | 0.5512 | 0.4835 | 0.8571 |
| 47 | 克罗地亚 | 0.6282 | 0.4646 | 0.6271 | 0.7928 |
| 48 | 阿曼 | 0.6273 | 0.7323 | 0.4873 | 0.6624 |
| 49 | 科威特 | 0.6268 | 0.5748 | 0.5862 | 0.7194 |
| 50 | 哥伦比亚 | 0.6173 | 0.7874 | 0.3297 | 0.7348 |
| 51 | 斯洛伐克 | 0.6148 | 0.4882 | 0.5296 | 0.8265 |
| 52 | 马来西亚 | 0.6115 | 0.6772 | 0.4455 | 0.7119 |
| 53 | 捷克 | 0.6070 | 0.3701 | 0.5753 | 0.8755 |
| 54 | 哥斯达黎加 | 0.6061 | 0.6142 | 0.4461 | 0.7582 |
| 55 | 白俄罗斯 | 0.6053 | 0.3228 | 0.6069 | 0.8861 |
| 56 | 格鲁吉亚 | 0.6047 | 0.5984 | 0.4261 | 0.7895 |

（续表）

| 排名 | 国家 | EGDI | 在线服务 | 通信基础设施 | 人力资本 |
|---|---|---|---|---|---|
| 57 | 巴西 | 0.6008 | 0.5984 | 0.4668 | 0.7372 |
| 58 | 塞浦路斯 | 0.5958 | 0.4724 | 0.5320 | 0.7828 |
| 59 | 巴巴多斯 | 0.5933 | 0.2205 | 0.6730 | 0.8865 |
| 60 | 安提瓜和巴布达 | 0.5927 | 0.4173 | 0.5938 | 0.7669 |
| 61 | 亚美尼亚 | 0.5897 | 0.6142 | 0.3889 | 0.7660 |
| 62 | 圣马力诺 | 0.5823 | 0.2756 | 0.6358 | 0.8354 |
| 63 | 墨西哥 | 0.5733 | 0.6614 | 0.3139 | 0.7445 |
| 64 | 罗马尼亚 | 0.5632 | 0.4409 | 0.4385 | 0.8100 |
| 65 | 蒙古 | 0.5581 | 0.6142 | 0.2714 | 0.7887 |
| 66 | 摩尔多瓦 | 0.5571 | 0.5276 | 0.4236 | 0.7201 |
| 67 | 委内瑞拉 | 0.5564 | 0.5512 | 0.3495 | 0.7685 |
| 68 | 阿塞拜疆 | 0.5472 | 0.4331 | 0.4605 | 0.7480 |
| 69 | 塞尔维亚 | 0.5472 | 0.3937 | 0.4681 | 0.7796 |
| 70 | 中国 | 0.5450 | 0.6063 | 0.3554 | 0.6734 |
| 71 | 土耳其 | 0.5443 | 0.5591 | 0.3605 | 0.7133 |
| 72 | 秘鲁 | 0.5435 | 0.6299 | 0.2718 | 0.7289 |
| 73 | 保加利亚 | 0.5421 | 0.2362 | 0.5941 | 0.7960 |
| 74 | 斯里兰卡 | 0.5418 | 0.6535 | 0.2341 | 0.7376 |
| 75 | 突尼斯 | 0.5390 | 0.6378 | 0.3074 | 0.6717 |
| 76 | 毛里求斯 | 0.5338 | 0.4724 | 0.4406 | 0.6882 |
| 77 | 巴拿马 | 0.5242 | 0.3701 | 0.4571 | 0.7455 |
| 78 | 格林纳达 | 0.5220 | 0.3465 | 0.4029 | 0.8166 |
| 79 | 约旦 | 0.5167 | 0.5197 | 0.3104 | 0.7202 |
| 80 | 埃及 | 0.5129 | 0.5906 | 0.3571 | 0.5912 |
| 81 | 塞舌尔 | 0.5113 | 0.3307 | 0.4721 | 0.7310 |
| 82 | 摩洛哥 | 0.5060 | 0.6929 | 0.3350 | 0.4901 |
| 83 | 厄瓜多尔 | 0.5053 | 0.4803 | 0.3318 | 0.7037 |
| 84 | 阿尔巴尼亚 | 0.5046 | 0.4488 | 0.3548 | 0.7100 |
| 85 | 斐济 | 0.5044 | 0.3937 | 0.2872 | 0.8322 |
| 86 | 文莱 | 0.5042 | 0.3622 | 0.3690 | 0.7815 |
| 87 | 乌克兰 | 0.5032 | 0.2677 | 0.3802 | 0.8616 |
| 88 | 萨尔瓦多 | 0.2268 | 0.0315 | 0.1200 | 0.5288 |

（续表）

| 排名 | 国家 | EGDI | 在线服务 | 通信基础设施 | 人力资本 |
|---|---|---|---|---|---|
| 89 | 黎巴嫩 | 0.4982 | 0.3543 | 0.4030 | 0.7374 |
| 90 | 圣基茨和尼维斯 | 0.4980 | 0.1339 | 0.6321 | 0.7279 |
| 91 | 特立尼达和多巴哥 | 0.4932 | 0.3307 | 0.4543 | 0.6945 |
| 92 | 巴哈马 | 0.4900 | 0.3386 | 0.4176 | 0.7138 |
| 93 | 南非 | 0.4869 | 0.3858 | 0.3466 | 0.7282 |
| 94 | 马尔代夫 | 0.4813 | 0.3622 | 0.3952 | 0.6865 |
| 95 | 菲律宾 | 0.4768 | 0.4803 | 0.2451 | 0.7051 |
| 96 | 马其顿 | 0.4720 | 0.2441 | 0.4521 | 0.7198 |
| 97 | 波斯尼亚和黑塞哥维那 | 0.4707 | 0.2835 | 0.3998 | 0.7288 |
| 98 | 汤加 | 0.4706 | 0.3465 | 0.2348 | 0.8304 |
| 99 | 越南 | 0.4705 | 0.4173 | 0.3792 | 0.6148 |
| 100 | 乌兹别克斯坦 | 0.4695 | 0.4488 | 0.2333 | 0.7264 |
| 101 | 吉尔吉斯斯坦 | 0.4657 | 0.2756 | 0.3801 | 0.7413 |
| 102 | 泰国 | 0.4631 | 0.4409 | 0.2843 | 0.6640 |
| 103 | 玻利维亚 | 0.4562 | 0.3937 | 0.2324 | 0.7424 |
| 104 | 圣卢西亚 | 0.4525 | 0.2441 | 0.4000 | 0.7133 |
| 105 | 伊朗 | 0.4508 | 0.3701 | 0.2940 | 0.6882 |
| 106 | 印度尼西亚 | 0.4487 | 0.3622 | 0.3054 | 0.6786 |
| 107 | 多米尼加 | 0.4481 | 0.3858 | 0.2945 | 0.6639 |
| 108 | 帕劳 | 0.4415 | 0.1654 | 0.3592 | 0.7999 |
| 109 | 牙买加 | 0.4388 | 0.3150 | 0.2753 | 0.7262 |
| 110 | 多米尼加 | 0.4338 | 0.1890 | 0.4424 | 0.6701 |
| 111 | 萨摩亚 | 0.4204 | 0.2441 | 0.2672 | 0.7499 |
| 112 | 博茨瓦纳 | 0.4198 | 0.3071 | 0.2969 | 0.6555 |
| 113 | 圣文森特和格林纳丁斯 | 0.4525 | 0.2441 | 0.4000 | 0.7133 |
| 114 | 洪都拉斯 | 0.4083 | 0.4016 | 0.19510 | 0.6281 |
| 115 | 苏里南 | 0.4045 | 0.1417 | 0.3968 | 0.6749 |
| 116 | 古巴 | 0.3917 | 0.2283 | 0.0969 | 0.8497 |
| 117 | 纳米比亚 | 0.3880 | 0.3228 | 0.2719 | 0.5693 |

（续表）

| 排名 | 国家 | EGDI | 在线服务 | 通信基础设施 | 人力资本 |
|---|---|---|---|---|---|
| 118 | 印度 | 0.3834 | 0.5433 | 0.1372 | 0.4698 |
| 119 | 肯尼亚 | 0.3805 | 0.4252 | 0.1612 | 0.5552 |
| 120 | 伯利兹 | 0.3774 | 0.378 | 0.1530 | 0.6012 |
| 121 | 利比亚 | 0.3753 | 0.0157 | 0.3281 | 0.7821 |
| 122 | 巴拉圭 | 0.3740 | 0.2283 | 0.2236 | 0.6700 |
| 123 | 加纳 | 0.3735 | 0.3150 | 0.2444 | 0.5613 |
| 124 | 圭亚那 | 0.3695 | 0.2441 | 0.2344 | 0.6301 |
| 125 | 卢旺达 | 0.3589 | 0.5118 | 0.0828 | 0.4820 |
| 126 | 津巴布韦 | 0.3585 | 0.3071 | 0.2238 | 0.5445 |
| 127 | 佛得角 | 0.3551 | 0.1654 | 0.2966 | 0.6032 |
| 128 | 土库曼斯坦 | 0.3511 | 0.0866 | 0.2189 | 0.7478 |
| 129 | 塔吉克斯坦 | 0.3395 | 0.0630 | 0.2306 | 0.7249 |
| 130 | 密克罗马尼亚 | 0.3337 | 0.1890 | 0.1099 | 0.7023 |
| 131 | 加蓬 | 0.3294 | 0.0945 | 0.226 | 0.6677 |
| 132 | 基里巴斯 | 0.3201 | 0.2126 | 0.0665 | 0.6812 |
| 133 | 危地马拉 | 0.3160 | 0.1496 | 0.2713 | 0.5272 |
| 134 | 伊拉克 | 0.3141 | 0.1969 | 0.2173 | 0.5283 |
| 135 | 叙利亚 | 0.3134 | 0.1575 | 0.1992 | 0.5835 |
| 136 | 阿尔及利亚 | 0.3106 | 0.0787 | 0.1989 | 0.6543 |
| 137 | 图瓦卢 | 0.3059 | 0.0394 | 0.1761 | 0.7022 |
| 138 | 威尔士兰 | 0.3056 | 0.1339 | 0.1629 | 0.6200 |
| 139 | 柬埔寨 | 0.2999 | 0.1732 | 0.2075 | 0.5189 |
| 140 | 安哥拉 | 0.2970 | 0.2992 | 0.0978 | 0.4941 |
| 141 | 尼日利亚 | 0.2929 | 0.3071 | 0.1905 | 0.3811 |
| 142 | 马绍尔群岛 | 0.2851 | 0.1102 | 0.0448 | 0.7002 |
| 143 | 不丹 | 0.2829 | 0.2441 | 0.1755 | 0.4290 |
| 144 | 喀麦隆 | 0.2782 | 0.1969 | 0.0958 | 0.5421 |
| 145 | 瑙鲁 | 0.2776 | 0.0551 | 0.2159 | 0.5617 |
| 146 | 坦桑尼亚 | 0.2764 | 0.2992 | 0.0808 | 0.4492 |
| 147 | 尼加拉瓜 | 0.2759 | 0.0945 | 0.1692 | 0.5639 |
| 148 | 孟加拉 | 0.2757 | 0.3465 | 0.0941 | 0.3866 |
| 149 | 朝鲜 | 0.2753 | 0.0079 | 0.0173 | 0.8007 |
| 150 | 也门 | 0.2720 | 0.3071 | 0.1249 | 0.3840 |

（续表）

| 排名 | 国家 | EGDI | 在线服务 | 通信基础设施 | 人力资本 |
|---|---|---|---|---|---|
| 151 | 塞内加尔 | 0.2666 | 0.3071 | 0.1644 | 0.3283 |
| 152 | 老挝 | 0.2659 | 0.1417 | 0.1618 | 0.4941 |
| 153 | 莱索托 | 0.2629 | 0.1575 | 0.1179 | 0.5135 |
| 154 | 苏丹 | 0.2606 | 0.2913 | 0.1847 | 0.3059 |
| 155 | 马达加斯加 | 0.2606 | 0.2441 | 0.0488 | 0.4889 |
| 156 | 乌干达 | 0.2593 | 0.1496 | 0.1011 | 0.5271 |
| 157 | 埃塞俄比亚 | 0.2589 | 0.4567 | 0.0266 | 0.2934 |
| 158 | 巴基斯坦 | 0.2580 | 0.3228 | 0.1174 | 0.3337 |
| 159 | 瓦努阿图 | 0.2571 | 0.0787 | 0.1188 | 0.5736 |
| 160 | 刚果 | 0.2570 | 0.1024 | 0.1453 | 0.5233 |
| 161 | 东帝汶 | 0.2528 | 0.2047 | 0.0704 | 0.4831 |
| 162 | 多哥 | 0.2446 | 0.1102 | 0.0836 | 0.5401 |
| 163 | 赞比亚 | 0.2389 | 0.1417 | 0.1247 | 0.4504 |
| 164 | 莫桑比克 | 0.2384 | 0.3150 | 0.0545 | 0.3457 |
| 165 | 尼泊尔 | 0.2344 | 0.1575 | 0.1684 | 0.3774 |
| 166 | 马拉维 | 0.2321 | 0.1732 | 0.0484 | 0.4746 |
| 167 | 冈比亚 | 0.2285 | 0.2047 | 0.1482 | 0.3326 |
| 168 | 赤道几内亚 | 0.2268 | 0.0315 | 0.1200 | 0.5288 |
| 169 | 圣多美和普林西比 | 0.2218 | 0.0079 | 0.1398 | 0.5177 |
| 170 | 所罗门群岛 | 0.2087 | 0.0551 | 0.1008 | 0.4702 |
| 171 | 科特迪瓦 | 0.2039 | 0.1732 | 0.1392 | 0.2992 |
| 172 | 布隆迪 | 0.1928 | 0.0157 | 0.0233 | 0.5393 |
| 173 | 阿富汗 | 0.1900 | 0.1811 | 0.1472 | 0.2418 |
| 174 | 毛里塔尼亚 | 0.1893 | 0.0472 | 0.1626 | 0.3581 |
| 175 | 缅甸 | 0.1869 | 0.0236 | 0.0084 | 0.5288 |
| 176 | 海地 | 0.1809 | 0.1102 | 0.0952 | 0.3372 |
| 177 | 科摩罗 | 0.1808 | 0.0157 | 0.0604 | 0.4662 |
| 178 | 布基纳法索 | 0.1804 | 0.2992 | 0.0842 | 0.1578 |
| 179 | 利比里亚 | 0.1768 | 0.0787 | 0.0763 | 0.3754 |
| 180 | 贝宁 | 0.1685 | 0.1102 | 0.1196 | 0.2756 |
| 181 | 马里 | 0.1634 | 0.1339 | 0.1350 | 0.2212 |
| 182 | 几内亚比绍 | 0.1609 | 0.0079 | 0.0878 | 0.3869 |

（续表）

| 排名 | 国家 | EGDI | 在线服务 | 通信基础设施 | 人力资本 |
|------|------|------|----------|--------------|----------|
| 183 | 刚果 | 0.1551 | 0.0472 | 0.0337 | 0.3845 |
| 184 | 吉布提 | 0.1456 | 0.0630 | 0.0556 | 0.3182 |
| 185 | 南苏丹 | 0.1418 | 0.0079 | 0.0141 | 0.4035 |
| 186 | 塞拉利昂 | 0.1329 | 0.0472 | 0.0821 | 0.2692 |
| 187 | 中非 | 0.1257 | 0.0394 | 0.0280 | 0.3099 |
| 188 | 巴布亚新几内亚 | 0.1203 | 0.0079 | 0.0530 | 0.3000 |
| 189 | 乍得 | 0.1076 | 0.0472 | 0.0415 | 0.2341 |
| 190 | 几内亚 | 0.0954 | 0.0000 | 0.0504 | 0.2359 |
| 191 | 尼日尔 | 0.0946 | 0.126 | 0.0385 | 0.1192 |
| 192 | 厄立特里亚 | 0.0908 | 0.0000 | 0.0000 | 0.2723 |
| 193 | 索马里 | 0.0139 | 0.0157 | 0.0259 | 0.0000 |

资料来源：联合国经济和社会事务部。

# 附录三：世界各国和地区信息化发展相关统计数据

## 2012—2013 年世界各经济体信息化程度排名

| 国家和地区 | 2013年得分 | 2013年排名 | 2012年得分 | 2012年排名 | 2011年得分 | 2011年排名 | 2010年得分 | 2010年排名 |
|---|---|---|---|---|---|---|---|---|
| 芬兰 | 6.04 | 1 | 5.98 | 1 | 5.81 | 3 | 5.43 | 3 |
| 新加坡 | 5.97 | 2 | 5.96 | 2 | 5.86 | 2 | 5.59 | 2 |
| 瑞典 | 5.93 | 3 | 5.91 | 3 | 5.94 | 1 | 5.60 | 1 |
| 荷兰 | 5.79 | 4 | 5.81 | 4 | 5.60 | 6 | 5.19 | 11 |
| 挪威 | 5.70 | 5 | 5.66 | 5 | 5.59 | 7 | 5.21 | 9 |
| 瑞士 | 5.62 | 6 | 5.66 | 6 | 5.61 | 5 | 5.33 | 4 |
| 美国 | 5.61 | 7 | 5.57 | 9 | 5.56 | 8 | 5.33 | 5 |
| 中国香港 | 5.60 | 8 | 5.40 | 14 | 5.46 | 13 | 5.19 | 12 |
| 英国 | 5.54 | 9 | 5.64 | 7 | 5.50 | 10 | 5.12 | 15 |
| 韩国 | 5.54 | 10 | 5.46 | 11 | 5.47 | 12 | 5.19 | 10 |
| 卢森堡 | 5.53 | 11 | 5.37 | 16 | 5.22 | 21 | 5.14 | 14 |
| 德国 | 5.50 | 12 | 5.43 | 13 | 5.32 | 16 | 5.14 | 13 |
| 丹麦 | 5.50 | 13 | 5.58 | 8 | 5.70 | 4 | 5.29 | 7 |
| 中国台湾 | 5.47 | 14 | 5.47 | 10 | 5.48 | 11 | 5.30 | 6 |
| 以色列 | 5.42 | 15 | 5.39 | 15 | 5.24 | 20 | 4.81 | 22 |
| 日本 | 5.41 | 16 | 5.24 | 21 | 5.25 | 18 | 4.95 | 19 |
| 加拿大 | 5.41 | 17 | 5.44 | 12 | 5.51 | 9 | 5.21 | 8 |
| 澳大利亚 | 5.40 | 18 | 5.26 | 18 | 5.29 | 17 | 5.06 | 17 |
| 冰岛 | 5.30 | 19 | 5.31 | 17 | 5.33 | 15 | 5.07 | 16 |

（续表）

| 国家和地区 | 2013年得分 | 2013年排名 | 2012年得分 | 2012年排名 | 2011年得分 | 2011年排名 | 2010年得分 | 2010年排名 |
|---|---|---|---|---|---|---|---|---|
| 新西兰 | 5.27 | 20 | 5.25 | 20 | 5.36 | 14 | 5.03 | 18 |
| 爱沙尼亚 | 5.27 | 21 | 5.12 | 22 | 5.09 | 24 | 4.76 | 26 |
| 奥地利 | 5.26 | 22 | 5.25 | 19 | 5.25 | 19 | 4.90 | 21 |
| 卡塔尔 | 5.22 | 23 | 5.10 | 23 | 4.81 | 28 | 4.79 | 25 |
| 阿拉伯联合酋长国 | 5.20 | 24 | 5.07 | 25 | 4.77 | 30 | 4.80 | 24 |
| 法国 | 5.09 | 25 | 5.06 | 26 | 5.12 | 23 | 4.92 | 20 |
| 爱尔兰 | 5.07 | 26 | 5.05 | 27 | 5.02 | 25 | 4.71 | 29 |
| 比利时 | 5.06 | 27 | 5.10 | 24 | 5.13 | 22 | 4.80 | 23 |
| 马耳他 | 4.96 | 28 | 4.90 | 28 | 4.91 | 26 | 4.76 | 27 |
| 巴林 | 4.86 | 29 | 4.83 | 29 | 4.90 | 27 | 4.64 | 30 |
| 马来西亚 | 4.83 | 30 | 4.82 | 30 | 4.80 | 29 | 4.74 | 28 |
| 立陶宛 | 4.78 | 31 | 4.72 | 32 | 4.66 | 31 | 4.20 | 42 |
| 沙特阿拉伯 | 4.78 | 32 | 4.82 | 31 | 4.62 | 34 | 4.44 | 33 |
| 葡萄牙 | 4.73 | 33 | 4.67 | 33 | 4.63 | 33 | 4.50 | 32 |
| 西班牙 | 4.69 | 34 | 4.51 | 38 | 4.54 | 38 | 4.33 | 37 |
| 智利 | 4.61 | 35 | 4.59 | 34 | 4.44 | 39 | 4.28 | 39 |
| 斯洛文尼亚 | 4.60 | 36 | 4.53 | 37 | 4.58 | 37 | 4.44 | 34 |
| 塞浦路斯 | 4.60 | 37 | 4.59 | 35 | 4.66 | 32 | 4.50 | 31 |
| 哈萨克斯坦 | 4.58 | 38 | 4.32 | 43 | 4.03 | 55 | 3.80 | 67 |
| 拉脱维亚 | 4.58 | 39 | 4.43 | 41 | 4.35 | 41 | 3.93 | 52 |
| 阿曼 | 4.56 | 40 | 4.48 | 40 | 4.35 | 40 | 4.25 | 41 |
| 波多黎各 | 4.54 | 41 | 4.55 | 36 | 4.59 | 36 | 4.10 | 43 |
| 捷克 | 4.49 | 42 | 4.38 | 42 | 4.33 | 42 | 4.27 | 40 |
| 巴拿马 | 4.36 | 43 | 4.22 | 46 | 4.01 | 57 | 3.89 | 60 |
| 约旦 | 4.36 | 44 | 4.20 | 47 | 4.17 | 47 | 4.00 | 50 |
| 文莱 | 4.34 | 45 | 4.11 | 57 | 4.04 | 54 | 3.89 | 57 |
| 克罗地亚 | 4.34 | 46 | 4.17 | 51 | 4.22 | 45 | 3.91 | 54 |
| 匈牙利 | 4.32 | 47 | 4.29 | 44 | 4.30 | 43 | 4.03 | 49 |
| 毛里求斯 | 4.31 | 48 | 4.12 | 55 | 4.06 | 53 | 4.03 | 47 |
| 阿塞拜疆 | 4.31 | 49 | 4.11 | 56 | 3.95 | 61 | 3.79 | 70 |
| 俄罗斯 | 4.30 | 50 | 4.13 | 54 | 4.02 | 56 | 3.69 | 77 |
| 土耳其 | 4.30 | 51 | 4.22 | 45 | 4.07 | 52 | 3.79 | 71 |

（续表）

| 国家和地区 | 2013年得分 | 2013年排名 | 2012年得分 | 2012年排名 | 2011年得分 | 2011年排名 | 2010年得分 | 2010年排名 |
|---|---|---|---|---|---|---|---|---|
| 黑山 | 4.27 | 52 | 4.20 | 48 | 4.22 | 46 | 4.09 | 44 |
| 哥斯达黎加 | 4.25 | 53 | 4.15 | 53 | 4.00 | 58 | 4.05 | 46 |
| 波兰 | 4.24 | 54 | 4.19 | 49 | 4.16 | 49 | 3.84 | 62 |
| 巴巴多斯 | 4.22 | 55 | 4.49 | 39 | 4.61 | 35 | 4.32 | 38 |
| 乌拉圭 | 4.22 | 56 | 4.16 | 52 | 4.28 | 44 | 4.06 | 45 |
| 马其顿 | 4.19 | 57 | 3.89 | 67 | 3.91 | 66 | 3.79 | 72 |
| 意大利 | 4.18 | 58 | 4.18 | 50 | 4.17 | 48 | 3.97 | 51 |
| 斯洛伐克 | 4.12 | 59 | 3.95 | 61 | 3.94 | 64 | 3.79 | 69 |
| 格鲁吉亚 | 4.09 | 60 | 3.93 | 65 | 3.60 | 88 | 3.45 | 98 |
| 蒙古 | 4.07 | 61 | 4.01 | 59 | 3.95 | 63 | 3.57 | 85 |
| 中国 | 4.05 | 62 | 4.03 | 58 | 4.11 | 51 | 4.35 | 36 |
| 哥伦比亚 | 4.05 | 63 | 3.91 | 66 | 3.87 | 73 | 3.89 | 58 |
| 印度尼西亚 | 4.04 | 64 | 3.84 | 76 | 3.75 | 80 | 3.92 | 53 |
| 亚美尼亚 | 4.03 | 65 | 3.76 | 82 | 3.49 | 94 | 3.24 | 109 |
| 塞舌尔 | 4.02 | 66 | 3.80 | 79 | n/a | n/a | n/a | n/a |
| 泰国 | 4.01 | 67 | 3.86 | 74 | 3.78 | 77 | 3.89 | 59 |
| 波斯尼亚黑塞哥维那 | 3.99 | 68 | 3.80 | 78 | 3.65 | 84 | 3.24 | 110 |
| 巴西 | 3.98 | 69 | 3.97 | 60 | 3.92 | 65 | 3.90 | 56 |
| 南非 | 3.98 | 70 | 3.87 | 70 | 3.87 | 72 | 3.86 | 61 |
| 特立尼达和多巴哥 | 3.97 | 71 | 3.87 | 72 | 3.98 | 60 | 3.83 | 63 |
| 科威特 | 3.96 | 72 | 3.94 | 62 | 3.95 | 62 | 3.74 | 75 |
| 保加利亚 | 3.96 | 73 | 3.87 | 71 | 3.89 | 70 | 3.79 | 68 |
| 希腊 | 3.95 | 74 | 3.93 | 64 | 3.99 | 59 | 3.83 | 64 |
| 罗马尼亚 | 3.95 | 75 | 3.86 | 75 | 3.90 | 67 | 3.81 | 65 |
| 斯里兰卡 | 3.94 | 76 | 3.88 | 69 | 3.88 | 71 | 3.81 | 66 |
| 摩尔多瓦 | 3.89 | 77 | 3.84 | 77 | 3.78 | 78 | 3.45 | 97 |
| 菲律宾 | 3.89 | 78 | 3.73 | 86 | 3.64 | 86 | 3.57 | 86 |
| 墨西哥 | 3.89 | 79 | 3.93 | 63 | 3.82 | 76 | 3.69 | 78 |
| 塞尔维亚 | 3.88 | 80 | 3.70 | 87 | 3.64 | 85 | 3.52 | 93 |
| 乌克兰 | 3.87 | 81 | 3.87 | 73 | 3.85 | 75 | 3.53 | 90 |
| 厄瓜多尔 | 3.85 | 82 | 3.58 | 91 | 3.46 | 96 | 3.26 | 108 |
| 印度 | 3.85 | 83 | 3.88 | 68 | 3.89 | 69 | 4.03 | 48 |

（续表）

| 国家和地区 | 2013年得分 | 2013年排名 | 2012年得分 | 2012年排名 | 2011年得分 | 2011年排名 | 2010年得分 | 2010年排名 |
|---|---|---|---|---|---|---|---|---|
| 越南 | 3.84 | 84 | 3.74 | 84 | 3.70 | 83 | 3.90 | 55 |
| 卢旺达 | 3.78 | 85 | 3.68 | 88 | 3.70 | 82 | – | – |
| 牙买加 | 3.77 | 86 | 3.74 | 85 | 3.87 | 74 | 3.78 | 73 |
| 突尼斯 | 3.77 | 87 | n/a | n/a | n/a | n/a | n/a | n/a |
| 圭亚那 | 3.77 | 88 | 3.45 | 100 | 3.58 | 90 | 3.43 | 100 |
| 佛得角 | 3.73 | 89 | 3.78 | 81 | 3.71 | 81 | 3.57 | 84 |
| 秘鲁 | 3.73 | 90 | 3.39 | 103 | 3.34 | 106 | 3.54 | 89 |
| 埃及 | 3.71 | 91 | 3.78 | 80 | 3.77 | 79 | 3.76 | 74 |
| 肯尼亚 | 3.71 | 92 | 3.54 | 92 | 3.51 | 93 | 3.60 | 81 |
| 多米尼加 | 3.69 | 93 | 3.62 | 90 | 3.60 | 87 | 3.62 | 79 |
| 不丹 | 3.68 | 94 | n/a | n/a | n/a | n/a | n/a | n/a |
| 阿尔巴尼亚 | 3.66 | 95 | 3.75 | 83 | 3.89 | 68 | 3.56 | 87 |
| 加纳 | 3.65 | 96 | 3.51 | 95 | 3.44 | 97 | 3.44 | 99 |
| 黎巴嫩 | 3.64 | 97 | 3.53 | 94 | 3.49 | 95 | 3.49 | 95 |
| 萨尔瓦多 | 3.63 | 98 | 3.53 | 93 | 3.38 | 103 | 3.52 | 92 |
| 摩洛哥 | 3.61 | 99 | 3.64 | 89 | 3.56 | 91 | 3.57 | 83 |
| 阿根廷 | 3.53 | 100 | 3.47 | 99 | 3.52 | 92 | 3.47 | 96 |
| 危地马拉 | 3.52 | 101 | 3.42 | 102 | 3.43 | 98 | 3.51 | 94 |
| 巴拉圭 | 3.47 | 102 | 3.37 | 104 | 3.25 | 111 | 3.00 | 127 |
| 博茨瓦纳 | 3.43 | 103 | 3.50 | 96 | 3.58 | 89 | 3.53 | 91 |
| 伊朗 | 3.42 | 104 | 3.43 | 101 | 3.36 | 104 | 3.41 | 101 |
| 纳米比亚 | 3.41 | 105 | 3.29 | 111 | 3.35 | 105 | 3.58 | 82 |
| 委内瑞拉 | 3.39 | 106 | 3.33 | 108 | 3.32 | 107 | 3.16 | 119 |
| 赞比亚 | 3.38 | 107 | 3.47 | 98 | 3.41 | 101 | 3.36 | 102 |
| 柬埔寨 | 3.36 | 108 | 3.34 | 106 | 3.32 | 108 | 3.23 | 111 |
| 老挝 | 3.34 | 109 | n/a | n/a | n/a | n/a | n/a | n/a |
| 赞比亚 | 3.34 | 110 | 3.19 | 115 | 3.26 | 109 | n/a | n/a |
| 巴基斯坦 | 3.33 | 111 | 3.35 | 105 | 3.39 | 102 | 3.54 | 88 |
| 尼日利亚 | 3.31 | 112 | 3.27 | 113 | 3.22 | 112 | 3.32 | 104 |
| 苏里南 | 3.30 | 113 | 3.13 | 117 | 2.99 | 121 | n/a | n/a |
| 塞内加尔 | 3.30 | 114 | 3.33 | 107 | 3.42 | 100 | 3.61 | 80 |
| 乌干达 | 3.25 | 115 | 3.30 | 110 | 3.25 | 110 | 3.26 | 107 |
| 洪都拉斯 | 3.24 | 116 | 3.32 | 109 | 3.43 | 99 | 3.34 | 103 |

（续表）

| 国家和地区 | 2013年得分 | 2013年排名 | 2012年得分 | 2012年排名 | 2011年得分 | 2011年排名 | 2010年得分 | 2010年排名 |
|---|---|---|---|---|---|---|---|---|
| 津巴布韦 | 3.24 | 117 | 3.17 | 116 | 2.94 | 124 | 2.93 | 132 |
| 吉尔吉斯斯坦 | 3.22 | 118 | 3.09 | 118 | 3.13 | 115 | 3.18 | 116 |
| 孟加拉国 | 3.21 | 119 | 3.22 | 114 | 3.20 | 113 | 3.19 | 115 |
| 玻利维亚 | 3.21 | 120 | 3.01 | 119 | 2.92 | 127 | 2.89 | 135 |
| 利比里亚 | 3.19 | 121 | 3.48 | 97 | n/a | n/a | n/a | n/a |
| 科特迪瓦 | 3.14 | 122 | 3.00 | 120 | 2.98 | 122 | 3.20 | 113 |
| 尼泊尔 | 3.09 | 123 | 2.93 | 126 | 2.92 | 128 | 2.97 | 131 |
| 尼加拉瓜 | 3.08 | 124 | 2.93 | 125 | 2.84 | 131 | 2.99 | 128 |
| 坦桑尼亚 | 3.04 | 125 | 2.92 | 127 | 2.95 | 123 | 3.16 | 118 |
| 斯威士兰 | 3.00 | 126 | 2.69 | 136 | 2.70 | 136 | 2.91 | 134 |
| 马里 | 3.00 | 127 | 2.97 | 122 | 2.93 | 126 | 3.14 | 120 |
| 加蓬 | 2.98 | 128 | 2.97 | 121 | n/a | n/a | n/a | n/a |
| 阿尔及利亚 | 2.98 | 129 | 2.78 | 131 | 3.01 | 118 | 3.17 | 117 |
| 埃塞俄比亚 | 2.95 | 130 | 2.85 | 128 | 2.85 | 130 | 3.08 | 123 |
| 喀麦隆 | 2.94 | 131 | 2.95 | 124 | 2.93 | 125 | 3.04 | 125 |
| 马拉维 | 2.90 | 132 | 2.83 | 129 | 3.05 | 116 | 3.31 | 105 |
| 莱索托 | 2.88 | 133 | 2.68 | 138 | 2.78 | 133 | 3.14 | 121 |
| 塞拉利昂 | 2.85 | 134 | 2.53 | 143 | n/a | n/a | n/a | n/a |
| 贝宁 | 2.82 | 135 | 2.97 | 123 | 3.05 | 117 | 3.20 | 114 |
| 布基纳法索 | 2.78 | 136 | 2.80 | 130 | 2.72 | 135 | 3.09 | 122 |
| 莫桑比克 | 2.77 | 137 | 2.76 | 133 | 2.99 | 120 | 3.29 | 106 |
| 利比亚 | 2.75 | 138 | 2.77 | 132 | n/a | n/a | n/a | n/a |
| 马达加斯加 | 2.74 | 139 | 2.69 | 137 | 2.73 | 134 | 2.98 | 129 |
| 也门 | 2.73 | 140 | 2.63 | 139 | 2.41 | 141 | n/a | n/a |
| 东帝汶 | 2.69 | 141 | 2.72 | 134 | 2.84 | 132 | 2.72 | 136 |
| 毛里塔尼亚 | 2.61 | 142 | 2.71 | 135 | 2.55 | 139 | 2.98 | 130 |
| 海地 | 2.52 | 143 | 2.58 | 141 | 2.27 | 142 | n/a | n/a |
| 安哥拉 | 2.52 | 144 | n/a | n/a | n/a | n/a | n/a | n/a |
| 几内亚 | 2.48 | 145 | 2.61 | 140 | n/a | n/a | n/a | n/a |
| 缅甸 | 2.35 | 146 | n/a | n/a | n/a | n/a | n/a | n/a |
| 布隆迪 | 2.31 | 147 | 2.30 | 144 | 2.57 | 137 | 2.67 | 137 |
| 乍得 | 2.22 | 148 | 2.53 | 142 | 2.55 | 138 | 2.59 | 138 |

资料来源：世界经济论坛。

## 2008—2013 年世界各国每千人互联网用户数（单位：户）

| 国家和地区 | 2008 | 2009 | 2010 | 2011 | 2012 | 2013 |
|---|---|---|---|---|---|---|
| 世界 | 232.73 | 258.47 | 293.47 | 320.19 | 355.81 | 381.32 |
| 阿富汗 | 18.40 | 35.50 | 40.00 | 50.00 | 54.55 | 59.00 |
| 阿尔巴尼亚 | 238.60 | 412.00 | 450.00 | 490.00 | 546.56 | 601.00 |
| 阿尔及利亚 | 101.80 | 112.30 | 125.00 | 140.00 | 152.28 | 165.00 |
| 安道尔 | 700.40 | 785.30 | 810.00 | 810.00 | 864.34 | 940.00 |
| 安哥拉 | 46.00 | 60.00 | 100.00 | 147.76 | 169.37 | 191.00 |
| 安提瓜和巴布达 | 380.00 | 420.00 | 470.00 | 530.00 | 590.00 | 634.00 |
| 阿根廷 | 281.13 | 340.00 | 450.00 | 510.00 | 558.00 | 599.00 |
| 亚美尼亚 | 62.10 | 153.00 | 250.00 | 320.00 | 391.60 | 463.00 |
| 澳大利亚 | 716.70 | 742.50 | 760.00 | 794.88 | 790.00 | 830.00 |
| 奥地利 | 728.70 | 734.50 | 751.70 | 787.40 | 800.30 | 806.19 |
| 阿塞拜疆 | 170.80 | 274.00 | 460.00 | 500.00 | 542.00 | 587.00 |
| 巴哈马 | 315.40 | 338.80 | 430.00 | 650.00 | 717.48 | 720.00 |
| 巴林 | 519.50 | 530.00 | 550.00 | 770.00 | 880.00 | 900.00 |
| 孟加拉国 | 25.00 | 31.00 | 37.00 | 50.00 | 57.50 | 65.00 |
| 巴巴多斯 | 614.00 | 647.00 | 681.00 | 717.66 | 733.30 | 750.00 |
| 白俄罗斯 | 230.00 | 274.30 | 318.00 | 396.49 | 469.10 | 541.70 |
| 比利时 | 660.00 | 700.00 | 750.00 | 816.10 | 807.20 | 821.70 |
| 伯利兹 | 113.10 | 117.30 | 140.00 | 187.00 | 250.00 | 317.00 |
| 贝宁 | 18.50 | 22.40 | 31.30 | 41.48 | 45.00 | 49.00 |
| 百慕大 | 823.00 | 832.50 | 842.10 | 883.36 | 912.99 | 953.00 |
| 不丹 | 65.50 | 71.70 | 136.00 | 210.00 | 254.30 | 299.00 |
| 玻利维亚 | 125.00 | 168.00 | 224.00 | 300.00 | 355.00 | 395.00 |
| 波黑 | 346.60 | 377.40 | 520.00 | 600.00 | 653.56 | 679.00 |
| 博茨瓦纳 | 62.50 | 61.50 | 60.00 | 80.00 | 115.00 | 150.00 |
| 巴西 | 338.30 | 392.20 | 406.50 | 456.90 | 485.60 | 516.00 |
| 文莱达鲁萨兰国 | 460.00 | 490.00 | 530.00 | 560.00 | 602.73 | 645.00 |
| 保加利亚 | 396.70 | 450.00 | 462.30 | 479.80 | 519.00 | 530.62 |
| 布基纳法索 | 9.20 | 11.30 | 24.00 | 30.00 | 37.25 | 44.00 |
| 布隆迪 | 8.10 | 9.00 | 10.00 | 11.10 | 12.20 | 13.00 |
| 柬埔寨 | 5.10 | 5.30 | 12.60 | 31.00 | 49.40 | 60.00 |
| 喀麦隆 | 34.00 | 38.40 | 43.00 | 50.00 | 56.99 | 64.00 |
| 加拿大 | 767.00 | 803.00 | 803.00 | 830.00 | 830.00 | 858.00 |

（续表）

| 国家和地区 | 2008 | 2009 | 2010 | 2011 | 2012 | 2013 |
|---|---|---|---|---|---|---|
| 佛得角 | 140.00 | 210.00 | 300.00 | 320.00 | 347.40 | 375.00 |
| 中非 | 10.00 | 18.00 | 20.00 | 22.00 | 30.00 | 35.00 |
| 乍得 | 11.90 | 15.00 | 17.00 | 19.00 | 21.00 | 23.00 |
| 智利 | 373.00 | 415.60 | 450.00 | 522.50 | 614.18 | 665.00 |
| 中国 | 226.00 | 289.00 | 343.00 | 383.00 | 423.00 | 458.00 |
| 哥伦比亚 | 256.00 | 300.00 | 365.00 | 403.51 | 489.80 | 517.00 |
| 科摩罗 | 30.00 | 35.00 | 51.00 | 55.00 | 59.75 | 65.00 |
| 刚果（金） | 4.40 | 5.60 | 7.20 | 12.00 | 16.80 | 22.00 |
| 刚果（布） | 42.88 | 45.00 | 50.00 | 56.00 | 61.07 | 66.00 |
| 哥斯达黎加 | 322.90 | 343.30 | 365.00 | 392.12 | 475.00 | 459.60 |
| 科特迪瓦 | 19.00 | 20.00 | 21.00 | 22.00 | 23.79 | 26.00 |
| 克罗地亚 | 442.40 | 505.80 | 565.50 | 577.90 | 619.40 | 667.48 |
| 古巴 | 129.40 | 143.30 | 159.00 | 160.17 | 256.42 | 257.09 |
| 塞浦路斯 | 423.10 | 498.10 | 529.90 | 568.60 | 606.90 | 654.55 |
| 捷克 | 629.70 | 644.30 | 688.20 | 704.90 | 734.30 | 741.10 |
| 丹麦 | 850.20 | 868.40 | 887.20 | 898.10 | 922.60 | 946.30 |
| 吉布提 | 22.60 | 40.00 | 65.00 | 70.00 | 82.67 | 95.00 |
| 多米尼克 | 411.60 | 420.20 | 474.50 | 513.14 | 551.77 | 590.00 |
| 多米尼加 | 208.20 | 277.20 | 314.00 | 380.00 | 412.00 | 459.00 |
| 厄瓜多尔 | 188.00 | 246.00 | 290.30 | 313.67 | 351.35 | 403.54 |
| 埃及 | 180.10 | 256.90 | 314.20 | 398.30 | 440.00 | 495.60 |
| 萨尔瓦多 | 100.80 | 121.10 | 159.00 | 189.00 | 203.21 | 231.09 |
| 赤道几内亚 | 18.20 | 21.30 | 60.00 | 115.00 | 139.43 | 164.00 |
| 厄立特里亚 | 4.70 | 5.40 | 6.10 | 7.00 | 8.00 | 9.00 |
| 爱沙尼亚 | 705.80 | 725.00 | 741.00 | 765.00 | 783.90 | 800.04 |
| 埃塞俄比亚 | 4.50 | 5.40 | 7.50 | 11.00 | 14.83 | 19.00 |
| 法罗群岛 | 755.70 | 751.80 | 752.00 | 807.32 | 853.35 | 900.00 |
| 斐济 | 130.00 | 170.00 | 200.00 | 280.00 | 337.42 | 371.00 |
| 芬兰 | 836.70 | 824.90 | 868.90 | 887.10 | 898.80 | 915.14 |
| 法国 | 706.80 | 715.80 | 772.80 | 778.20 | 814.40 | 819.20 |
| 法属波利尼西亚 | 338.70 | 446.00 | 490.00 | 490.00 | 528.77 | 568.00 |
| 加蓬 | 62.10 | 67.00 | 72.30 | 80.00 | 86.17 | 92.00 |
| 冈比亚 | 68.80 | 76.30 | 92.00 | 108.70 | 124.49 | 140.00 |

（续表）

| 国家和地区 | 2008 | 2009 | 2010 | 2011 | 2012 | 2013 |
|---|---|---|---|---|---|---|
| 格鲁吉亚 | 100.10 | 200.70 | 269.00 | 315.20 | 369.40 | 431.00 |
| 德国 | 780.00 | 790.00 | 820.00 | 812.70 | 823.50 | 839.61 |
| 加纳 | 42.70 | 54.40 | 78.00 | 141.10 | 123.00 | 123.00 |
| 希腊 | 382.00 | 424.00 | 444.00 | 516.50 | 550.70 | 598.66 |
| 格陵兰 | 628.20 | 628.30 | 630.00 | 640.00 | 648.96 | 658.00 |
| 格林纳达 | 231.80 | 240.50 | 270.00 | 300.00 | 320.00 | 350.00 |
| 关岛 | 484.19 | 506.42 | 540.40 | 577.00 | 615.34 | 654.00 |
| 危地马拉 | 83.00 | 93.00 | 105.00 | 123.00 | 160.00 | 197.00 |
| 几内亚 | 9.20 | 9.40 | 10.00 | 13.00 | 14.90 | 16.00 |
| 几内亚比绍 | 23.55 | 23.03 | 24.50 | 26.72 | 28.94 | 31.00 |
| 圭亚那 | 182.00 | 239.00 | 299.00 | 310.00 | 330.00 | 330.00 |
| 海地 | 76.00 | 81.00 | 83.70 | 90.00 | 98.00 | 106.00 |
| 洪都拉斯 | 96.00 | 98.00 | 110.90 | 159.00 | 181.20 | 178.00 |
| 中国香港 | 667.00 | 694.00 | 720.00 | 722.00 | 729.00 | 742.00 |
| 匈牙利 | 610.00 | 620.00 | 650.00 | 680.20 | 705.80 | 726.44 |
| 冰岛 | 910.00 | 930.00 | 933.90 | 948.20 | 962.10 | 965.47 |
| 印度 | 43.80 | 51.20 | 75.00 | 100.70 | 125.80 | 151.00 |
| 印度尼西亚 | 79.17 | 69.20 | 109.20 | 111.10 | 147.00 | 158.20 |
| 伊朗伊斯兰 | 102.40 | 110.70 | 147.00 | 210.00 | 275.00 | 314.00 |
| 伊拉克 | 10.00 | 10.60 | 25.00 | 50.00 | 71.00 | 92.00 |
| 爱尔兰 | 653.40 | 673.80 | 698.50 | 748.90 | 769.20 | 782.48 |
| 以色列 | 593.90 | 631.20 | 675.00 | 688.74 | 708.00 | 708.00 |
| 意大利 | 445.30 | 488.30 | 536.80 | 543.90 | 558.30 | 584.59 |
| 牙买加 | 236.00 | 243.00 | 276.70 | 374.39 | 337.90 | 378.00 |
| 日本 | 754.00 | 780.00 | 782.10 | 790.54 | 862.50 | 862.50 |
| 约旦 | 230.00 | 260.00 | 272.00 | 349.00 | 410.00 | 442.00 |
| 哈萨克斯坦 | 110.00 | 182.00 | 316.00 | 506.00 | 533.16 | 540.00 |
| 肯尼亚 | 86.70 | 100.40 | 140.00 | 280.00 | 321.00 | 390.00 |
| 基里巴斯 | 70.00 | 89.70 | 90.70 | 100.00 | 107.47 | 115.00 |
| 韩国 | 810.00 | 816.00 | 837.00 | 837.59 | 840.73 | 847.70 |
| 科威特 | 420.00 | 508.00 | 614.00 | 657.69 | 704.50 | 754.60 |
| 吉尔吉斯斯坦 | 157.00 | 170.00 | 184.00 | 200.00 | 217.20 | 234.00 |
| 老挝 | 35.50 | 60.00 | 70.00 | 90.00 | 107.48 | 125.00 |

（续表）

| 国家和地区 | 2008 | 2009 | 2010 | 2011 | 2012 | 2013 |
|---|---|---|---|---|---|---|
| 拉脱维亚 | 634.10 | 668.40 | 684.20 | 697.50 | 731.20 | 752.34 |
| 黎巴嫩 | 225.30 | 301.40 | 436.80 | 520.00 | 612.50 | 705.00 |
| 莱索托 | 35.80 | 37.20 | 38.60 | 42.25 | 45.90 | 50.00 |
| 利比亚 | 90.00 | 108.00 | 140.00 | 140.00 | – | 165.00 |
| 列支敦士登 | 700.00 | 750.00 | 800.00 | 850.00 | 894.08 | 938.00 |
| 立陶宛 | 552.20 | 597.60 | 621.20 | 636.40 | 672.30 | 684.53 |
| 卢森堡 | 822.30 | 873.10 | 906.20 | 900.30 | 919.50 | 937.77 |
| 中国澳门 | 492.40 | 540.00 | 551.98 | 602.04 | 613.10 | 658.00 |
| 马其顿 | 460.40 | 517.70 | 519.00 | 567.00 | 574.50 | 612.00 |
| 马达加斯加 | 16.50 | 16.30 | 17.00 | 19.00 | 20.55 | 22.00 |
| 马拉维 | 7.00 | 10.70 | 22.60 | 33.30 | 43.51 | 54.00 |
| 马来西亚 | 558.00 | 559.00 | 563.00 | 610.00 | 658.00 | 669.70 |
| 马尔代夫 | 232.00 | 248.00 | 265.30 | 340.00 | 389.30 | 441.00 |
| 马里 | 15.70 | 18.00 | 19.00 | 20.00 | 21.69 | 23.00 |
| 马耳他 | 500.80 | 588.60 | 630.00 | 680.20 | 682.00 | 689.14 |
| 马绍尔群岛 | 46.00 | 56.00 | 70.00 | 80.60 | 100.00 | 117.00 |
| 毛里塔尼亚 | 18.70 | 22.80 | 40.00 | 45.00 | 53.69 | 62.00 |
| 毛里求斯 | 218.10 | 225.10 | 283.30 | 349.50 | 354.20 | 390.00 |
| 墨西哥 | 217.10 | 263.40 | 310.50 | 371.76 | 397.50 | 434.60 |
| 密克罗尼西亚联邦 | 144.90 | 153.50 | 200.00 | 228.00 | 259.74 | 278.00 |
| 摩尔多瓦 | 233.90 | 275.00 | 323.00 | 380.00 | 433.70 | 488.00 |
| 蒙古 | 98.00 | 100.00 | 102.00 | 125.00 | 164.00 | 177.00 |
| 摩洛哥 | 331.00 | 413.00 | 520.00 | 461.07 | 554.16 | 560.00 |
| 莫桑比克 | 15.60 | 26.80 | 41.70 | 43.00 | 48.49 | 54.00 |
| 缅甸 | 2.20 | 2.20 | 2.50 | 9.80 | 10.69 | 12.00 |
| 纳米比亚 | 53.29 | 65.00 | 116.00 | 120.00 | 129.41 | 139.00 |
| 尼泊尔 | 17.30 | 19.70 | 79.30 | 90.00 | 111.49 | 133.00 |
| 荷兰 | 874.20 | 896.30 | 907.20 | 914.20 | 928.60 | 939.56 |
| 新喀里多尼亚 | 345.10 | 339.90 | 420.00 | 500.00 | 580.00 | 660.00 |
| 新西兰 | 720.30 | 797.00 | 804.60 | 812.30 | 820.00 | 827.80 |
| 尼加拉瓜 | 53.00 | 73.00 | 100.00 | 106.00 | 135.00 | 155.00 |
| 尼日尔 | 7.00 | 7.60 | 8.30 | 13.00 | 14.08 | 17.00 |
| 尼日利亚 | 158.60 | 200.00 | 240.00 | 284.30 | 328.00 | 380.00 |

（续表）

| 国家和地区 | 2008 | 2009 | 2010 | 2011 | 2012 | 2013 |
|---|---|---|---|---|---|---|
| 挪威 | 905.70 | 920.80 | 933.90 | 934.90 | 946.50 | 950.53 |
| 阿曼 | 200.00 | 268.00 | 358.28 | 480.00 | 600.00 | 664.50 |
| 巴拿马 | 338.20 | 390.80 | 401.00 | 427.00 | 403.02 | 429.00 |
| 巴布亚新几内亚 | 11.50 | 16.10 | 12.80 | 20.00 | 35.00 | 65.00 |
| 巴拉圭 | 142.70 | 189.00 | 198.00 | 247.64 | 293.40 | 369.00 |
| 秘鲁 | 305.70 | 314.00 | 347.70 | 360.10 | 382.00 | 392.00 |
| 菲律宾 | 62.20 | 90.00 | 250.00 | 290.00 | 362.35 | 370.00 |
| 波兰 | 531.30 | 589.70 | 623.20 | 619.50 | 623.10 | 628.49 |
| 葡萄牙 | 441.30 | 482.70 | 533.00 | 552.50 | 603.40 | 620.96 |
| 波多黎各 | 380.00 | 415.00 | 453.00 | 480.00 | 690.00 | 739.00 |
| 卡塔尔 | 443.00 | 531.00 | 690.00 | 690.00 | 693.00 | 853.00 |
| 罗马尼亚 | 324.20 | 366.00 | 399.30 | 400.10 | 458.80 | 497.65 |
| 俄罗斯联邦 | 268.30 | 290.00 | 430.00 | 490.00 | 638.00 | 614.00 |
| 卢旺达 | 45.00 | 77.00 | 80.00 | 70.00 | 80.24 | 87.00 |
| 萨摩亚 | 50.32 | 60.00 | 70.00 | 110.00 | 129.22 | 153.00 |
| 圣马力诺 | 545.20 | 542.10 | – | 496.00 | 508.83 | 508.00 |
| 圣多美和普林西比 | 154.80 | 164.10 | 187.50 | 201.61 | 215.72 | 230.00 |
| 沙特阿拉伯 | 360.00 | 380.00 | 410.00 | 475.00 | 540.00 | 605.00 |
| 塞内加尔 | 106.00 | 145.00 | 160.00 | 175.00 | 192.04 | 209.00 |
| 塞尔维亚和黑山 | 356.00 | 381.00 | 409.00 | 422.00 | 481.00 | 515.00 |
| 塞舌尔 | 404.40 | 0.00 | 410.00 | 431.64 | 470.76 | 504.00 |
| 塞拉利昂 | 2.50 | 2.60 | 5.80 | 9.00 | 13.00 | 17.00 |
| 新加坡 | 690.00 | 690.00 | 710.00 | 710.00 | 720.00 | 730.00 |
| 斯洛伐克 | 660.50 | 700.00 | 757.10 | 744.40 | 767.10 | 778.83 |
| 斯洛文尼亚 | 580.00 | 640.00 | 700.00 | 673.40 | 683.50 | 726.76 |
| 所罗门群岛 | 30.00 | 40.00 | 50.00 | 60.00 | 69.97 | 80.00 |
| 索马里 | 11.43 | 11.61 | – | 12.50 | 13.77 | 15.00 |
| 南非 | 84.30 | 100.00 | 240.00 | 339.70 | 410.00 | 489.00 |
| 西班牙 | 596.00 | 624.00 | 658.00 | 676.00 | 698.10 | 715.72 |
| 斯里兰卡 | 58.00 | 87.80 | 120.00 | 150.00 | 182.85 | 219.00 |
| 圣基茨和尼维斯 | 600.00 | 690.00 | 760.00 | 776.00 | 793.49 | 800.00 |
| 圣卢西亚 | 320.00 | 360.00 | 433.00 | 450.00 | 348.20 | 352.00 |
| 圣文森特和格林纳丁斯 | 210.00 | 310.00 | 385.00 | 430.10 | 475.20 | 520.00 |

（续表）

| 国家和地区 | 2008 | 2009 | 2010 | 2011 | 2012 | 2013 |
|---|---|---|---|---|---|---|
| 苏丹 | – | – | 167.00 | 173.04 | 210.00 | 227.00 |
| 苏里南 | 210.60 | 313.60 | 315.90 | 320.00 | 346.81 | 374.00 |
| 斯威士兰 | 68.50 | 89.40 | 110.40 | 181.30 | 207.82 | 247.00 |
| 瑞典 | 900.00 | 910.00 | 900.00 | 927.70 | 931.80 | 947.84 |
| 瑞士 | 792.00 | 813.00 | 839.00 | 851.93 | 852.00 | 867.00 |
| 叙利亚 | 140.00 | 173.00 | 207.00 | 225.00 | 243.00 | 262.00 |
| 塔吉克斯坦 | 87.80 | 100.70 | 115.50 | 130.30 | 145.10 | 160.00 |
| 坦桑尼亚 | 19.00 | 24.00 | 29.00 | 35.00 | 39.50 | 44.00 |
| 泰国 | 182.00 | 201.00 | 224.00 | 236.70 | 264.60 | 289.40 |
| 多哥 | 24.00 | 26.00 | 30.00 | 35.00 | 40.00 | 45.00 |
| 汤加 | 81.11 | 100.00 | 160.00 | 250.00 | 348.61 | 350.00 |
| 特立尼达和多巴哥 | 348.00 | 443.00 | 485.00 | 552.00 | 595.16 | 638.00 |
| 突尼斯 | 275.30 | 340.70 | 368.00 | 391.00 | 414.42 | 438.00 |
| 土耳其 | 343.70 | 364.00 | 398.20 | 430.66 | 451.30 | 462.50 |
| 土库曼斯坦 | 17.50 | 19.50 | 30.00 | 50.00 | 71.96 | 96.00 |
| 乌干达 | 79.00 | 97.80 | 125.00 | 130.14 | 146.90 | 162.00 |
| 乌克兰 | 110.00 | 179.00 | 233.00 | 287.08 | 352.70 | 418.00 |
| 阿联酋 | 630.00 | 640.00 | 680.00 | 780.00 | 850.00 | 880.00 |
| 英国 | 783.90 | 835.60 | 850.00 | 853.80 | 874.80 | 898.44 |
| 美国 | 740.00 | 710.00 | 716.90 | 697.29 | 793.00 | 842.00 |
| 乌拉圭 | 393.00 | 418.00 | 464.00 | 514.05 | 544.54 | 581.00 |
| 乌兹别克斯坦 | 90.80 | 170.58 | 200.00 | 302.00 | 365.21 | 382.00 |
| 瓦努阿图 | 72.69 | 75.00 | 80.00 | 92.00 | 105.98 | 113.00 |
| 委内瑞拉 | 258.80 | 327.00 | 373.70 | 402.20 | 490.50 | 549.00 |
| 越南 | 239.20 | 265.50 | 306.50 | 350.70 | 394.90 | 439.00 |
| 美属维京群岛 | 273.62 | 273.97 | 312.20 | 356.00 | 405.48 | 453.00 |
| 约旦河西岸和加沙地带 | 243.58 | 322.30 | 374.00 | 410.80 | 434.00 | 466.00 |
| 也门 | 68.90 | 99.60 | 123.50 | 149.05 | 174.47 | 200.00 |
| 赞比亚 | 55.50 | 63.10 | 100.00 | 115.00 | 134.68 | 154.00 |
| 津巴布韦 | 114.00 | 113.60 | 115.00 | 157.00 | 170.90 | 185.00 |

数据来源：世界银行数据库。

## 2008—2013 年世界各国每千人宽带用户数（单位：户）

| 国家和地区 | 2008 | 2009 | 2010 | 2011 | 2012 | 2013 |
|---|---|---|---|---|---|---|
| 世界 | 60.98 | 69.49 | 77.75 | 88.84 | 90.92 | 94.89 |
| 阿富汗 | 0.02 | 0.04 | 0.05 | — | 0.05 | 0.05 |
| 阿尔巴尼亚 | 20.27 | 29.20 | 33.50 | 40.64 | 50.60 | 57.53 |
| 阿尔及利亚 | 13.58 | 22.48 | 24.28 | 25.97 | 30.01 | 32.65 |
| 安道尔 | 258.50 | 291.65 | 314.50 | 330.87 | 343.35 | 345.54 |
| 安哥拉 | 0.87 | 1.06 | 1.02 | 1.24 | 2.03 | 2.22 |
| 安提瓜和巴布达 | 58.42 | 73.93 | 81.61 | 68.06 | 46.37 | 44.84 |
| 阿根廷 | 78.50 | 87.72 | 99.59 | 111.93 | 125.29 | 138.55 |
| 亚美尼亚 | 3.72 | 10.54 | 28.74 | 51.93 | 69.64 | 78.76 |
| 澳大利亚 | 237.93 | 231.06 | 239.91 | 237.99 | 243.42 | 250.14 |
| 奥地利 | 207.26 | 220.46 | 241.49 | 246.42 | 250.24 | 260.15 |
| 阿塞拜疆 | 6.76 | 11.13 | 50.58 | 103.03 | 137.56 | 170.33 |
| 巴哈马 | 73.20 | 89.11 | 68.52 | 42.30 | — | 41.07 |
| 巴林 | 68.87 | 63.77 | 54.03 | 141.56 | 132.01 | 131.55 |
| 孟加拉国 | 0.34 | 2.12 | 2.74 | 3.07 | 3.88 | 6.32 |
| 巴巴多斯 | 177.27 | 205.39 | 200.40 | 215.20 | 236.15 | 238.19 |
| 白俄罗斯 | 50.00 | 114.67 | 175.52 | 221.92 | 269.10 | 297.65 |
| 比利时 | 275.00 | 288.52 | 306.78 | 320.61 | 332.66 | 343.95 |
| 伯利兹 | 27.41 | 27.71 | 28.89 | 30.66 | 30.78 | 31.33 |
| 贝宁 | 0.11 | 0.26 | 0.38 | 0.40 | 0.46 | 0.42 |
| 百慕大 | 525.07 | 617.17 | 617.39 | — | — | 613.70 |
| 不丹 | 2.98 | 4.79 | 12.10 | 18.14 | 22.60 | 27.17 |
| 玻利维亚 | 8.07 | 9.62 | 9.45 | 6.38 | 10.54 | 13.28 |
| 波黑 | 48.81 | 61.28 | 79.95 | 94.94 | 106.10 | 117.59 |
| 博茨瓦纳 | 4.60 | 5.12 | 6.08 | 7.91 | 9.40 | 10.68 |
| 巴西 | 50.48 | 58.38 | 67.96 | 85.59 | 91.55 | 100.77 |
| 文莱达鲁萨兰国 | 43.53 | 50.78 | 54.17 | 57.03 | 48.15 | 57.07 |
| 保加利亚 | 109.09 | 128.68 | 147.28 | 167.01 | 179.48 | 189.69 |
| 布基纳法索 | 0.70 | 0.79 | 0.88 | 0.88 | 0.87 | 0.77 |
| 布隆迪 | 0.02 | 0.02 | 0.04 | 0.04 | 0.05 | 0.01 |
| 柬埔寨 | 1.19 | 2.12 | 2.48 | 1.51 | 2.00 | 2.16 |
| 喀麦隆 | 0.04 | 0.04 | 0.29 | 0.51 | 0.64 | 0.76 |

（续表）

| 国家和地区 | 2008 | 2009 | 2010 | 2011 | 2012 | 2013 |
|---|---|---|---|---|---|---|
| 加拿大 | 294.95 | 295.68 | 307.03 | 316.98 | 324.77 | 332.84 |
| 佛得角 | 15.23 | 22.59 | 32.96 | 43.49 | 40.16 | 42.52 |
| 智利 | 84.79 | 96.75 | 103.73 | 115.44 | 123.34 | 122.51 |
| 中国 | 61.72 | 76.95 | 92.91 | 114.35 | 127.21 | 136.34 |
| 哥伦比亚 | 38.97 | 45.55 | 55.91 | 70.04 | 81.62 | 92.85 |
| 科摩罗 | 0.17 | 0.10 | 0.48 | 0.57 | 1.72 | 1.77 |
| 刚果（金） | 0.08 | 0.11 | – | – | 0.08 | 0.07 |
| 哥斯达黎加 | 23.70 | 39.07 | 84.86 | 87.31 | 93.24 | 97.21 |
| 科特迪瓦 | 0.55 | 0.54 | – | – | 2.33 | 2.77 |
| 克罗地亚 | 120.34 | 157.46 | 185.30 | 199.19 | 206.70 | 215.37 |
| 古巴 | 0.20 | 0.26 | 0.33 | 0.39 | 0.44 | 0.48 |
| 塞浦路斯 | 136.74 | 161.23 | 175.29 | 188.03 | 192.27 | 199.13 |
| 捷克 | 109.45 | 129.21 | 144.97 | 157.27 | 163.99 | 170.34 |
| 丹麦 | 361.14 | 361.51 | 371.94 | 375.74 | 388.01 | 401.74 |
| 吉布提 | 3.03 | 6.43 | 9.66 | 13.35 | 17.34 | 20.28 |
| 多米尼克 | 98.75 | 102.82 | 116.78 | 116.34 | 118.58 | 148.15 |
| 多米尼加 | 23.18 | 29.80 | 36.93 | 39.79 | 43.47 | 46.61 |
| 厄瓜多尔 | 10.75 | 16.35 | 13.19 | 40.59 | 52.85 | 63.39 |
| 埃及 | 10.20 | 13.62 | 18.57 | 23.22 | 28.33 | 32.60 |
| 萨尔瓦多 | 20.07 | 24.16 | 28.19 | 32.93 | 38.44 | 44.53 |
| 赤道几内亚 | 0.27 | 0.27 | 1.70 | 1.88 | 2.01 | 4.65 |
| 爱沙尼亚 | 215.23 | 231.08 | 240.24 | 245.12 | 254.67 | 265.38 |
| 埃塞俄比亚 | 0.02 | 0.04 | 0.05 | 0.05 | 0.07 | 2.53 |
| 法罗群岛 | 299.95 | 320.20 | 317.34 | 321.73 | 329.74 | 337.59 |
| 斐济 | 15.44 | 15.05 | 27.02 | 26.79 | 15.45 | 11.96 |
| 芬兰 | 299.33 | 287.02 | 285.54 | 294.80 | 303.75 | 308.96 |
| 法国 | 285.04 | 315.67 | 337.45 | 357.79 | 374.98 | 387.92 |
| 法属波利尼西亚 | 105.26 | 113.14 | 120.30 | 132.90 | 146.81 | 162.19 |
| 加蓬 | 1.48 | 2.43 | 2.62 | 2.82 | 3.06 | 5.32 |
| 冈比亚 | 0.19 | 0.18 | 0.21 | 0.25 | 0.28 | 0.24 |
| 格鲁吉亚 | 25.41 | 34.08 | 52.61 | 74.21 | 90.04 | 102.42 |
| 德国 | 271.57 | 299.24 | 314.27 | 327.96 | 337.04 | 345.76 |
| 加纳 | 0.99 | 1.16 | 2.06 | 2.52 | 2.58 | 2.66 |

（续表）

| 国家和地区 | 2008 | 2009 | 2010 | 2011 | 2012 | 2013 |
|---|---|---|---|---|---|---|
| 希腊 | 135.94 | 172.55 | 202.56 | 221.49 | 241.39 | 261.51 |
| 格陵兰 | 210.78 | 220.49 | 218.02 | 208.90 | 199.15 | 189.52 |
| 格林纳达 | 86.15 | 118.61 | 137.92 | 139.65 | 151.68 | 169.98 |
| 关岛 | 17.06 | 18.91 | 18.82 | – | – | 18.17 |
| 危地马拉 | 6.92 | 11.15 | 18.06 | – | 18.15 | 18.02 |
| 圭亚那 | 0.00 | 0.00 | 0.05 | 0.05 | 0.06 | 0.07 |
| 中国香港 | 277.77 | 288.68 | 299.47 | 316.91 | 311.69 | 307.54 |
| 匈牙利 | 167.34 | 187.42 | 205.48 | 220.89 | 228.65 | 241.20 |
| 冰岛 | 335.16 | 333.87 | 336.47 | 341.59 | 342.61 | 351.48 |
| 印度 | 4.49 | 6.51 | 9.12 | 10.93 | 12.11 | 11.61 |
| 印度尼西亚 | 4.19 | 7.85 | 9.47 | 11.22 | 12.08 | 13.01 |
| 伊朗伊斯兰 | 4.13 | 5.44 | 12.92 | 23.51 | 40.25 | 56.18 |
| 爱尔兰 | 176.87 | 197.39 | 210.72 | 219.70 | 227.20 | 242.38 |
| 以色列 | 236.96 | 236.88 | 237.45 | 249.13 | 253.40 | 256.69 |
| 意大利 | 188.33 | 200.63 | 215.86 | 221.17 | 221.45 | 222.99 |
| 牙买加 | 35.80 | 41.10 | 42.56 | 42.93 | 44.44 | 47.61 |
| 日本 | 236.55 | 257.96 | 267.69 | 273.83 | 283.76 | 288.37 |
| 约旦 | 23.20 | 32.92 | 30.33 | 29.70 | 28.12 | 28.26 |
| 哈萨克斯坦 | 21.67 | 36.66 | 54.62 | 74.13 | 97.85 | 116.01 |
| 肯尼亚 | 0.08 | 0.21 | 0.10 | 1.01 | 0.99 | 1.29 |
| 韩国 | 323.27 | 339.41 | 354.84 | 366.47 | 372.47 | 380.35 |
| 科威特 | 14.80 | 15.79 | 15.38 | 15.04 | 14.46 | 13.95 |
| 吉尔吉斯斯坦 | 3.64 | 2.91 | 3.92 | 6.84 | 8.79 | 9.62 |
| 老挝 | 0.47 | 0.69 | 0.88 | 0.97 | 1.14 | 1.33 |
| 拉脱维亚 | 185.02 | 206.86 | 208.02 | 220.62 | 233.50 | 246.79 |
| 黎巴嫩 | 46.58 | 46.39 | 69.80 | 82.85 | 97.05 | 99.54 |
| 莱索托 | 0.07 | 0.20 | 0.20 | 0.66 | 0.71 | 1.10 |
| 利比亚 | 7.87 | 10.56 | 12.05 | 11.47 | 10.93 | 10.43 |
| 列支敦士登 | 437.02 | 445.82 | 422.20 | 399.36 | 305.24 | 324.98 |
| 立陶宛 | 168.83 | 181.91 | 192.48 | 203.97 | 211.49 | 220.11 |
| 卢森堡 | 293.86 | 313.42 | 331.51 | 328.76 | 324.01 | 334.89 |
| 中国澳门 | 239.53 | 241.83 | 247.05 | 252.00 | 259.70 | 268.01 |
| 马其顿 | 86.25 | 104.09 | 113.13 | 123.21 | 136.97 | 156.99 |

（续表）

| 国家和地区 | 2008 | 2009 | 2010 | 2011 | 2012 | 2013 |
|---|---|---|---|---|---|---|
| 马达加斯加 | 0.18 | 0.22 | 0.25 | 0.32 | 0.39 | 0.61 |
| 马拉维 | 0.07 | 0.07 | 0.07 | 0.07 | 0.08 | 0.17 |
| 马来西亚 | 48.29 | 55.48 | 64.92 | 74.33 | 84.13 | 82.21 |
| 马尔代夫 | 48.94 | 47.96 | 46.51 | 52.54 | 52.77 | 58.37 |
| 马里 | 0.20 | 0.22 | 0.17 | 0.16 | 0.22 | 0.19 |
| 马耳他 | 226.54 | 259.75 | 285.42 | 293.58 | 310.50 | 327.62 |
| 毛里塔尼亚 | 1.72 | 1.93 | 1.61 | 1.65 | 1.76 | 1.94 |
| 毛里求斯 | 38.22 | 56.11 | 75.57 | 94.58 | 112.14 | 125.36 |
| 墨西哥 | 64.60 | 79.74 | 94.17 | 99.43 | 105.23 | 111.39 |
| 密克罗尼西亚联邦 | – | – | 9.63 | – | – | 19.92 |
| 摩尔多瓦 | 31.66 | 51.88 | 75.31 | 100.23 | 118.71 | 133.94 |
| 蒙古 | 12.35 | 13.75 | 26.43 | 32.27 | 37.50 | 49.22 |
| 摩洛哥 | 15.63 | 15.21 | 15.76 | 18.37 | 20.96 | 25.33 |
| 莫桑比克 | 0.45 | 0.54 | 0.61 | 0.86 | 0.81 | 0.70 |
| 缅甸 | 0.20 | 0.40 | 0.44 | 0.35 | 1.21 | 1.79 |
| 纳米比亚 | 0.15 | 0.20 | 4.32 | 8.34 | 11.77 | 12.93 |
| 尼泊尔 | 0.46 | 0.59 | 2.18 | 3.49 | 6.23 | 7.51 |
| 荷兰 | 351.73 | 370.08 | 380.92 | 389.89 | 398.11 | 400.79 |
| 新喀里多尼亚 | 106.32 | 136.32 | 155.03 | 171.21 | 189.21 | 208.97 |
| 新西兰 | 213.87 | 226.78 | 240.38 | 258.27 | 278.04 | 292.07 |
| 尼加拉瓜 | 7.62 | 13.70 | 12.59 | 14.41 | 16.91 | 21.66 |
| 尼日尔 | 0.04 | 0.07 | 0.09 | 0.13 | 0.21 | 0.36 |
| 尼日利亚 | 0.45 | 0.53 | 0.62 | – | 0.08 | 0.09 |
| 挪威 | 324.40 | 337.71 | 345.12 | 352.88 | 363.27 | 364.30 |
| 阿曼 | 12.51 | 15.44 | 18.33 | 17.38 | 21.49 | 26.22 |
| 巴拿马 | 55.21 | 64.82 | 70.22 | 75.62 | 77.50 | 77.07 |
| 巴布亚新几内亚 | 0.46 | 0.66 | 0.89 | 1.07 | 1.28 | 1.54 |
| 巴拉圭 | 2.05 | 2.49 | 4.36 | 9.41 | 11.91 | 15.85 |
| 秘鲁 | 25.35 | 27.98 | 31.15 | 40.19 | 47.45 | 51.83 |
| 菲律宾 | 11.57 | 18.74 | 18.43 | 18.84 | 22.20 | 26.15 |
| 波兰 | 104.36 | 125.63 | 129.86 | 147.16 | 155.84 | 156.08 |
| 葡萄牙 | 152.67 | 178.46 | 198.71 | 211.61 | 225.41 | 238.37 |
| 波多黎各 | 114.34 | 129.15 | 148.67 | 150.77 | 155.12 | 162.69 |

（续表）

| 国家和地区 | 2008 | 2009 | 2010 | 2011 | 2012 | 2013 |
|---|---|---|---|---|---|---|
| 卡塔尔 | 76.69 | 90.35 | 82.33 | 85.30 | 89.58 | 99.36 |
| 罗马尼亚 | 113.36 | 127.32 | 136.31 | 149.62 | 161.71 | 173.28 |
| 俄罗斯联邦 | 64.59 | 89.78 | 109.32 | 121.45 | 144.61 | 166.17 |
| 卢旺达 | 0.11 | 0.21 | 0.24 | 0.45 | 0.24 | 0.24 |
| 萨摩亚 | 0.87 | 1.08 | 1.08 | – | – | 1.05 |
| 圣马力诺 | 160.40 | 177.41 | 194.16 | 210.58 | 316.89 | 325.33 |
| 圣多美和普林西比 | 2.04 | 2.56 | 3.28 | 4.02 | 4.14 | 5.07 |
| 沙特阿拉伯 | 39.75 | 50.11 | 54.90 | 56.80 | 69.49 | 73.25 |
| 塞内加尔 | 3.87 | 4.67 | 6.07 | 6.95 | 6.96 | 7.55 |
| 塞尔维亚和黑山 | 56.95 | 74.12 | 101.30 | 117.26 | 129.14 | 139.33 |
| 塞舌尔 | 30.48 | 43.38 | 68.83 | 98.04 | 110.34 | 129.40 |
| 新加坡 | 211.15 | 235.84 | 249.81 | 256.15 | 254.41 | 257.00 |
| 斯洛伐克 | 96.00 | 115.71 | 127.80 | 137.26 | 146.61 | 155.22 |
| 斯洛文尼亚 | 209.25 | 219.66 | 227.52 | 236.50 | 242.77 | 249.64 |
| 所罗门群岛 | 2.98 | 3.88 | 4.79 | 4.52 | 3.88 | 3.36 |
| 南非 | 8.47 | 9.45 | 14.44 | 17.46 | 21.14 | 30.60 |
| 西班牙 | 200.12 | 212.15 | 228.08 | 237.47 | 243.75 | 255.71 |
| 斯里兰卡 | 4.98 | 8.23 | 11.00 | 17.16 | 16.78 | 19.91 |
| 圣基茨和尼维斯 | 217.26 | 251.30 | 278.88 | 237.87 | 242.61 | 245.43 |
| 圣卢西亚 | 89.89 | 106.08 | 115.51 | 119.04 | 135.86 | 137.16 |
| 圣文森特和格林纳丁斯 | 85.78 | 105.33 | 114.37 | 121.15 | 124.49 | 133.52 |
| 苏丹 | 1.08 | – | 0.31 | 0.48 | 0.67 | 1.18 |
| 苏里南 | 11.16 | 16.47 | 28.85 | 43.72 | 54.75 | 68.79 |
| 斯威士兰 | 0.67 | 1.28 | 1.65 | 2.29 | 2.79 | 3.36 |
| 瑞典 | 313.92 | 315.96 | 319.40 | 320.11 | 322.76 | 325.53 |
| 瑞士 | 334.01 | 353.77 | 371.81 | 388.67 | 401.46 | 430.09 |
| 叙利亚 | 0.54 | 1.65 | 3.24 | 5.56 | 11.06 | 15.81 |
| 塔吉克斯坦 | 0.50 | 0.59 | 0.62 | 0.64 | 0.67 | 0.71 |
| 坦桑尼亚 | 0.06 | 0.07 | 0.07 | 0.58 | 0.83 | 1.05 |
| 泰国 | 31.32 | 39.60 | 48.97 | 57.41 | 65.16 | 73.51 |
| 多哥 | 0.32 | 0.44 | 0.61 | 0.80 | 1.06 | 1.01 |
| 汤加 | 7.00 | 9.66 | 10.57 | 12.43 | 14.29 | 16.14 |
| 特立尼达和多巴哥 | 64.91 | 94.94 | 109.20 | 116.26 | 137.54 | 145.56 |

（续表）

| 国家和地区 | 2008 | 2009 | 2010 | 2011 | 2012 | 2013 |
|---|---|---|---|---|---|---|
| 突尼斯 | 21.87 | 35.47 | 45.32 | 51.98 | 48.54 | 47.71 |
| 土耳其 | 81.72 | 90.44 | 98.25 | 103.76 | 106.20 | 111.87 |
| 土库曼斯坦 | 0.02 | 0.09 | 0.14 | 0.22 | 0.27 | 0.34 |
| 乌干达 | 0.15 | 0.18 | 0.41 | 1.01 | 1.06 | 1.10 |
| 乌克兰 | 34.44 | 41.21 | 64.16 | 69.20 | 80.02 | 88.31 |
| 阿联酋 | 82.01 | 89.10 | 93.21 | 97.14 | 103.39 | 111.14 |
| 英国 | 281.64 | 289.44 | 308.28 | 329.23 | 344.34 | 357.31 |
| 美国 | 246.88 | 253.15 | 265.04 | 274.51 | 284.53 | 285.40 |
| 乌拉圭 | 67.98 | 89.52 | 108.98 | 134.53 | 165.85 | 211.32 |
| 乌兹别克斯坦 | 2.44 | 3.24 | 4.25 | 5.25 | 7.45 | 10.59 |
| 瓦努阿图 | 0.89 | 2.17 | 2.12 | 1.39 | 1.25 | 1.19 |
| 委内瑞拉 | 38.84 | 47.01 | 55.96 | 60.40 | 67.02 | 73.11 |
| 越南 | 23.45 | 36.44 | 41.21 | 42.69 | 48.97 | 56.19 |
| 美属维京群岛 | 69.45 | 84.48 | 85.54 | – | – | 85.34 |
| 也门共和国 | 1.20 | 2.43 | 3.69 | 4.68 | 7.01 | 10.52 |
| 赞比亚 | 0.46 | 0.83 | 0.78 | 1.17 | 1.05 | 0.75 |
| 津巴布韦 | 1.41 | 2.26 | 2.52 | 2.55 | 5.21 | 7.32 |

数据来源：世界银行数据库。

## 2008—2013 年世界各国每千人所拥有的电话线路数量（单位：线）

| 国家和地区 | 2008 | 2009 | 2010 | 2011 | 2012 | 2013 |
|---|---|---|---|---|---|---|
| 世界 | 186.03 | 183.65 | 177.92 | 171.80 | 166.66 | 161.55 |
| 阿富汗 | – | 0.19 | 0.59 | 0.46 | 3.02 | 3.13 |
| 阿尔巴尼亚 | 108.85 | 115.19 | 105.73 | 107.44 | 98.67 | 88.62 |
| 阿尔及利亚 | 85.91 | 70.81 | 78.86 | 81.01 | 83.97 | 79.83 |
| 美属萨摩亚 | 182.29 | 184.91 | 186.93 | – | 181.40 | 181.27 |
| 安道尔 | 467.37 | 481.60 | 489.96 | 493.17 | 489.03 | 486.91 |
| 安哥拉 | 6.24 | 16.02 | 14.38 | 12.84 | 10.01 | 10.01 |
| 安提瓜和巴布达 | 445.23 | 432.79 | 416.38 | 402.53 | 372.28 | 368.21 |
| 阿根廷 | 245.56 | 244.06 | 245.56 | 238.71 | 230.14 | 233.12 |

（续表）

| 国家和地区 | 2008 | 2009 | 2010 | 2011 | 2012 | 2013 |
|---|---|---|---|---|---|---|
| 亚美尼亚 | 210.45 | 202.11 | 199.87 | 198.02 | 196.59 | 194.33 |
| 阿鲁巴 | 379.51 | 361.87 | 344.89 | – | 351.62 | 340.10 |
| 澳大利亚 | 432.89 | 485.95 | 474.24 | 464.94 | 454.26 | 443.40 |
| 奥地利 | 393.78 | 388.57 | 404.43 | 401.76 | 399.34 | 394.23 |
| 阿塞拜疆 | 147.62 | 155.92 | 165.65 | 182.98 | 185.20 | 186.74 |
| 巴哈马 | 381.11 | 363.80 | 358.71 | 363.05 | 362.94 | 360.39 |
| 巴林 | 197.47 | 199.74 | 182.18 | 213.90 | 227.20 | 217.80 |
| 孟加拉国 | 9.09 | 8.26 | 8.47 | 6.40 | 6.22 | 7.27 |
| 巴巴多斯 | 486.25 | 486.37 | 490.33 | 499.17 | 506.17 | 522.53 |
| 白俄罗斯 | 389.09 | 418.15 | 436.05 | 445.27 | 468.58 | 477.58 |
| 比利时 | 439.50 | 426.80 | 424.06 | 421.04 | 419.06 | 413.14 |
| 伯利兹 | 106.03 | 103.54 | 98.15 | 91.20 | 78.43 | 72.31 |
| 贝宁 | 12.85 | 13.76 | 14.03 | 15.62 | 15.59 | 15.44 |
| 百慕大 | 890.72 | 890.27 | 889.90 | – | 1058.02 | 1101.91 |
| 不丹 | 39.69 | 37.40 | 36.67 | 37.69 | 36.40 | 35.13 |
| 玻利维亚 | 80.23 | 80.47 | 83.81 | 85.09 | 83.78 | 81.94 |
| 波斯尼亚和黑塞哥维那 | 267.11 | 259.16 | 259.66 | 248.99 | 231.18 | 232.37 |
| 博茨瓦纳 | 73.58 | 70.41 | 69.78 | 75.29 | 80.09 | 86.17 |
| 巴西 | 215.03 | 214.46 | 215.88 | 218.48 | 223.03 | 222.75 |
| 文莱达鲁萨兰国 | 208.20 | 204.23 | 199.47 | 196.40 | 172.07 | 135.75 |
| 保加利亚 | 291.81 | 296.18 | 292.90 | 309.94 | 293.07 | 268.92 |
| 布基纳法索 | 10.11 | 10.10 | 9.26 | 8.85 | 8.59 | 8.11 |
| 布隆迪 | 3.53 | 3.49 | 3.79 | 3.15 | 1.77 | 2.09 |
| 柬埔寨 | 3.09 | 3.83 | 24.98 | 36.29 | 39.32 | 27.81 |
| 喀麦隆 | 13.03 | 21.66 | 26.16 | 31.62 | 33.98 | 35.90 |
| 加拿大 | 546.90 | 554.27 | 539.00 | 527.79 | 506.54 | 497.39 |
| 佛得角 | 148.27 | 147.98 | 147.60 | 151.87 | 142.03 | 132.65 |
| 开曼群岛 | 675.95 | 666.07 | 672.88 | 657.74 | 649.50 | 628.34 |
| 中非 | – | 0.83 | 0.21 | 0.18 | 0.18 | 0.17 |
| 乍得 | 4.08 | 5.12 | 4.37 | 2.64 | 2.24 | 2.44 |
| 智利 | 209.71 | 209.77 | 201.59 | 194.49 | 187.84 | 181.80 |
| 中国 | 253.48 | 232.18 | 216.49 | 208.35 | 201.99 | 192.69 |
| 哥伦比亚 | 175.60 | 163.18 | 154.72 | 151.38 | 149.55 | 147.79 |

（续表）

| 国家和地区 | 2008 | 2009 | 2010 | 2011 | 2012 | 2013 |
|---|---|---|---|---|---|---|
| 科摩罗 | 44.37 | 46.22 | 31.05 | 33.06 | 33.45 | 31.30 |
| 刚果（金） | 0.63 | 0.70 | 0.68 | 0.89 | 0.91 | 0.00 |
| 刚果（布） | 2.33 | 2.90 | 3.26 | 3.36 | 3.44 | 3.53 |
| 哥斯达黎加 | 317.19 | 325.90 | 227.08 | 217.75 | 207.25 | 198.58 |
| 科特迪瓦 | 19.52 | 15.16 | 14.93 | 14.26 | 13.92 | 13.40 |
| 克罗地亚 | 430.74 | 427.41 | 430.09 | 407.25 | 379.22 | 367.60 |
| 古巴 | 96.32 | 99.19 | 103.14 | 105.84 | 107.93 | 109.83 |
| 塞浦路斯 | 383.74 | 380.09 | 374.37 | 362.76 | 330.56 | 305.92 |
| 捷克 | 237.99 | 240.96 | 224.32 | 207.70 | 198.63 | 186.60 |
| 丹麦 | 541.30 | 502.19 | 470.87 | 445.09 | 410.76 | 374.47 |
| 吉布提 | 18.41 | 20.49 | 22.15 | 21.78 | 23.21 | 23.70 |
| 多米尼克 | 246.89 | 232.41 | 217.57 | 209.97 | 226.51 | 238.10 |
| 多米尼加 | 101.10 | 97.67 | 101.12 | 108.38 | 109.86 | 112.56 |
| 厄瓜多尔 | 131.37 | 136.43 | 139.03 | 144.99 | 149.02 | 152.17 |
| 埃及 | 157.00 | 134.32 | 123.19 | 109.76 | 106.01 | 83.12 |
| 萨尔瓦多 | 175.10 | 177.75 | 160.96 | 164.59 | 168.16 | 149.78 |
| 赤道几内亚 | 15.20 | 14.77 | 19.45 | 20.28 | 20.19 | 19.65 |
| 厄立特里亚 | 7.51 | 8.72 | 9.45 | 9.86 | 9.80 | 9.78 |
| 爱沙尼亚 | 380.88 | 378.18 | 371.35 | 364.55 | 347.24 | 331.32 |
| 埃塞俄比亚 | 10.86 | 10.79 | 10.44 | 9.27 | 8.69 | 8.09 |
| 法罗群岛 | 439.95 | 421.85 | 406.91 | 394.76 | 377.43 | 363.86 |
| 斐济 | 152.99 | 160.45 | 150.88 | 149.60 | 101.08 | 85.11 |
| 芬兰 | 310.25 | 267.59 | 232.87 | 200.41 | 164.46 | 138.62 |
| 法国 | 561.13 | 650.90 | 642.44 | 634.93 | 620.52 | 607.84 |
| 法属波利尼西亚 | 207.52 | 204.66 | 204.96 | 203.05 | 200.87 | 198.68 |
| 加蓬 | 22.37 | 24.00 | 19.52 | 14.11 | 13.85 | 11.52 |
| 冈比亚 | 30.97 | 29.75 | 29.02 | 29.08 | 35.84 | 34.71 |
| 格鲁吉亚 | 140.06 | 140.87 | 253.36 | 306.45 | 292.74 | 276.73 |
| 德国 | 603.27 | 645.57 | 637.22 | 620.08 | 605.07 | 588.69 |
| 加纳 | 6.23 | 11.29 | 11.45 | 11.47 | 11.23 | 10.44 |
| 希腊 | 474.03 | 540.66 | 530.88 | 516.70 | 490.91 | 479.20 |
| 格陵兰 | 402.61 | 389.61 | 385.92 | 351.36 | 333.00 | 315.86 |
| 格林纳达 | 274.98 | 271.65 | 271.01 | 267.16 | 262.86 | 269.93 |

（续表）

| 国家和地区 | 2008 | 2009 | 2010 | 2011 | 2012 | 2013 |
|---|---|---|---|---|---|---|
| 关岛 | 413.75 | 412.93 | 410.81 | – | 411.52 | 405.76 |
| 危地马拉 | 106.16 | 101.02 | 104.49 | 110.59 | 115.62 | 120.44 |
| 几内亚 | 2.62 | 2.08 | 1.66 | 1.61 | 0.00 | 0.00 |
| 几内亚比绍 | 3.06 | 3.12 | 3.15 | 3.08 | 3.01 | 2.93 |
| 圭亚那 | 178.95 | 188.26 | 190.63 | 192.57 | 193.88 | 196.10 |
| 海地 | 11.21 | 10.96 | 5.05 | 4.98 | 4.91 | 3.97 |
| 洪都拉斯 | 112.77 | 95.90 | 88.36 | 78.99 | 76.93 | 76.45 |
| 中国香港 | 600.33 | 610.44 | 618.72 | 611.90 | 612.93 | 630.01 |
| 匈牙利 | 307.98 | 305.92 | 297.29 | 293.44 | 296.77 | 299.15 |
| 冰岛 | 644.82 | 606.00 | 608.77 | 593.44 | 552.38 | 509.88 |
| 印度 | 32.26 | 31.14 | 29.11 | 26.77 | 24.89 | 23.08 |
| 印度尼西亚 | 129.69 | 146.57 | 170.07 | 158.40 | 153.86 | 160.75 |
| 伊朗 | 341.31 | 350.87 | 346.69 | 368.14 | 376.30 | 383.34 |
| 伊拉克 | 36.78 | 54.71 | 55.57 | 56.35 | 57.08 | 56.27 |
| 爱尔兰 | 510.76 | 483.38 | 465.13 | 452.50 | 438.77 | 439.68 |
| 以色列 | 453.65 | 455.88 | 459.28 | 464.05 | 470.18 | 448.07 |
| 意大利 | 368.09 | 376.00 | 372.45 | 364.00 | 355.68 | 343.11 |
| 牙买加 | 116.44 | 110.80 | 95.95 | 98.04 | 91.42 | 89.04 |
| 日本 | 380.36 | 524.48 | 515.25 | 509.26 | 505.09 | 503.85 |
| 约旦 | 87.80 | 81.09 | 75.22 | 69.14 | 61.98 | 52.02 |
| 哈萨克斯坦 | 222.15 | 244.96 | 254.86 | 264.99 | 268.04 | 266.68 |
| 肯尼亚 | 16.67 | 16.68 | 9.31 | 6.75 | 5.83 | 4.64 |
| 基里巴斯 | 42.18 | 86.18 | 85.91 | 85.25 | 89.30 | 87.93 |
| 朝鲜 | 48.67 | 48.42 | 48.16 | 47.91 | 47.65 | 47.40 |
| 韩国 | 508.85 | 558.37 | 589.08 | 604.70 | 614.24 | 615.74 |
| 科威特 | 192.42 | 185.43 | 173.63 | 164.72 | 156.90 | 150.81 |
| 吉尔吉斯斯坦 | 95.15 | 94.65 | 91.68 | 92.91 | 89.30 | 83.15 |
| 老挝 | 20.82 | 15.99 | 16.12 | 16.51 | 67.71 | 100.25 |
| 拉脱维亚 | 277.26 | 265.89 | 254.53 | 249.03 | 243.15 | 234.11 |
| 黎巴嫩 | 179.16 | 189.25 | 193.04 | 190.93 | 186.57 | 180.42 |
| 莱索托 | 20.89 | 20.10 | 19.22 | 19.01 | 24.75 | 27.81 |
| 利比里亚 | 0.54 | 0.62 | 1.47 | 0.77 | 0.00 | 0.00 |
| 利比亚 | 156.62 | 178.27 | 203.34 | 163.85 | 132.26 | 127.23 |

（续表）

| 国家和地区 | 2008 | 2009 | 2010 | 2011 | 2012 | 2013 |
|---|---|---|---|---|---|---|
| 列支敦士登 | 550.84 | 546.71 | 542.64 | 538.64 | 503.87 | 487.47 |
| 立陶宛 | 249.72 | 240.95 | 245.54 | 233.87 | 223.08 | 207.09 |
| 卢森堡 | 534.77 | 529.19 | 536.34 | 540.59 | 509.22 | 504.54 |
| 中国澳门 | 346.62 | 326.84 | 314.94 | 304.44 | 291.91 | 279.70 |
| 马其顿 | 217.80 | 208.18 | 196.50 | 200.61 | 193.92 | 189.53 |
| 马达加斯加 | 8.27 | 9.08 | 6.74 | 10.93 | 10.90 | 10.91 |
| 马拉维 | 7.87 | 7.64 | 10.13 | 11.22 | 14.29 | 2.05 |
| 马来西亚 | 165.33 | 162.79 | 163.03 | 157.27 | 156.94 | 152.63 |
| 马尔代夫 | 149.52 | 95.38 | 87.12 | 72.55 | 68.37 | 65.38 |
| 马里 | 6.17 | 6.25 | 8.19 | 7.26 | 7.54 | 7.49 |
| 马耳他 | 573.00 | 583.84 | 583.03 | 544.62 | 537.07 | 539.23 |
| 毛里塔尼亚 | 22.31 | 21.18 | 19.83 | 19.52 | 17.14 | 13.88 |
| 毛里求斯 | 297.22 | 305.79 | 315.03 | 303.34 | 281.63 | 291.71 |
| 墨西哥 | 178.24 | 167.54 | 168.96 | 165.31 | 170.36 | 168.32 |
| 密克罗尼西亚联邦 | 83.26 | 83.67 | 81.58 | 81.22 | 81.24 | 97.03 |
| 摩尔多瓦 | 306.49 | 315.96 | 324.98 | 333.04 | 343.10 | 350.27 |
| 蒙古 | 76.15 | 70.68 | 71.23 | 68.10 | 63.19 | 61.89 |
| 黑山 | 281.33 | 277.28 | 275.05 | 275.29 | 273.40 | 272.03 |
| 摩洛哥 | 96.63 | 112.43 | 118.49 | 111.23 | 100.83 | 88.61 |
| 莫桑比克 | 3.44 | 3.53 | 3.67 | 3.58 | 3.50 | 3.00 |
| 缅甸 | 9.86 | 8.62 | 9.50 | 10.01 | 9.93 | 10.04 |
| 纳米比亚 | 68.87 | 69.36 | 72.08 | 71.73 | 75.79 | 79.68 |
| 尼泊尔 | 30.67 | 30.61 | 31.35 | 31.14 | 30.27 | 30.62 |
| 荷兰 | 443.35 | 438.13 | 435.26 | 427.99 | 429.70 | 425.17 |
| 新喀里多尼亚 | 263.15 | 277.56 | 293.04 | 305.05 | 316.01 | 331.39 |
| 新西兰 | 409.05 | 432.58 | 430.39 | 425.92 | 421.54 | 410.59 |
| 尼加拉瓜 | 44.89 | 44.34 | 44.37 | 48.71 | 49.92 | 53.44 |
| 尼日尔 | 4.39 | 4.99 | 5.25 | 5.17 | 5.86 | 5.64 |
| 尼日利亚 | 8.65 | 9.54 | 6.58 | 4.38 | 2.48 | 2.08 |
| 北马里亚纳群岛 | 430.73 | 454.07 | 473.45 | – | 431.48 | 427.07 |
| 挪威 | 397.56 | 366.22 | 336.81 | 307.91 | 279.55 | 262.03 |
| 阿曼 | 116.06 | 112.70 | 101.31 | 94.99 | 91.90 | 96.74 |
| 巴基斯坦 | 26.45 | 36.12 | 35.11 | 32.48 | 32.72 | 34.98 |

（续表）

| 国家和地区 | 2008 | 2009 | 2010 | 2011 | 2012 | 2013 |
|---|---|---|---|---|---|---|
| 帕劳 | 365.14 | 350.82 | 340.79 | 335.63 | 352.94 | 334.64 |
| 巴拿马 | 147.46 | 148.33 | 146.63 | 149.77 | 149.88 | 151.73 |
| 巴布亚新几内亚 | 10.20 | 13.59 | 17.67 | 18.54 | 19.39 | 19.12 |
| 巴拉圭 | 59.39 | 61.02 | 56.18 | 56.11 | 61.46 | 59.19 |
| 秘鲁 | 107.44 | 122.64 | 107.98 | 109.76 | 113.90 | 112.60 |
| 菲律宾 | 45.10 | 44.62 | 35.69 | 37.41 | 36.12 | 32.00 |
| 波兰 | 247.55 | 222.38 | 200.72 | 179.37 | 155.74 | 138.66 |
| 葡萄牙 | 393.59 | 409.08 | 423.64 | 428.64 | 429.85 | 427.01 |
| 波多黎各 | 254.62 | 243.55 | 240.13 | 223.20 | 191.18 | 179.17 |
| 卡塔尔 | 195.62 | 184.10 | 154.31 | 161.70 | 192.35 | 190.25 |
| 罗马尼亚 | 216.25 | 215.85 | 205.84 | 214.59 | 213.75 | 218.45 |
| 俄罗斯联邦 | 316.96 | 315.82 | 312.75 | 307.81 | 294.53 | 284.68 |
| 卢旺达 | 1.64 | 3.18 | 3.66 | 3.49 | 3.87 | 3.85 |
| 圣马力诺 | 697.24 | 665.45 | 633.68 | 601.81 | 598.46 | 596.29 |
| 圣多美和普林西比 | 45.43 | 44.41 | 43.79 | 43.46 | 42.72 | 36.15 |
| 沙特阿拉伯 | 155.50 | 155.66 | 152.82 | 166.89 | 169.75 | 163.66 |
| 塞内加尔 | 19.43 | 22.15 | 26.40 | 25.99 | 24.77 | 24.32 |
| 塞尔维亚 | 384.31 | 389.77 | 393.06 | 387.65 | 383.67 | 393.48 |
| 塞舌尔 | 248.29 | 287.91 | 241.70 | 304.06 | 226.86 | 234.30 |
| 塞拉利昂 | 5.69 | 5.81 | 2.43 | 2.73 | 3.01 | 2.63 |
| 新加坡 | 386.91 | 388.96 | 393.01 | 388.68 | 374.79 | 364.17 |
| 斯洛伐克 | 237.96 | 224.82 | 202.23 | 194.11 | 178.99 | 177.44 |
| 斯洛文尼亚 | 481.32 | 459.39 | 443.39 | 425.92 | 401.49 | 382.23 |
| 所罗门群岛 | 15.89 | 15.92 | 15.96 | 15.60 | 14.67 | 13.57 |
| 索马里 | 10.94 | 10.66 | 10.38 | 9.08 | 6.87 | 6.10 |
| 南非 | 96.98 | 95.66 | 94.48 | 93.44 | 92.52 | 91.63 |
| 西班牙 | 454.79 | 442.46 | 437.00 | 427.59 | 418.67 | 407.13 |
| 斯里兰卡 | 168.51 | 166.78 | 172.38 | 172.44 | 163.49 | 127.24 |
| 圣基茨和尼维斯 | 399.14 | 396.28 | 378.21 | 373.79 | 373.25 | 354.30 |
| 圣卢西亚 | 237.01 | 220.10 | 211.11 | 200.28 | 203.69 | 183.79 |
| 圣文森特和格林纳丁斯 | 208.66 | 210.70 | 198.53 | 207.79 | 177.18 | 174.35 |
| 苏丹 | 8.84 | 8.72 | 12.51 | 13.27 | 11.42 | 10.95 |
| 苏里南 | 161.05 | 161.00 | 161.84 | 158.53 | 161.73 | 157.51 |

（续表）

| 国家和地区 | 2008 | 2009 | 2010 | 2011 | 2012 | 2013 |
|---|---|---|---|---|---|---|
| 斯威士兰 | 39.14 | 38.48 | 44.39 | 62.55 | 37.02 | 36.81 |
| 瑞典 | 578.05 | 552.08 | 504.62 | 474.36 | 438.33 | 406.11 |
| 瑞士 | 630.84 | 662.79 | 626.75 | 618.91 | 590.44 | 578.98 |
| 叙利亚 | 178.58 | 184.06 | 188.97 | 196.70 | 194.34 | 202.25 |
| 塔吉克斯坦 | 39.44 | 46.63 | 48.21 | 48.63 | 49.07 | 51.78 |
| 坦桑尼亚 | 2.92 | 3.96 | 3.88 | 3.47 | 3.69 | 3.35 |
| 泰国 | 111.72 | 108.71 | 102.94 | 100.05 | 95.49 | 90.40 |
| 东帝汶 | 2.51 | 2.73 | 2.69 | 2.79 | 2.69 | 2.65 |
| 多哥 | 23.54 | 29.09 | 9.52 | 9.31 | 9.27 | 9.17 |
| 汤加 | 248.05 | 299.35 | 297.80 | 286.93 | 285.87 | 294.33 |
| 特立尼达和多巴哥 | 239.12 | 229.28 | 220.85 | 219.07 | 214.29 | 217.19 |
| 突尼斯 | 119.24 | 121.64 | 121.29 | 113.25 | 101.05 | 92.94 |
| 土耳其 | 248.74 | 232.09 | 224.59 | 208.20 | 187.30 | 180.85 |
| 土库曼斯坦 | 97.14 | 99.28 | 103.13 | 107.11 | 111.16 | 114.88 |
| 图瓦卢 | 102.17 | 81.57 | 122.11 | 147.30 | 147.06 | 146.82 |
| 乌干达 | 5.30 | 7.11 | 9.62 | 13.23 | 8.67 | 5.52 |
| 乌克兰 | 283.61 | 281.54 | 281.03 | 276.86 | 267.56 | 261.52 |
| 阿拉伯联合酋长国 | 234.75 | 204.73 | 175.26 | 204.54 | 213.73 | 223.20 |
| 英国 | 557.48 | 543.04 | 538.28 | 532.66 | 528.76 | 528.76 |
| 美国 | 530.77 | 493.95 | 479.27 | 455.11 | 434.87 | 422.25 |
| 乌拉圭 | 286.45 | 283.79 | 285.35 | 285.17 | 297.75 | 307.73 |
| 乌兹别克斯坦 | 68.44 | 67.78 | 68.14 | 68.48 | 69.37 | 69.12 |
| 瓦努阿图 | 46.14 | 31.27 | 30.09 | 24.29 | 21.59 | 19.78 |
| 委内瑞拉 | 228.23 | 240.24 | 243.87 | 248.55 | 255.34 | 255.67 |
| 越南 | 169.03 | 197.59 | 161.42 | 113.16 | 112.24 | 101.32 |
| 美属维京群岛 | 694.83 | 704.03 | 712.53 | — | — | 712.77 |
| 约旦河西岸和加沙 | 92.94 | 94.08 | 89.81 | 93.02 | 93.36 | 92.92 |
| 也门 | 44.28 | 44.85 | 45.96 | 46.13 | 46.28 | 46.83 |
| 赞比亚 | 7.27 | 7.04 | 8.96 | 6.29 | 5.86 | 7.96 |
| 津巴布韦 | 27.22 | 29.88 | 28.98 | 26.65 | 21.98 | 21.50 |

数据来源：世界银行数据库。

## 2008—2013 年世界各国每百万人安全互联网服务器数量
（单位：台）

| 国家和地区 | 2008 | 2009 | 2010 | 2011 | 2012 | 2013 |
|---|---|---|---|---|---|---|
| 世界 | 111.11 | 113.19 | 155.20 | 184.22 | 181.93 | 160.50 |
| 阿富汗 | 0.22 | 0.32 | 0.70 | 0.76 | 1.11 | 0.98 |
| 阿尔巴尼亚 | 5.15 | 7.63 | 9.45 | 15.55 | 21.42 | 18.39 |
| 阿尔及利亚 | 0.50 | 0.52 | 0.84 | 0.90 | 1.27 | 1.53 |
| 安道尔 | 662.76 | 839.06 | 1001.19 | 1143.00 | 906.07 | 643.79 |
| 安哥拉 | 1.37 | 2.01 | 2.66 | 3.07 | 3.46 | 3.87 |
| 安提瓜和巴布达 | 656.13 | – | 1100.50 | 1089.03 | – | 689.00 |
| 阿根廷 | 18.35 | 19.84 | 26.11 | 33.64 | 41.79 | 42.87 |
| 亚美尼亚 | 4.70 | 7.75 | 18.22 | 29.01 | 26.94 | 40.31 |
| 阿鲁巴 | 414.43 | 374.69 | 364.18 | 500.33 | 312.55 | 281.80 |
| 澳大利亚 | 999.05 | 1222.45 | 1784.56 | 2027.80 | 1721.40 | 1252.26 |
| 奥地利 | 480.99 | 553.72 | 856.04 | 994.74 | 1139.03 | 1079.33 |
| 阿塞拜疆 | 1.60 | 1.90 | 5.08 | 4.69 | 6.45 | 8.50 |
| 巴哈马 | 232.53 | 253.88 | 352.29 | 398.55 | 317.24 | 267.64 |
| 巴林 | 53.76 | 62.94 | 98.28 | 120.67 | 135.83 | 141.87 |
| 孟加拉国 | 0.10 | 0.19 | 0.31 | 0.63 | 0.73 | 0.77 |
| 巴巴多斯 | 241.32 | 286.73 | 320.97 | 390.34 | 374.27 | 340.78 |
| 白俄罗斯 | 2.10 | 3.05 | 9.48 | 12.35 | 19.55 | 26.09 |
| 比利时 | 250.05 | 310.10 | 487.99 | 597.41 | 674.41 | 737.46 |
| 伯利兹 | 327.04 | 338.85 | 337.01 | 338.31 | 283.90 | 177.76 |
| 贝宁 | 0.22 | 0.11 | 0.11 | 0.72 | 0.70 | 1.07 |
| 百慕大 | 2451.24 | 3168.99 | 5850.38 | 5328.05 | 5015.59 | 4936.64 |
| 不丹 | – | 4.26 | 4.18 | 5.48 | 12.13 | 9.28 |
| 玻利维亚 | 3.76 | 3.90 | 7.78 | 9.30 | 9.72 | 8.90 |
| 波黑 | 7.25 | 8.30 | 15.60 | 19.80 | 25.82 | 24.03 |
| 博茨瓦纳 | 1.55 | 3.59 | 8.63 | 9.06 | 11.48 | 10.39 |
| 巴西 | 23.94 | 25.98 | 40.68 | 54.12 | 54.28 | 57.45 |
| 文莱达鲁萨兰国 | 30.93 | 43.10 | 64.91 | 113.16 | 111.59 | 117.29 |
| 保加利亚 | 26.69 | 35.33 | 74.91 | 141.53 | 164.11 | 145.90 |
| 布基纳法索 | 0.14 | 0.20 | 0.26 | 0.63 | 0.61 | 0.83 |
| 布隆迪 | 0.12 | 0.22 | 0.22 | 0.10 | 0.30 | 0.30 |

（续表）

| 国家和地区 | 2008 | 2009 | 2010 | 2011 | 2012 | 2013 |
|---|---|---|---|---|---|---|
| 柬埔寨 | 0.86 | 1.56 | 1.67 | 2.46 | 2.96 | 2.05 |
| 喀麦隆 | 0.36 | 0.50 | 0.53 | 0.99 | 1.20 | 1.48 |
| 加拿大 | 908.39 | 987.17 | 1242.69 | 1374.20 | 1237.92 | 1035.26 |
| 佛得角 | 2.06 | 12.35 | 14.36 | 16.31 | 24.27 | 26.06 |
| 开曼群岛 | 1398.55 | – | 1927.62 | 2491.12 | 2553.41 | 2087.79 |
| 智利 | 34.99 | 39.08 | 52.71 | 67.31 | 82.17 | 93.59 |
| 中国 | 0.93 | 1.19 | 1.92 | 2.43 | 3.14 | 3.87 |
| 哥伦比亚 | 10.45 | 12.05 | 14.28 | 21.16 | 28.45 | 33.48 |
| 科摩罗 | 1.54 | 1.50 | 1.46 | 4.28 | 1.39 | 1.36 |
| 刚果（金） | 0.14 | 0.13 | 0.13 | 0.19 | 0.26 | 0.34 |
| 刚果（布） | 0.26 | 0.50 | 1.22 | 1.18 | 1.38 | 1.12 |
| 哥斯达黎加 | 98.62 | 97.80 | 107.50 | 111.02 | 94.90 | 79.02 |
| 科特迪瓦 | 0.55 | 0.65 | 1.11 | 0.98 | 1.46 | 1.97 |
| 克罗地亚 | 92.01 | 116.73 | 168.86 | 231.27 | 245.11 | 193.29 |
| 塞浦路斯 | 343.52 | 441.06 | 838.10 | 1121.35 | 786.54 | 621.29 |
| 捷克 | 151.09 | 186.33 | 319.73 | 389.00 | 518.80 | 563.51 |
| 丹麦 | 1037.20 | 1167.46 | 1872.13 | 2182.00 | 2213.87 | 2103.07 |
| 吉布提 | 1.23 | 4.87 | 5.99 | 5.91 | 4.65 | 4.58 |
| 多米尼克 | 282.16 | 211.28 | 309.13 | 434.17 | 488.25 | 430.54 |
| 多米尼加 | 13.33 | 14.47 | 15.07 | 20.10 | 22.96 | 20.38 |
| 厄瓜多尔 | 9.37 | 11.05 | 14.07 | 18.96 | 22.14 | 24.46 |
| 埃及 | 1.07 | 1.55 | 2.38 | 3.12 | 3.70 | 3.47 |
| 萨尔瓦多 | 11.22 | 11.81 | 13.35 | 16.78 | 20.64 | 18.77 |
| 赤道几内亚 | 1.52 | 1.48 | 2.87 | 2.79 | 1.36 | 1.32 |
| 爱沙尼亚 | 280.46 | 316.22 | 437.11 | 537.88 | 667.16 | 748.90 |
| 埃塞俄比亚 | 0.04 | 0.06 | 0.13 | 0.17 | 0.20 | 0.17 |
| 斐济 | 26.07 | 28.15 | 30.21 | 36.87 | 35.44 | 30.64 |
| 芬兰 | 684.12 | 802.23 | 1245.49 | 1486.38 | 1612.68 | 1546.86 |
| 法国 | 165.49 | 203.05 | 296.43 | 354.60 | 409.08 | 486.12 |
| 法属波利尼西亚 | 64.67 | 75.35 | 85.80 | 110.75 | 146.08 | 133.66 |
| 加蓬 | 4.05 | 6.58 | 7.71 | 8.16 | 11.03 | 9.57 |
| 冈比亚 | 1.90 | 3.07 | 2.98 | 2.88 | 3.91 | 4.33 |
| 格鲁吉亚 | 6.16 | 8.39 | 11.90 | 18.74 | 26.05 | 28.81 |

（续表）

| 国家和地区 | 2008 | 2009 | 2010 | 2011 | 2012 | 2013 |
|---|---|---|---|---|---|---|
| 德国 | 549.79 | 640.93 | 872.03 | 1022.51 | 1110.78 | 1070.93 |
| 加纳 | 0.69 | 0.72 | 1.73 | 2.22 | 2.96 | 2.63 |
| 希腊 | 61.50 | 79.91 | 126.06 | 156.88 | 171.19 | 136.24 |
| 格陵兰 | 301.80 | 585.91 | 1089.54 | 1494.11 | 1478.61 | 1434.06 |
| 格林纳达 | 67.35 | 57.53 | 85.98 | 76.14 | 47.40 | 28.33 |
| 关岛 | 157.92 | 157.61 | 244.61 | 273.53 | 251.83 | 242.24 |
| 危地马拉 | 7.99 | 8.79 | 9.97 | 13.87 | 14.12 | 13.32 |
| 几内亚 | 0.10 | 0.19 | 0.37 | 0.45 | 0.44 | 0.09 |
| 圭亚那 | 3.87 | 7.68 | 6.36 | 8.85 | 6.29 | 12.51 |
| 海地 | 0.83 | 0.82 | 1.01 | 1.20 | 1.67 | 1.07 |
| 洪都拉斯 | 6.28 | 7.10 | 8.27 | 7.72 | 9.45 | 9.14 |
| 中国香港 | 288.60 | 353.95 | 456.28 | 570.45 | 636.65 | 623.58 |
| 匈牙利 | 83.48 | 113.44 | 166.20 | 219.92 | 247.77 | 249.46 |
| 冰岛 | 1559.48 | 1714.29 | 2524.83 | 3024.95 | 3133.61 | 2922.58 |
| 印度 | 1.24 | 1.51 | 2.16 | 2.90 | 3.57 | 3.90 |
| 印度尼西亚 | 1.00 | 1.35 | 1.99 | 3.36 | 3.95 | 4.12 |
| 伊朗 | 0.28 | 0.33 | 0.74 | 1.01 | 1.35 | 1.27 |
| 伊拉克 | 0.14 | 0.13 | 0.13 | 0.13 | 0.12 | 0.27 |
| 爱尔兰 | 668.44 | 730.26 | 980.67 | 1131.80 | 1003.51 | 718.56 |
| 马恩岛 | 205.91 | 396.19 | 821.51 | 1145.84 | – | 2223.83 |
| 以色列 | 272.68 | 289.22 | 396.66 | 470.14 | 396.31 | 270.37 |
| 意大利 | 94.38 | 111.36 | 157.56 | 195.34 | 212.88 | 203.22 |
| 牙买加 | 31.81 | 35.80 | 39.39 | 48.52 | 51.33 | 44.57 |
| 日本 | 471.68 | 519.60 | 649.84 | 743.93 | 750.05 | 736.67 |
| 约旦 | 8.99 | 12.17 | 19.85 | 25.24 | 29.28 | 26.94 |
| 哈萨克斯坦 | 1.98 | 3.23 | 5.21 | 6.34 | 7.38 | 9.39 |
| 肯尼亚 | 1.06 | 1.31 | 2.57 | 3.14 | 4.17 | 4.78 |
| 韩国 | 690.85 | 918.47 | 1128.08 | 2496.11 | 2751.54 | 1994.90 |
| 科威特 | 65.50 | 83.51 | 127.02 | 161.62 | 179.05 | 184.94 |
| 吉尔吉斯斯坦 | 0.56 | 0.93 | 1.10 | 2.54 | 4.10 | 5.42 |
| 老挝 | 0.16 | 0.48 | 0.78 | 1.23 | 0.90 | 1.03 |
| 拉脱维亚 | 101.96 | 120.47 | 184.98 | 221.88 | 273.31 | 272.18 |
| 黎巴嫩 | 12.90 | 15.31 | 27.87 | 39.93 | 48.59 | 42.98 |

（续表）

| 国家和地区 | 2008 | 2009 | 2010 | 2011 | 2012 | 2013 |
|---|---|---|---|---|---|---|
| 利比亚 | 0.51 | 1.17 | 1.49 | 1.47 | 1.79 | 3.39 |
| 列支敦士登 | 3007.14 | 3486.65 | 5758.58 | 7667.36 | – | 8232.90 |
| 立陶宛 | 87.55 | 128.05 | 188.55 | 255.93 | 272.78 | 256.76 |
| 卢森堡 | 910.67 | 1076.77 | 1412.36 | 1869.40 | 1985.14 | 2190.71 |
| 中国澳门 | 98.52 | 138.03 | 213.23 | 243.47 | – | 310.75 |
| 马其顿 | 11.44 | 16.19 | 23.78 | 28.04 | 39.42 | 51.73 |
| 马达加斯加 | 0.20 | 0.39 | 0.47 | 0.51 | 0.54 | 0.65 |
| 马拉维 | 0.14 | 0.27 | 0.27 | 0.39 | 0.88 | 0.92 |
| 马来西亚 | 27.03 | 33.21 | 41.66 | 54.63 | 65.66 | 66.83 |
| 马尔代夫 | 28.68 | 31.28 | 52.20 | 81.33 | 88.64 | 86.95 |
| 马里 | 0.53 | 0.52 | 0.79 | 1.04 | 1.01 | 1.05 |
| 马耳他 | 945.33 | 991.57 | 1375.12 | 1672.00 | 1623.54 | 1469.47 |
| 马绍尔群岛 | 38.28 | – | 114.44 | 171.44 | 133.19 | 113.99 |
| 毛里塔尼亚 | 1.46 | 1.99 | 1.94 | 1.89 | 1.84 | 2.06 |
| 毛里求斯 | 59.91 | 61.96 | 86.66 | 116.64 | 134.76 | 127.29 |
| 墨西哥 | 14.50 | 15.92 | 19.82 | 25.80 | 28.07 | 26.45 |
| 密克罗尼西亚联邦 | 19.14 | 9.62 | 38.60 | 77.35 | 58.03 | 19.31 |
| 摩尔多瓦 | 7.84 | 9.82 | 13.48 | 19.66 | 23.04 | 24.73 |
| 摩纳哥 | 1401.11 | 1404.42 | 2442.67 | 3059.50 | 2740.89 | 2749.07 |
| 蒙古 | 8.74 | 8.23 | 10.69 | 13.80 | 19.31 | 22.19 |
| 摩洛哥 | 1.42 | 1.98 | 3.00 | 4.34 | 3.57 | 3.64 |
| 莫桑比克 | 0.22 | 0.34 | 0.83 | 1.10 | 1.51 | 1.59 |
| 缅甸 | – | 0.02 | 0.06 | 0.08 | 0.09 | 0.13 |
| 纳米比亚 | 8.53 | 8.86 | 14.69 | 20.74 | 19.92 | 18.23 |
| 尼泊尔 | 0.99 | 1.17 | 1.68 | 2.17 | 2.48 | 2.37 |
| 荷兰 | 1105.04 | 1414.12 | 2276.68 | 2750.30 | 2805.86 | 2382.14 |
| 新喀里多尼亚 | 102.47 | 89.58 | 100.00 | 137.80 | 217.05 | 240.46 |
| 新西兰 | 980.11 | 1059.13 | 1489.54 | 1597.43 | 1466.05 | 1100.92 |
| 尼加拉瓜 | 6.70 | 6.27 | 7.73 | 9.99 | 10.35 | 8.39 |
| 尼日尔 | 0.34 | 0.33 | 0.19 | 0.30 | 0.29 | 0.17 |
| 尼日利亚 | 0.79 | 0.80 | 1.20 | 1.67 | 1.74 | 1.68 |
| 北马里亚纳群岛 | – | – | 92.83 | 75.15 | 56.28 | 37.14 |
| 挪威 | 845.18 | 1010.83 | 1651.17 | 1810.18 | 1879.02 | 1725.74 |

（续表）

| 国家和地区 | 2008 | 2009 | 2010 | 2011 | 2012 | 2013 |
|---|---|---|---|---|---|---|
| 阿曼 | 12.34 | – | 27.47 | 50.25 | 56.13 | 62.77 |
| 巴基斯坦 | 0.53 | 0.62 | 0.98 | 1.12 | 1.27 | 1.28 |
| 帕劳 | – | 49.15 | 48.85 | 97.06 | 96.37 | 95.61 |
| 巴拿马 | 83.02 | 81.86 | 121.26 | 136.62 | 133.87 | 89.80 |
| 巴布亚新几内亚 | 1.07 | 1.49 | 3.21 | 6.84 | 7.26 | 7.79 |
| 巴拉圭 | 5.61 | 5.67 | 6.66 | 9.74 | 10.92 | 15.44 |
| 秘鲁 | 10.10 | 10.58 | 14.15 | 18.50 | 21.68 | 21.37 |
| 菲律宾 | 4.57 | 5.27 | 6.66 | 7.53 | 8.62 | 8.06 |
| 波兰 | 84.69 | 123.01 | 210.80 | 267.45 | 299.67 | 309.00 |
| 葡萄牙 | 115.93 | 137.11 | 174.69 | 225.43 | 241.18 | 218.36 |
| 波多黎各 | 56.37 | 65.23 | 89.49 | 106.06 | 113.38 | 108.99 |
| 卡塔尔 | 47.83 | 57.54 | 85.73 | 123.50 | 140.94 | 161.85 |
| 罗马尼亚 | 16.26 | 21.65 | 42.18 | 56.98 | 70.73 | 69.03 |
| 俄罗斯联邦 | 7.33 | 10.53 | 20.25 | 26.93 | 39.04 | 51.14 |
| 卢旺达 | 0.29 | 0.57 | 0.65 | 0.90 | 2.01 | 2.55 |
| 萨摩亚 | 10.90 | 21.66 | 21.50 | 21.34 | 26.47 | 26.26 |
| 圣马力诺 | 883.83 | 977.26 | 1263.73 | 1674.83 | 1664.16 | 1430.93 |
| 圣多美和普林西比 | 23.77 | 11.54 | 16.83 | 16.38 | 63.80 | 46.63 |
| 沙特阿拉伯 | 7.74 | 10.41 | 17.61 | 21.79 | 30.54 | 34.24 |
| 塞内加尔 | 1.06 | 0.87 | 1.08 | 1.35 | 2.11 | 2.19 |
| 塞尔维亚 | 2.45 | – | 19.89 | 29.03 | 37.78 | 34.76 |
| 塞舌尔 | 724.50 | 790.40 | 1113.96 | 1326.61 | 1121.14 | 616.78 |
| 塞拉利昂 | 0.72 | 0.35 | 0.17 | 0.68 | 0.67 | 0.82 |
| 新加坡 | 390.34 | 420.84 | 529.67 | 607.29 | 635.31 | 609.35 |
| 斯洛伐克 | 58.19 | 79.64 | 128.54 | 165.05 | 226.35 | 262.83 |
| 斯洛文尼亚 | 171.67 | 210.33 | 303.62 | 433.06 | 557.08 | 547.44 |
| 所罗门群岛 | 3.97 | 1.94 | 3.80 | 7.43 | 7.28 | 5.35 |
| 索马里 | 0.11 | 0.11 | 0.10 | 0.20 | 0.10 | – |
| 南非 | 36.16 | 39.70 | 61.48 | 72.45 | 82.01 | 86.35 |
| 西班牙 | 168.71 | 191.32 | 230.93 | 281.63 | 290.99 | 269.04 |
| 斯里兰卡 | 3.17 | 3.52 | 4.45 | 6.04 | 7.67 | 8.98 |
| 圣基茨和尼维斯 | 1154.37 | – | 1260.70 | 1208.21 | 1828.90 | 1383.99 |
| 圣卢西亚 | 92.63 | 85.62 | 124.02 | 117.14 | 93.99 | 71.32 |

（续表）

| 国家和地区 | 2008 | 2009 | 2010 | 2011 | 2012 | 2013 |
|---|---|---|---|---|---|---|
| 圣文森特和格林纳丁斯 | 128.25 | 100.69 | 109.77 | 128.02 | 192.00 | 237.72 |
| 苏丹 | 0.02 | 0.02 | 0.02 | 0.02 | 0.06 | 0.04 |
| 苏里南 | 7.76 | 19.22 | 20.95 | 33.98 | 37.42 | 33.38 |
| 斯威士兰 | 5.20 | 4.26 | 10.06 | 13.20 | 6.50 | 8.80 |
| 瑞典 | 772.16 | 857.02 | 1268.38 | 1451.97 | 1511.44 | 1439.14 |
| 瑞士 | 974.94 | 1117.79 | 1867.63 | 2136.01 | 2282.27 | 2212.84 |
| 叙利亚 | 0.15 | 0.33 | 0.09 | 0.23 | 0.36 | 0.44 |
| 坦桑尼亚 | 0.19 | 0.23 | 0.40 | 0.50 | 0.75 | 1.08 |
| 泰国 | 9.28 | 10.03 | 13.73 | 17.29 | 19.57 | 18.10 |
| 多哥 | 1.34 | 1.95 | 1.90 | 2.01 | 3.31 | 3.08 |
| 汤加 | 19.43 | 28.97 | 19.21 | 28.69 | 28.59 | 18.99 |
| 特立尼达和多巴哥 | 46.34 | 46.88 | 73.04 | 86.27 | 96.45 | 93.20 |
| 突尼斯 | 10.65 | 12.45 | 14.12 | 19.30 | 13.08 | 16.99 |
| 土耳其 | 60.12 | 69.44 | 99.84 | 143.64 | 116.76 | 50.43 |
| 乌干达 | 0.22 | 0.30 | 0.85 | 1.48 | 1.46 | 1.17 |
| 乌克兰 | 4.28 | 5.99 | 13.23 | 17.72 | 23.49 | 26.49 |
| 阿拉伯联合酋长国 | 82.96 | 98.21 | 135.64 | 159.44 | 183.69 | 194.20 |
| 英国 | 898.99 | – | 1384.15 | 1576.98 | 1467.41 | 1193.46 |
| 美国 | 1174.79 | 1235.08 | 1445.05 | 1563.21 | 1474.27 | 1305.97 |
| 乌拉圭 | 42.40 | 35.41 | 44.78 | 70.05 | 80.41 | 75.14 |
| 乌兹别克斯坦 | 0.22 | 0.25 | 0.21 | 0.44 | 0.67 | 0.79 |
| 瓦努阿图 | 164.15 | 190.61 | 215.83 | 223.35 | 129.42 | 43.52 |
| 委内瑞拉 | 6.72 | 7.38 | 7.37 | 8.00 | 10.68 | 11.08 |
| 越南 | 1.13 | 1.88 | 3.13 | 4.68 | 6.70 | 8.16 |
| 美属维京群岛 | 280.14 | 374.86 | 385.82 | 463.21 | 446.45 | 401.00 |
| 约旦河西岸和加沙 | 1.39 | 1.89 | 3.94 | 4.84 | 4.69 | 4.56 |
| 也门 | 0.18 | 0.22 | 0.31 | 0.43 | 0.46 | 0.66 |
| 赞比亚 | 0.32 | 0.70 | 1.21 | 1.54 | 2.34 | 2.75 |
| 津巴布韦 | 0.55 | 0.62 | 0.99 | 1.27 | 2.99 | 3.18 |

数据来源：世界银行数据库。

## 2008—2012 年世界各国信息和通信技术产品出口占产品出口总量的比重（单位：%）

| 国家和地区 | 2008 | 2009 | 2010 | 2011 | 2012 |
|---|---|---|---|---|---|
| 世界 | 10.65 | 11.36 | 11.04 | 10.01 | 10.38 |
| 阿尔巴尼亚 | 0.57 | 0.85 | 0.84 | 0.52 | 0.39 |
| 阿尔及利亚 | 0.00 | 0.00 | 0.00 | 0.00 | 0.00 |
| 阿根廷 | 0.21 | 0.18 | 0.11 | 0.10 | 0.10 |
| 亚美尼亚 | 0.90 | 1.05 | 0.75 | 0.73 | 1.26 |
| 澳大利亚 | 1.11 | 1.07 | 0.96 | 0.85 | 0.88 |
| 奥地利 | 4.34 | 4.01 | 3.95 | 3.79 | 3.89 |
| 巴哈马 | 0.18 | 0.36 | 0.16 | 1.69 | 0.23 |
| 巴林 | 0.11 | 0.39 | 0.25 | 0.57 | – |
| 巴巴多斯 | 1.06 | 2.89 | 1.51 | 0.66 | 0.76 |
| 白俄罗斯 | 0.34 | 0.40 | 0.50 | 0.38 | 0.63 |
| 比利时 | 2.58 | 2.51 | 2.33 | 2.19 | 2.06 |
| 玻利维亚 | 0.00 | 0.00 | 0.00 | 0.00 | 0.00 |
| 波黑 | 0.26 | 0.23 | 0.15 | 0.14 | 0.19 |
| 博茨瓦纳 | 0.20 | 0.36 | 0.27 | 0.14 | 0.19 |
| 巴西 | 1.59 | 1.52 | 1.01 | 0.70 | 0.55 |
| 保加利亚 | 2.17 | 3.02 | 2.47 | 2.13 | 1.96 |
| 布吉纳法索 | 0.03 | 0.03 | 0.01 | 0.04 | – |
| 布隆迪 | 0.35 | 0.78 | 0.41 | 0.18 | 0.15 |
| 柬埔寨 | 0.06 | 0.08 | 0.09 | 0.05 | 0.18 |
| 喀麦隆 | 0.06 | 0.11 | 0.02 | 0.04 | 0.02 |
| 加拿大 | 3.10 | 3.47 | 2.76 | 2.48 | 2.27 |
| 智利 | 0.47 | 0.54 | 0.37 | 0.36 | 0.34 |
| 中国 | 27.71 | 29.65 | 29.12 | 26.76 | 27.06 |
| 哥伦比亚 | 0.15 | 0.22 | 0.15 | 0.10 | 0.12 |
| 哥斯达黎加 | 22.50 | 17.67 | 19.91 | 19.49 | 19.45 |
| 克罗地亚 | 2.69 | 2.60 | 2.10 | 1.55 | 1.89 |
| 塞浦路斯 | 6.81 | 8.98 | 9.17 | 5.64 | 3.48 |
| 捷克 | 14.11 | 14.44 | 15.01 | 15.33 | 14.53 |
| 丹麦 | 3.38 | 3.41 | 3.62 | 3.44 | 3.49 |
| 多米尼克 | 0.41 | 0.08 | 2.45 | – | 7.77 |
| 多米尼加 | 1.89 | 1.76 | 1.98 | 2.07 | 0.93 |

（续表）

| 国家和地区 | 2008 | 2009 | 2010 | 2011 | 2012 |
|---|---|---|---|---|---|
| 厄瓜多尔 | 0.21 | 0.13 | 0.12 | 0.12 | 0.07 |
| 埃及 | 0.34 | 0.17 | 0.14 | 0.23 | 0.24 |
| 萨尔瓦多 | 0.36 | 0.36 | 0.33 | 0.32 | 0.37 |
| 爱沙尼亚 | 5.42 | 4.73 | 7.95 | 11.47 | 10.89 |
| 埃塞俄比亚 | 0.44 | 0.39 | 0.15 | 0.13 | 0.16 |
| 斐济 | 0.53 | 0.75 | 0.24 | 0.83 | 0.83 |
| 芬兰 | 14.88 | 10.73 | 6.36 | 4.92 | 3.98 |
| 法国 | 4.26 | 4.26 | 4.41 | 4.27 | 4.08 |
| 法属波利尼西亚 | 0.65 | 0.87 | 0.79 | 0.52 | 0.41 |
| 冈比亚 | 0.67 | 0.37 | 0.23 | 0.11 | – |
| 格鲁吉亚 | 0.37 | 0.28 | 0.24 | 0.30 | 0.46 |
| 德国 | 5.09 | 4.85 | 5.09 | 4.60 | 4.41 |
| 加纳 | 0.04 | 0.03 | 0.02 | 0.05 | 0.05 |
| 希腊 | 2.61 | 2.48 | 2.50 | 2.01 | 1.68 |
| 危地马拉 | 0.40 | 0.51 | 0.88 | 0.32 | 0.32 |
| 几内亚 | 0.03 | – | – | – | – |
| 圭亚那 | 0.07 | 0.05 | 0.06 | 0.28 | 0.09 |
| 洪都拉斯 | – | 0.11 | 0.15 | 0.20 | 0.29 |
| 中国香港 | 40.95 | 43.07 | 44.16 | 42.48 | 42.18 |
| 匈牙利 | 22.66 | 26.00 | 25.59 | 21.58 | 17.39 |
| 冰岛 | 0.18 | 0.07 | 0.07 | 0.07 | 0.17 |
| 印度 | 0.97 | 3.45 | 2.00 | 2.18 | 1.98 |
| 印尼 | 4.76 | 5.94 | 4.98 | 3.86 | 4.06 |
| 伊朗 | – | – | 0.04 | 0.01 | – |
| 爱尔兰 | 15.73 | 10.95 | 7.49 | 5.78 | 5.76 |
| 以色列 | 10.27 | 16.38 | 12.29 | 10.69 | 11.70 |
| 意大利 | 1.94 | 2.02 | 2.15 | 2.10 | – |
| 牙买加 | 0.25 | 0.72 | 0.39 | 0.74 | 0.39 |
| 日本 | 11.84 | 12.08 | 10.67 | 9.23 | 9.15 |
| 约旦 | 3.77 | 1.56 | 1.29 | 1.47 | – |
| 哈萨克斯坦 | 0.03 | 0.06 | 0.05 | 0.14 | 0.44 |
| 肯尼亚 | 1.10 | 1.14 | 1.35 | – | – |
| 韩国 | 21.41 | 21.87 | 21.40 | 17.99 | 17.16 |

（续表）

| 国家和地区 | 2008 | 2009 | 2010 | 2011 | 2012 |
|---|---|---|---|---|---|
| 科威特 | 0.18 | 0.29 | – | – | – |
| 吉尔吉斯斯坦 | 0.24 | 0.20 | 0.56 | 0.24 | 0.08 |
| 拉脱维亚 | 4.61 | 5.64 | 5.77 | 5.39 | 6.14 |
| 黎巴嫩 | 1.14 | 2.86 | 7.11 | 0.95 | 0.65 |
| 立陶宛 | 3.02 | 2.49 | 2.71 | 2.40 | 2.27 |
| 卢森堡 | 3.03 | 3.21 | 2.87 | 2.87 | 2.74 |
| 中国澳门 | 4.78 | 5.78 | 4.60 | 5.20 | 14.86 |
| 马达加斯加 | 0.18 | 0.88 | 0.24 | 0.22 | 0.13 |
| 马拉维 | 0.16 | 0.24 | 0.36 | 0.24 | – |
| 马来西亚 | 24.48 | 36.46 | 34.01 | 29.44 | 27.92 |
| 马里 | 0.15 | – | 0.10 | 0.09 | 0.05 |
| 马耳他 | 43.19 | 42.31 | 30.87 | 22.89 | 20.20 |
| 毛里求斯 | 3.82 | 0.77 | 1.12 | 0.55 | 0.76 |
| 墨西哥 | 19.53 | 21.66 | 20.17 | 16.98 | 16.85 |
| 摩尔多瓦 | 0.17 | 0.53 | 0.68 | 0.56 | 0.26 |
| 摩洛哥 | 3.24 | 4.12 | 3.77 | 3.26 | 3.08 |
| 莫桑比克 | 0.12 | 0.24 | 0.11 | 0.02 | 0.01 |
| 纳米比亚 | 0.54 | 0.70 | 0.52 | 0.63 | 0.65 |
| 荷兰 | 11.57 | 12.36 | 12.46 | 11.91 | 10.20 |
| 新西兰 | 1.32 | 1.39 | 1.20 | 1.18 | 1.13 |
| 尼加拉瓜 | 0.11 | 0.32 | 0.14 | 0.14 | 0.18 |
| 尼日尔 | 0.07 | 0.15 | 0.33 | 0.27 | 0.19 |
| 挪威 | 1.22 | 1.54 | 1.43 | 1.04 | 0.79 |
| 阿曼 | 0.27 | 0.28 | 0.10 | 0.14 | 0.11 |
| 巴基斯坦 | 0.43 | 0.19 | 0.20 | 0.24 | 0.24 |
| 巴拿马 | 11.30 | 8.17 | 9.60 | 7.87 | – |
| 巴拉圭 | 0.21 | 0.13 | 0.08 | 0.07 | 0.09 |
| 秘鲁 | 0.05 | 0.09 | 0.08 | 0.05 | 0.08 |
| 菲律宾 | 30.59 | 36.42 | 26.77 | 22.74 | 29.47 |
| 波兰 | 6.95 | 9.37 | 9.63 | 7.04 | 7.04 |
| 葡萄牙 | 6.87 | 4.05 | 3.98 | 3.83 | 3.38 |
| 卡塔尔 | 0.02 | 0.04 | 0.04 | 0.02 | – |
| 罗马尼亚 | 4.48 | 7.16 | 8.39 | 7.82 | 4.99 |

（续表）

| 国家和地区 | 2008 | 2009 | 2010 | 2011 | 2012 |
|---|---|---|---|---|---|
| 俄罗斯联邦 | 0.17 | 0.28 | 0.22 | 0.24 | 0.31 |
| 卢旺达 | 0.51 | 0.89 | 0.61 | 0.47 | 0.23 |
| 萨摩亚 | 0.68 | 0.02 | 0.10 | 0.51 | 0.14 |
| 沙特阿拉伯 | 0.03 | 0.07 | 0.11 | 0.11 | – |
| 塞内加尔 | 0.47 | 0.26 | 0.38 | 0.44 | 0.31 |
| 塞尔维亚 | 2.04 | 2.39 | 1.63 | 1.42 | 2.11 |
| 新加坡 | 34.64 | 33.89 | 34.33 | 28.91 | 28.40 |
| 斯洛伐克 | 16.84 | 20.83 | 19.13 | 16.10 | 16.60 |
| 斯洛文尼亚 | 2.11 | 2.32 | 2.18 | 1.92 | 1.79 |
| 南非 | 1.09 | 1.26 | 0.97 | 0.82 | 1.05 |
| 西班牙 | 2.44 | 2.19 | 2.19 | 1.53 | 1.27 |
| 斯里兰卡 | 0.80 | 0.34 | 0.46 | 0.39 | 0.50 |
| 圣文森特和格林纳丁斯 | 0.56 | 10.29 | 1.35 | 0.67 | 2.48 |
| 苏丹 | 0.01 | 0.03 | 0.01 | 0.01 | 0.01 |
| 瑞典 | 8.61 | 8.99 | 9.72 | 9.17 | 7.22 |
| 瑞士 | 1.68 | 1.59 | 1.64 | 1.47 | 1.45 |
| 坦桑尼亚 | 0.22 | 0.42 | 0.35 | 0.15 | 0.14 |
| 泰国 | 19.06 | 19.78 | 18.93 | 15.57 | 16.04 |
| 多哥 | 0.12 | 0.18 | 0.21 | 0.07 | 0.04 |
| 特立尼达和多巴哥 | 0.06 | 0.19 | 0.05 | – | – |
| 突尼斯 | 3.86 | 4.66 | 6.53 | 7.38 | |
| 土耳其 | 1.82 | 1.99 | 1.84 | 1.66 | 1.74 |
| 乌干达 | 4.49 | 4.23 | 5.65 | 6.35 | 6.55 |
| 乌克兰 | 0.97 | 1.10 | 1.07 | 0.89 | 1.10 |
| 阿拉伯联合酋长国 | 1.95 | – | – | – | – |
| 英国 | 6.05 | 6.66 | 5.97 | 5.00 | 4.24 |
| 美国 | 10.62 | 10.71 | 10.54 | 9.50 | 9.02 |
| 乌拉圭 | 0.09 | 0.09 | 0.05 | 0.06 | 0.09 |
| 委内瑞拉 | 0.02 | 0.01 | 0.02 | 0.01 | – |
| 越南 | 4.74 | 5.80 | 7.91 | 11.64 | – |
| 也门 | 0.05 | 0.05 | 0.04 | 0.01 | 0.01 |
| 赞比亚 | 0.09 | 0.08 | 0.04 | 0.04 | – |
| 津巴布韦 | 0.21 | 0.59 | 0.04 | 0.03 | 0.04 |

数据来源：世界银行数据库。

## 2008—2012 年世界各国信息和通信技术产品进口占产品进口总量的比重（单位：%）

| 国家和地区 | 2008 | 2009 | 2010 | 2011 | 2012 |
|---|---|---|---|---|---|
| 世界 | 11.26 | 12.50 | 12.46 | 11.06 | 11.25 |
| 阿尔巴尼亚 | 3.37 | 4.79 | 4.11 | 3.60 | 2.97 |
| 阿尔及利亚 | 4.67 | 3.72 | 2.96 | 3.40 | 4.03 |
| 阿根廷 | 8.29 | 9.66 | 9.06 | 3.80 | 8.29 |
| 亚美尼亚 | 5.41 | 4.16 | 4.66 | 4.20 | 3.69 |
| 澳大利亚 | 9.13 | 10.51 | 10.64 | 9.80 | 8.89 |
| 奥地利 | 5.69 | 5.97 | 5.80 | 4.90 | 5.14 |
| 阿塞拜疆 | 3.53 | 5.44 | 3.47 | 3.50 | 3.31 |
| 巴哈马 | 2.06 | 2.45 | 2.83 | 2.70 | 3.89 |
| 巴林 | 2.17 | 3.61 | 4.44 | 5.80 | – |
| 巴巴多斯 | 5.57 | 6.38 | 6.13 | 5.00 | 4.43 |
| 白俄罗斯 | 2.01 | 1.86 | 2.45 | 1.70 | 2.44 |
| 比利时 | 3.52 | 3.86 | 3.54 | 3.40 | 3.10 |
| 伯利兹 | 4.27 | 3.35 | 3.65 | 2.40 | 3.56 |
| 玻利维亚 | 3.40 | 3.63 | 3.40 | 3.30 | 3.24 |
| 波黑 | 3.61 | 3.15 | 2.89 | 2.60 | 2.68 |
| 博茨瓦纳 | 3.42 | 4.60 | 3.10 | 2.50 | 2.45 |
| 巴西 | 9.19 | 9.40 | 9.46 | 8.80 | 8.82 |
| 保加利亚 | 4.96 | 5.70 | 5.64 | 5.60 | 6.20 |
| 布吉纳法索 | 2.68 | 1.44 | 2.54 | 3.20 | – |
| 布隆迪 | 7.25 | 10.42 | 5.81 | 1.71 | 1.94 |
| 柬埔寨 | 3.50 | 5.37 | 2.55 | 2.10 | 1.68 |
| 喀麦隆 | 2.86 | 3.20 | 2.56 | 2.80 | 2.71 |
| 加拿大 | 7.94 | 8.42 | 8.43 | 8.00 | 7.32 |
| 佛得角 | 2.78 | 3.57 | 7.55 | 3.30 | 3.67 |
| 智利 | 6.40 | 7.58 | 8.19 | 7.10 | 7.26 |
| 中国 | 21.19 | 21.90 | 20.40 | 18.00 | 19.56 |
| 哥伦比亚 | 10.14 | 8.81 | 9.63 | 8.50 | 8.97 |
| 哥斯达黎加 | 18.28 | 17.10 | 17.72 | 18.20 | 18.31 |
| 克罗地亚 | 5.22 | 5.27 | 5.52 | 4.20 | 4.35 |
| 塞浦路斯 | 4.66 | 5.19 | 4.75 | 4.60 | 4.11 |

（续表）

| 国家和地区 | 2008 | 2009 | 2010 | 2011 | 2012 |
|---|---|---|---|---|---|
| 捷克 | 14.19 | 15.70 | 17.79 | 15.80 | 14.73 |
| 丹麦 | 7.19 | 7.96 | 7.94 | 7.90 | 8.22 |
| 多米尼克 | 3.80 | 4.95 | 4.81 | – | 4.31 |
| 多米尼加 | 4.69 | 4.67 | 4.76 | 3.50 | 3.24 |
| 厄瓜多尔 | 7.17 | 6.45 | 6.29 | 6.31 | 6.43 |
| 萨尔瓦多 | 4.83 | 5.02 | 5.39 | 5.03 | 5.01 |
| 爱沙尼亚 | 6.28 | 5.60 | 9.64 | 11.43 | 10.67 |
| 埃塞俄比亚 | 6.78 | 7.58 | 8.38 | 3.83 | 3.45 |
| 斐济 | 4.93 | 4.60 | 3.87 | 3.67 | 4.25 |
| 芬兰 | 11.05 | 10.18 | 8.23 | 7.13 | 6.91 |
| 法国 | 6.54 | 7.07 | 7.33 | 6.54 | 6.22 |
| 法属波利尼西亚 | 4.76 | 5.43 | 6.01 | 5.64 | 5.17 |
| 冈比亚 | 3.38 | 2.58 | 1.46 | 1.90 | – |
| 格鲁吉亚 | 6.96 | 4.75 | 5.32 | 4.92 | 4.90 |
| 德国 | 7.87 | 8.37 | 9.16 | 7.95 | 7.55 |
| 加纳 | 6.37 | 4.57 | 7.13 | 5.30 | 4.42 |
| 希腊 | 5.17 | 5.45 | 4.98 | 5.00 | 5.10 |
| 危地马拉 | 5.85 | 5.81 | 6.81 | 6.00 | 5.65 |
| 几内亚 | 5.19 | – | – | – | – |
| 圭亚那 | 3.19 | 2.94 | 2.91 | 3.62 | 5.80 |
| 洪都拉斯 | – | 6.26 | 5.87 | 4.79 | 5.00 |
| 中国香港 | 39.83 | 42.45 | 42.76 | 40.41 | 40.79 |
| 匈牙利 | 17.47 | 20.48 | 21.20 | 17.48 | 16.15 |
| 冰岛 | 3.95 | 3.97 | 4.26 | 4.37 | 4.09 |
| 印度 | 4.09 | 7.79 | 6.31 | 5.97 | 5.31 |
| 印尼 | 9.06 | 8.90 | 8.49 | 7.41 | 7.08 |
| 伊朗 | – | – | 3.63 | 4.60 | – |
| 爱尔兰 | 16.75 | 13.25 | 10.18 | 9.33 | 9.02 |
| 以色列 | 7.85 | 9.72 | 9.20 | 8.73 | 8.86 |
| 意大利 | 5.05 | 6.06 | 7.73 | 6.21 | – |
| 牙买加 | 3.54 | 3.54 | 3.88 | 2.87 | 2.50 |
| 日本 | 9.68 | 11.36 | 12.00 | 10.14 | 10.24 |
| 约旦 | 6.44 | 4.64 | 4.26 | 4.10 | – |

（续表）

| 国家和地区 | 2008 | 2009 | 2010 | 2011 | 2012 |
|---|---|---|---|---|---|
| 哈萨克斯坦 | 1.95 | 2.92 | 4.97 | 5.74 | 5.81 |
| 肯尼亚 | 5.69 | 6.29 | 7.22 | – | – |
| 韩国 | 11.48 | 12.95 | 11.88 | 10.43 | 9.79 |
| 科威特 | 6.42 | – | – | – | – |
| 吉尔吉斯斯坦 | 3.18 | 2.16 | 2.71 | 3.82 | 2.34 |
| 拉脱维亚 | 6.01 | 5.64 | 6.42 | 5.44 | 5.96 |
| 黎巴嫩 | 2.59 | 3.19 | 2.79 | 2.34 | 2.18 |
| 立陶宛 | 4.70 | 3.86 | 4.12 | 3.70 | 3.63 |
| 卢森堡 | 4.34 | 5.16 | 4.93 | 4.02 | 4.06 |
| 中国澳门 | 10.13 | 10.99 | 12.63 | 13.20 | 14.49 |
| 马其顿 | 4.57 | 4.68 | 4.83 | 3.69 | 4.01 |
| 马达加斯加 | 3.82 | 3.58 | 3.13 | 2.56 | 2.38 |
| 马拉维 | 3.10 | 5.28 | 5.15 | 3.54 | – |
| 马来西亚 | 23.36 | 30.11 | 29.80 | 25.62 | 23.09 |
| 马里 | 2.37 | – | 2.57 | 2.95 | 3.62 |
| 马耳他 | 19.01 | 14.08 | 15.43 | 13.00 | 10.88 |
| 毛里求斯 | 5.51 | 5.25 | 5.07 | 4.35 | 5.12 |
| 墨西哥 | 16.11 | 19.60 | 19.23 | 17.28 | 16.51 |
| 摩尔多瓦 | 2.41 | 3.90 | 3.94 | 3.45 | 3.34 |
| 摩洛哥 | 4.72 | 5.36 | 5.87 | 4.78 | 3.51 |
| 莫桑比克 | 3.06 | 2.81 | 1.83 | 1.48 | 2.25 |
| 纳米比亚 | 3.99 | 4.42 | 3.59 | 3.62 | 3.10 |
| 荷兰 | 13.00 | 13.66 | 14.54 | 12.85 | 12.09 |
| 新西兰 | 7.74 | 8.61 | 8.32 | 8.03 | 7.67 |
| 尼加拉瓜 | 4.10 | 3.89 | 4.77 | 4.40 | 4.13 |
| 尼日尔 | 1.39 | 4.54 | 1.95 | 3.19 | 1.85 |
| 挪威 | 7.07 | 7.67 | 7.45 | 6.92 | 7.07 |
| 阿曼 | 2.16 | 2.24 | 2.40 | 2.91 | 2.98 |
| 巴基斯坦 | 5.06 | 3.07 | 3.35 | 3.56 | 4.36 |
| 巴拿马 | 11.09 | 8.46 | 9.57 | 8.08 | – |
| 巴拉圭 | 23.29 | 25.67 | 27.01 | 21.56 | 19.11 |
| 秘鲁 | 7.80 | 7.68 | 7.48 | 7.39 | 7.82 |
| 菲律宾 | 33.70 | 33.20 | 31.63 | 13.16 | 24.75 |

（续表）

| 国家和地区 | 2008 | 2009 | 2010 | 2011 | 2012 |
|---|---|---|---|---|---|
| 波兰 | 8.14 | 9.30 | 9.81 | 7.33 | 8.20 |
| 葡萄牙 | 7.48 | 6.25 | 5.72 | 5.01 | 5.06 |
| 卡塔尔 | 3.64 | – | 4.28 | – | – |
| 罗马尼亚 | 6.56 | 8.27 | 9.30 | 7.98 | 6.77 |
| 俄罗斯联邦 | 7.79 | 7.28 | 8.53 | 7.16 | 7.50 |
| 卢旺达 | 7.88 | 11.72 | – | 7.04 | 7.80 |
| 萨摩亚 | 2.63 | 1.29 | 2.37 | 2.76 | 2.74 |
| 沙特阿拉伯 | 4.00 | 4.62 | 7.17 | 7.99 | – |
| 塞内加尔 | 2.92 | 4.13 | 3.27 | 2.68 | 2.18 |
| 塞尔维亚 | 4.69 | 4.38 | 4.22 | 3.92 | 3.78 |
| 新加坡 | 26.98 | 26.87 | 27.85 | 23.54 | 23.41 |
| 斯洛伐克 | 13.62 | 15.64 | 15.62 | 11.53 | 12.81 |
| 斯洛文尼亚 | 4.25 | 4.73 | 4.66 | 3.97 | 3.57 |
| 南非 | 7.82 | 8.68 | 9.44 | 8.38 | 7.64 |
| 西班牙 | 7.91 | 6.46 | 6.68 | 5.24 | 4.62 |
| 斯里兰卡 | 4.16 | 3.23 | 2.95 | 3.54 | 3.72 |
| 圣文森特和格林纳丁斯 | 3.70 | 3.56 | 3.67 | 3.60 | – |
| 苏丹 | 1.86 | 3.33 | 3.95 | 3.68 | 3.80 |
| 瑞典 | 9.13 | 10.57 | 11.34 | 10.67 | 10.05 |
| 瑞士 | 5.65 | 5.73 | 5.88 | 5.59 | 5.45 |
| 叙利亚 | 1.06 | 1.49 | 2.22 | – | – |
| 坦桑尼亚 | 5.01 | 4.98 | 3.77 | 3.66 | 3.63 |
| 泰国 | 13.02 | 15.70 | 14.18 | 11.92 | 11.82 |
| 多哥 | 4.31 | 4.79 | 5.07 | 4.52 | 1.86 |
| 特立尼达和多巴哥 | 2.44 | 3.05 | 3.07 | – | – |
| 突尼斯 | 4.37 | 5.97 | 6.31 | 6.63 | – |
| 土耳其 | 3.91 | 5.02 | 4.47 | 3.83 | 4.18 |
| 乌干达 | 8.94 | 7.49 | 7.42 | 7.82 | 6.63 |
| 乌克兰 | 1.90 | 2.19 | 3.19 | 2.59 | 3.77 |
| 阿拉伯联合酋长国 | 4.50 | – | – | – | – |
| 英国 | 9.34 | 9.92 | 9.36 | 8.19 | 7.30 |
| 美国 | 11.84 | 14.40 | 14.24 | 12.84 | 12.82 |
| 乌拉圭 | 5.77 | 6.36 | 5.64 | 5.26 | 5.64 |

（续表）

| 国家和地区 | 2008 | 2009 | 2010 | 2011 | 2012 |
|---|---|---|---|---|---|
| 委内瑞拉 | 10.14 | 8.22 | 7.57 | 6.39 | – |
| 越南 | 6.38 | 8.62 | 8.40 | 10.17 | – |
| 也门 | 1.17 | 1.98 | 1.34 | 0.99 | 1.03 |
| 赞比亚 | 2.82 | 2.97 | 2.35 | 2.97 | – |
| 津巴布韦 | 2.25 | 4.09 | 5.53 | 2.84 | 3.37 |

数据来源：世界银行数据库。

## 2008—2012 年世界各国信息和通信技术服务出口占服务出口总量的比重（单位：%）

| 国家和地区 | 2008 | 2009 | 2010 | 2011 | 2012 |
|---|---|---|---|---|---|
| 世界 | 28.40 | 30.39 | 30.49 | 31.07 | 31.69 |
| 阿尔巴尼亚 | 11.97 | 8.36 | 10.84 | 10.54 | 10.92 |
| 阿尔及利亚 | 42.95 | 43.92 | 57.63 | 61.69 | 59.43 |
| 阿根廷 | 38.31 | 42.55 | 42.27 | 45.46 | 46.01 |
| 亚美尼亚 | 19.44 | 18.13 | 17.98 | 13.34 | 13.46 |
| 澳大利亚 | 19.20 | 17.73 | 17.74 | 17.79 | 18.54 |
| 奥地利 | 25.09 | 25.64 | 25.63 | 28.58 | 30.75 |
| 阿塞拜疆 | 21.09 | 21.36 | 20.12 | 14.14 | 14.99 |
| 孟加拉国 | 31.10 | 33.61 | 36.21 | 37.73 | 26.54 |
| 巴巴多斯 | 24.39 | 15.14 | 25.90 | – | – |
| 白俄罗斯 | 16.04 | 19.20 | 17.88 | 17.26 | 17.97 |
| 比利时 | 35.51 | 40.92 | 40.57 | 41.89 | 43.14 |
| 玻利维亚 | 9.87 | 10.81 | 11.07 | 9.83 | 11.79 |
| 博茨瓦纳 | 53.69 | 64.20 | 42.12 | 45.33 | 40.89 |
| 巴西 | 49.17 | 51.95 | 51.97 | 52.86 | 55.75 |
| 保加利亚 | 17.46 | 14.78 | 19.10 | 20.21 | 22.80 |
| 柬埔寨 | 8.72 | 9.00 | 7.02 | 7.85 | 8.42 |
| 喀麦隆 | 37.20 | 23.96 | 30.17 | 37.81 | 29.74 |
| 加拿大 | 41.51 | 43.53 | 42.66 | 42.17 | 41.15 |
| 佛得角 | 5.60 | 6.01 | 4.80 | 5.37 | 4.56 |
| 智利 | 19.03 | 17.87 | 20.78 | 20.36 | 21.13 |

（续表）

| 国家和地区 | 2008 | 2009 | 2010 | 2011 | 2012 |
|---|---|---|---|---|---|
| 中国 | 28.33 | 31.81 | 31.28 | 32.85 | 34.92 |
| 哥伦比亚 | 17.02 | 17.57 | 17.29 | 14.21 | 18.55 |
| 哥斯达黎加 | 19.55 | 21.99 | 28.24 | 32.24 | 32.15 |
| 科特迪瓦 | 30.94 | 29.68 | 28.52 | – | – |
| 克罗地亚 | 10.94 | 11.94 | 13.46 | 12.66 | 14.51 |
| 塞浦路斯 | 20.11 | 20.37 | 24.78 | 24.98 | 25.06 |
| 捷克 | 31.27 | 31.17 | 31.47 | 34.98 | 36.10 |
| 多米尼加 | 3.90 | 4.34 | 4.57 | 4.30 | 4.35 |
| 埃及 | 14.52 | 13.01 | 8.77 | 7.04 | 7.28 |
| 萨尔瓦多 | 11.04 | 11.97 | 13.24 | 10.47 | 11.47 |
| 埃塞俄比亚 | 6.66 | 8.38 | 8.95 | 5.97 | 6.48 |
| 法罗群岛 | 11.87 | 19.01 | 22.99 | 25.84 | – |
| 斐济 | 3.39 | 3.18 | 2.94 | 4.18 | 4.30 |
| 芬兰 | 48.22 | 47.79 | 43.50 | 42.63 | 45.70 |
| 法国 | 20.63 | 30.65 | 32.95 | 34.25 | 32.57 |
| 格鲁吉亚 | 4.14 | 5.13 | 4.52 | 4.60 | 4.61 |
| 德国 | 31.76 | 32.21 | 32.42 | 32.88 | 33.72 |
| 希腊 | 6.60 | 7.41 | 7.64 | 7.70 | 7.87 |
| 危地马拉 | 19.64 | 17.48 | 18.90 | 17.65 | 21.88 |
| 几内亚 | 37.22 | 32.83 | 53.66 | 49.29 | 64.94 |
| 圭亚那 | 35.57 | 36.31 | 32.14 | 34.44 | 41.41 |
| 洪都拉斯 | 9.99 | 11.40 | 10.60 | 10.91 | 11.19 |
| 中国香港 | 16.65 | 17.60 | 16.34 | 15.35 | – |
| 匈牙利 | 26.95 | 27.31 | 29.02 | 29.21 | 27.66 |
| 冰岛 | 27.09 | – | – | – | – |
| 印度 | 69.29 | 66.34 | 64.10 | 61.84 | 65.89 |
| 印度尼西亚 | 22.45 | 27.81 | 32.63 | 34.09 | 38.23 |
| 爱尔兰 | 61.20 | 64.29 | 64.89 | 64.91 | 66.30 |
| 以色列 | 52.63 | 58.80 | 55.03 | 56.48 | 59.32 |
| 意大利 | 31.82 | 30.46 | 33.68 | 34.87 | 34.87 |
| 牙买加 | 7.50 | 9.10 | 8.43 | 7.81 | 9.45 |
| 日本 | 24.38 | 29.80 | 25.52 | 28.09 | 20.71 |
| 哈萨克斯坦 | 11.87 | 12.44 | 11.61 | 11.36 | 10.89 |

（续表）

| 国家和地区 | 2008 | 2009 | 2010 | 2011 | 2012 |
|---|---|---|---|---|---|
| 韩国 | 15.25 | 17.48 | 20.24 | 20.44 | 21.59 |
| 拉脱维亚 | 18.98 | 19.64 | 21.55 | 20.28 | 20.45 |
| 黎巴嫩 | 61.66 | 55.36 | 26.74 | 48.13 | 56.76 |
| 莱索托 | 26.24 | 9.17 | 30.56 | 20.38 | 18.04 |
| 立陶宛 | 6.28 | 8.56 | 8.72 | 9.66 | 9.02 |
| 卢森堡 | 18.12 | 20.32 | 19.08 | 19.60 | 21.66 |
| 马其顿 | 24.72 | 24.96 | 29.30 | 23.07 | 23.99 |
| 马来西亚 | 18.29 | 19.48 | 21.83 | 24.66 | 27.86 |
| 马耳他 | 17.85 | 17.87 | 13.97 | 12.85 | 12.31 |
| 毛里求斯 | 21.54 | 29.24 | 31.88 | 31.58 | 35.38 |
| 摩尔多瓦 | 20.95 | 22.39 | 25.71 | 26.06 | 25.31 |
| 蒙古 | 12.02 | 8.22 | 10.24 | 21.12 | 20.69 |
| 摩洛哥 | 18.21 | 19.06 | 20.15 | 20.11 | 21.80 |
| 莫桑比克 | 20.79 | 28.16 | 29.76 | 23.43 | 31.11 |
| 纳米比亚 | 3.92 | 16.77 | 32.80 | 26.99 | – |
| 荷兰 | 43.30 | 45.32 | 45.41 | 45.64 | 45.20 |
| 新喀里多尼亚 | 9.27 | 10.28 | 12.22 | 12.66 | – |
| 新西兰 | 15.23 | 15.84 | 17.01 | 17.89 | 18.59 |
| 尼日尔 | 19.73 | 23.11 | 5.44 | – | – |
| 挪威 | 32.13 | 32.66 | 36.44 | 27.55 | 29.06 |
| 巴基斯坦 | 17.85 | 23.20 | 16.35 | 23.44 | 20.29 |
| 巴拿马 | 10.72 | 7.68 | 8.74 | 7.21 | 6.08 |
| 巴布亚新几内亚 | 74.02 | 49.61 | 49.33 | 73.25 | 64.16 |
| 巴拉圭 | 3.24 | 3.59 | 3.13 | 2.22 | 1.94 |
| 秘鲁 | 12.94 | 11.72 | 14.01 | 15.19 | 15.06 |
| 菲律宾 | 50.71 | 61.47 | 63.47 | 71.69 | 67.28 |
| 波兰 | 27.02 | 30.82 | 36.01 | 33.68 | 33.72 |
| 葡萄牙 | 19.06 | 20.07 | 18.70 | 18.57 | 17.77 |
| 罗马尼亚 | 32.67 | 38.20 | 35.07 | 35.00 | 37.31 |
| 俄罗斯 | 29.25 | 30.58 | 30.44 | 30.74 | 31.92 |
| 卢旺达 | – | 3.33 | 8.27 | 8.59 | 3.81 |
| 萨摩亚 | 8.26 | 11.55 | 9.13 | 11.24 | 7.84 |
| 塞内加尔 | 31.50 | 31.18 | 33.64 | 32.27 | – |

（续表）

| 国家和地区 | 2008 | 2009 | 2010 | 2011 | 2012 |
|---|---|---|---|---|---|
| 新加坡 | 23.66 | 24.99 | 22.86 | 23.70 | 23.96 |
| 斯洛伐克 | 24.43 | 21.33 | 22.96 | 24.51 | 31.71 |
| 斯洛文尼亚 | 21.52 | 22.44 | 22.00 | 22.41 | 22.18 |
| 所罗门群岛 | 12.48 | 3.64 | 4.55 | 4.30 | 2.41 |
| 南非 | 12.41 | 12.66 | 11.52 | 11.77 | 10.56 |
| 西班牙 | 27.92 | 28.95 | 29.46 | 30.02 | 30.00 |
| 斯里兰卡 | 26.57 | 28.75 | 24.00 | 22.89 | 24.62 |
| 苏丹 | 6.20 | 5.97 | 29.49 | 6.28 | 3.81 |
| 斯威士兰 | 49.65 | 49.12 | 28.96 | 47.01 | 42.69 |
| 瑞典 | 44.00 | 46.26 | 45.96 | 47.08 | 46.62 |
| 叙利亚 | 5.46 | 4.50 | 2.46 | - | - |
| 塔吉克斯坦 | 34.74 | 33.93 | 75.15 | 48.52 | 40.74 |
| 坦桑尼亚 | 13.89 | 14.91 | 12.87 | 13.87 | 13.27 |
| 汤加 | 15.83 | 15.02 | 8.84 | 13.34 | 12.25 |
| 突尼斯 | 5.81 | 7.29 | 8.22 | 10.76 | 9.56 |
| 土耳其 | 2.62 | 2.36 | 1.98 | 1.63 | 1.64 |
| 乌干达 | 14.18 | 10.73 | 13.01 | 11.49 | 12.95 |
| 乌克兰 | 12.15 | 14.34 | 17.32 | 17.92 | 19.34 |
| 英国 | 36.05 | 37.79 | 41.63 | 39.33 | 38.98 |
| 美国 | 19.70 | 21.10 | 21.06 | 21.34 | 22.13 |
| 乌拉圭 | 18.83 | 18.00 | 19.15 | 15.09 | 15.87 |
| 委内瑞拉 | 11.95 | 11.07 | 13.00 | 12.62 | 11.91 |
| 约旦河西岸和加沙地带 | 18.70 | 15.49 | 6.01 | 4.35 | 6.48 |

数据来源：世界银行数据库。

# 附录四：东南亚、南亚国家信息化基本状况概述

## 一、战略规划

### 1. 印度

2006 年，印度电子信息技术部、行政改革和信访部联合出台了国家电子政务计划（National e-Governance Plan），推进印度电子政务的发展。

2013 年 5 月，出台《国家网络安全策略》，目标是"安全可信的计算机环境"。

2014 年 2 月 4 日，印度推出名为"Meghraj"的国家私有云战略，该战略有望在优化政府 ICT 支出之际加速推进数字公共服务。印度政府的云架构包括一系列分布在多个地点的云计算环境。这些云计算环境将按照政府发布的通用协议和标准在现有或者扩充后的基础设施上建设。印度通信和信息技术部已经发布了两份指南：《云战略指南》和《云采用和实施路线图》以指导该项目的发展。

2014 年 8 月 20 日，内阁会议上，印度政府通过了全国各地乡村将能宽带上网的"数字印度"规划，它将让所有国民都能获得医疗、教育、金融和行政等服务。"数字印度"将分阶段实施，与 IT、电信相关项目的第一期印度政府投资，预计将达到 6952.4 亿卢比。在未来五年内，预计印度政府总投资将达到 1.13 万亿卢比，用于促进通讯基础设施的发展。这个计划，除了让全国还没有通信基础设施的 5.5 万个乡村建起通信网络，还可以让所有的人都能够拥有智能手机。政府为了加速移动终端的供应，还制定了促进相关电子设备生产的方针。

### 2. 孟加拉国

2013 年 5 月，孟加拉国家经济委员会执委会批准了孟加拉电信的计划，包括部署一个全国性的基于 LTE 的无线宽带网络，总斥资 95.6 亿孟加拉塔卡（约

合人民币 7.6 亿元）。这个无线宽带网络旨在到 2017 年为所有 7 个区包括农村地区的电脑用户提供低成本的宽带服务，尤其是关注其他运营商不运营推广的地区。

用于固定无线 LTE 项目的 2500 兆赫兹中的 35 兆赫兹应用还处于待定中。项目的 64% 资金来自韩国进出口银行，剩余资金来自孟加拉国政府。宽带网络项目部署指定总计 670 座基站收发台和 300 千米光纤电缆。

### 3. 斯里兰卡

斯里兰卡出台《信息通信技术计划（2011—2016 年）》，进一步削减宽带资费以推进信息通信技术产业发展并创造更多的就业机会。计划称，正在部署的光纤网络应当有能力在未来 5 年内为全国 70% 的家庭提供 8Mbps 的宽带连接。全国骨干网项目应加速建设基于国有高速光纤网络的全国骨干网，覆盖到所有选民。全国骨干网运营商必须提供用户负担得起的骨干网和连接服务资费，届时各种宽带和连接服务的资费将比发放牌照时主流市场最低价格下降 30%。物理基础设施的需求必须得到满足，由政府建立或在现有的基础上鼓励私营部门建立 IT 科技园。政府也应该向 IT 外包产业提供优惠以减少企业运营成本。

### 4. 越南

2010 年 9 月 22 日，越南总理批准了"早日将越南发展成信息通讯强国"方案。方案提出，2020 年信息通信业产值将占 GDP 的 8%—10%；年度营业额的增幅要高于 GDP 增幅的 2—3 倍；2015 年，30% 的信息通信技术大学毕业生可参与国际劳动市场，至 2020 年该数字要达 80%；使用互联网的人数占全国人数的比例将由 2015 年的 50% 上升到 2020 年 70%；2015 年信息通信工业企业的发展水平及规模要达到东盟地区的总体水平，部分企业的营业收入达 100 亿美元，2020 年达 150 亿美元。

此外还通过以强化 ICT 产业为目标的国家级战略《信息通信业发展计划》。该计划制定了一系列目标：截至 2020 年，80% 的大学毕业生要掌握英语能力和 ICT 专业技能，越南国内外的 ICT 人才总数达到 100 万，把目前 30% 的国民互联网利用率提升至 70%。

2012 年 7 月越南政府发布《至 2020 年国家通信发展规划》。根据该规划，至 2015 年，越南有 40%—45% 的家庭安装固定电话；网民比例占总人口的 40%—45%，至 2020 年达 55—60%。至 2020 年，使用移动电话的人占总人口的 90% 以上，至 2020 年达 95% 以上。至 2020 年，努力实现通信业增幅为 GDP 增幅的 1.2—1.5

倍，通信总收入达 150 亿—170 亿美元，占 GDP 的 6%—7%。今后，越南将在通过转让、出售和合并的方式对通信企业尤其是效益不好的国有企业进行重组，最终形成 3—4 家专业化和有效利用通信基础设施、人力和资源的大集团总公司。

2013 年 9 月 1 日，越南正式开始实施与网络相关的"72 号令"，除了将网络用户在社交网站、微博以及博客页面上能够发布的内容限定在"个人信息"上，还禁止互联网服务供应商发布一切涉及"反越，破坏公共安全、社会秩序及国家统一"的信息，并且要求在越南营运的外国互联网公司将伺服器部署在越南境内。

### 5. 老挝

老挝"七五"规划（2011—2015 年）制定了电信行业发展规划，其中电信网络及服务将覆盖农村 90% 的区域，电话覆盖率达 80%，建设光缆全长 17200 公里等。政府采取的方式，首先要扩展电信、邮政，以及高速互联网的覆盖面，其主要的目标是希望能够驱动工业的发展，并且有可持续的社会经济发展。

### 6. 柬埔寨

柬埔寨 2013 年 11 月举办"信息和通讯技术总体计划"研讨会，拟定信息和通讯技术总体计划。主要注重于三大重点：1. 推进制度结构和信息安全；2. 实施工业开发，强化人力资源以及研究和发展项目；3. 使用信息和通讯技术系统实施国家政府公共服务管理（包括 e-Government,e-Economy,e-Education）。信息和通讯技术总体计划期限为 18 个月，从 2013 年 1 月 1 日就开始实施，直到 2014 年 6 月，韩国政府通过韩国国际协力机构（KOICA）拨出 200 万美元，援助实施该计划，并由信息通信政策研究院（KISDI）提供技术援助，有来自 KISDI 的 15 个工作组前来协助。

### 7. 泰国

《泰国信息通讯技术政策框架（2001—2010）》即《IT2010》已经指导了泰国 ICT 产业在二十一世纪第一个十年的发展。信息通讯技术部为下一个十年（2011 年到 2020 年）制定了《ICT2020 政策框架》。政策框架选取内容时遵循下列原则：使用可持续发展的主要概念，即综合考虑社会、经济和环境三方面的协调发展。为确保持续稳定地发展，发展的质和量及社会公正都应考虑在内。利用 ICT 技术减少不公平现象，为人民公平地享受发展带来的红利提供机会。按照"充足经济"的理念，在注重发展经济使国家与时俱进的同时，要注意与国家能力相适应的充足和适度，合理发展，能应对内部和外部变化。

2012年3月，泰国推出"智慧泰国"战略，作为国家信息和通信技术框架（ICT2020）的一部分。该战略包括两大主要内容：信息和通信技术基础设施（智能网络）与电子政府服务（智能政府）。泰国的宽带网络普及率目前只有33%，政府的目标是在未来3年内升级现有网络，将网络普及率提升至80%。第二阶段，即2016年至2020年，将网络覆盖率提升至95%。该战略中"智能网络"的部分将需要约800亿泰铢（约合人民币165亿元）的投资，还包括与服务提供商开展合作，为偏远地区提供免费Wi-Fi的项目。"智能政府"部分将为所有政府服务提供一个电子平台，这些服务主要集中在四个关键领域：教育、卫生、政府服务和农业。

### 8. 马来西亚

马来西亚将依斯干达特区打造成全马首个智慧城市，通过经济、社会和环境三者的结合，依斯干达特区可成为有成长力和竞争力、善用天然资源、社会和人力资本、发挥管理效能、网络和社区联系发达的城市，市民可在优质环境中享受高品质生活。已草拟超过20项大蓝图，详细拟定行动计划，以整体概念打造智慧城。

### 9. 印度尼西亚（印尼）

2013年，在印尼政府公布的国家基础建设规划MP3EI中，设定了5年为印尼30%居民提供宽带接入网络的目标。在此目标之下，印尼电信从2013年开始进行大规模的宽带FTTH网络建设，计划5年总体建设量1500万线左右，这一计划也使得印尼成为全球移动通信增长最迅速的市场之一。

### 10. 新加坡

新加坡提出"智慧国家2025"的十年计划。这是全球第一个智慧国家蓝图，新加坡有望建成世界首个智慧国。新加坡从"智慧岛"开始明确"智慧城市"建设规划，并于2006年提出"智慧国2015"的规划。

新加坡二十世纪八十年代就开始信息化规划和建设。新加坡智慧城市规划专家李林在发表的相关文章中称，从1980年到1990年，新加坡政府提出"国家电脑化计划"，拟在新加坡的政府、企业、商业、工厂推广电脑化应用。

1992年，新加坡提出"IT2000-智慧岛计划"，计划在10年内建设覆盖全国的高速宽带多媒体网络，普及信息技术，在地区和全球范围内建立联系更为密切的电子社会，将新加坡建成智慧岛和全球性 IT 中心。

2000 年，新加坡提出"信息通信 21 世纪计划"：到 2005 年成为网络时代的"一流经济体"。

2006 年 6 月，新加坡公布"智慧国 2015"计划。

2011 年，新加坡发布了下一阶段电子政府总体规划——"电子政府 2015"。"电子政府 2015"旨在将系统、流程和服务的整合由政府内部扩展到政府外部。"电子政府 2015"的愿景是建立一个与国民互动，共同创新的合作型政府。

"智慧国 2015"设立了一系列目标。首先是经济方面，包括：到 2015 年，基于资讯通信技术所发展起来的经济和社会价值高居全球之首，并实现行业价值两倍增长、出口收入 3 倍增长的目标。其他社会发展方面的目标还包括：到 2015 年，新增工作岗位 8 万个，至少 90% 的家庭使用宽带，计算机百分百渗透拥有学龄儿童的家庭。"智慧国 2015"规划的目标基本都已完成。

## 二、基础设施

### 1. 印度

目前印度因特网用户增长飞快，印度电信管理局统计数据显示，印度的因特网用户数由 2004 年 450 万户，已增长到 2013 年 2.3872 亿户。早期网吧的普及是带动因特网发展的重要牵引力，但近年移动用户普及较快，造成了印度网吧数目增长势头迅速下降的局面。统计数据显示，印度网吧联盟经营的网吧数量，由 2004 年的 5 万个左右，到 2009 年仅增长到 18 万个。

据研究公司 IDC 报告显示，2012 年印度智能手机用户为 2900 万户，2013 年为 6700 万户，预测到 2015 年将达到 1.71 亿户。印度人中 74% 拥有手机，但大多数仅限于城市地区的居民。计划到 2019 年智能手机的拥有率将提高到 100%。

### 2. 尼泊尔

尼泊尔电信公司发布了公司 2014 年度报告。该报告显示，在 2014 年的前九个月，尼泊尔电信公司总营业收入超过 291 亿卢比，实现利润约 86 亿卢比。

截至 2014 年 8 月，尼泊尔互联网用户数达 894.65 万，同比增长 7%。其中，手机上网用户数达 851.8 万。据统计，尼泊尔电信公司手机上网用户数约为 452.43 万，尼泊尔另一大电信公司ＮＣＥＬＬ的手机上网用户数约为 399.37 万。

### 3. 巴基斯坦

诺基亚公司近日发布研究报告显示，在以消费者、商业部门、公共部门的基础设施、使用率和技巧等标准构建的评价体系中，巴基斯坦的移动宽带基础设施得分仅2.09（满分10分），在26个发展中国家电信市场中排名第25。报告还称，巴基斯坦对移动宽带的需求正日益增长；通过运行3G和4G网络，巴基斯坦电信市场有望在未来几年内取得实质性发展。

### 4. 越南

2013年越南全国拥有3300万互联网用户，高于2012年的3100万用户，占人口总量的37%。宽带因特网用户数量达2230万，而第三代移动通信技术（3G）客户数量达1720万。越南的通讯和因特网费用排总148位的第8位，几乎达到世界最低价格。2013年越南的新登记域名数量达10万个，域名总数保持着在26.6万个，越南国家和地区顶级域名中，vn数量继续保持东南亚首位，年增长率达172%。越南的软件加工业列亚太前10名以及世界第30名。在亚太地区100个吸引软件加工的城市名单中，越南胡志明市排名第17位、河内排名第22位。2013年信息技术工业的总经营收入逾395亿美元，同比增长55.3%，软件、电子工业的经营收入逾367亿美元，占越南信息技术工业行业总经营收入的93%。软件工业以及数码内容同比分别增长12.7%和13.9%。2013年信息技术产品的出口额达347.6亿美元，同比增长51.7%，其中，手机出口额占63%，出口额高出进口额约84亿美元。信息技术就业人数达44万人，硬件劳动者数量占65%。全国有8个信息技术聚集区，吸引300家企业以及创造就业岗位4.6万个。

2014年，越南信息技术产业营收逾270亿美元。目前，越南有公共电信企业24家，电信服务企业100多家，宽带互联网用户逾1192万，移动用户约1.4亿。

### 5. 老挝

老挝在首都率先实现4G覆盖，已经有一个较好的互联网使用的体验。国际互联网带宽在2011年达到了2.5G，2013年达到了10G。截至2010年，老挝移动用户渗透率达到65%，固话和宽带用户渗透率分别为1.66%和0.19%；老挝通信光缆总长约5000公里，可覆盖该国17个省（市）的138个县，其中3G网络已覆盖2000个自然村。

### 6. 泰国

统计显示，2013年泰国手机普及率在2012年年底达到了133%，泰国电信监管部门宣布——移动市场规模增长了9%，用户数累计达9550万。其中，有2500万已经迁移到了最新的3G网络上。随着用户规模的上升，泰国电信资费有所下调。泰国语音呼叫服务资费下调了45%，同时短信资费下调了46%，移动互联网资费也下调了35%。

### 7. 缅甸

缅甸电信基础设施不发达，手机覆盖率不足8%。过去手机SIM卡的价格曾被卖到数千美元的价格。从2013年4月底开始，国营邮政电信公司开始发售价格为1500缅币（约合10元人民币）的手机SIM卡，但因投放的数量有限，明显供不应求，只能采取抽签的形式发售，大多数人无奈望"卡"兴叹。制约移动通讯发展的瓶颈问题主要是网络覆盖不够，基站数量有限。2014年两家外国电信公司在基础设施方面投入巨资，新建数千座基站。

### 8. 马来西亚

截至2014年10月，马来西亚移动电话普及率已经达到143.7%。与此同时，宽带互联网普及率在马来西亚的家庭已经达到67%，640万用户，预计2015年将达到75%的宽带普及率。

### 9. 印度尼西亚

印尼移动设备保有量大约为2.85亿部，其中智能手机占比约为25%，移动互联网用户数量约为8000万，据相关数据显示，到2016年，印尼智能手机在整个移动设备中的占比有望达到42%以上。

### 10. 菲律宾

截止2014年，菲律宾智能手机普及率最低，仅有15%。但是网络电视普及率最高，达到71%。

### 11. 新加坡

据埃森哲咨询公司2014年的研究，新加坡在电子政务方面排名世界第一；世界经济论坛发布的《2014全球信息技术报告》将新加坡排在"最佳互联国家"第二位。新加坡是世界上智能手机使用率最高的两个国家之一，智能手机使用率达到85%。

2013年，新加坡信息技术产业产值148.1亿新元，年增长率高达44.6%，其中出口占72.7%。新加坡全国有14.67万信息技术人才，且过去数年基本保持稳定。"智慧国2015"计划几乎已经完成目标。

## 三、技术应用

### 1. 印度

为配合"数字印度"计划，印度中央政府和州政府联合推出名为"Aadhaar"的多用途身份证卡，并将以此为基础建立现金交换系统。通过"Aadhaar"，可对贫困线以下的居民直接分发补贴，让民众直接受益，设计过程的一大亮点就是充分覆盖边缘人群。政府成立了独特身份证委员会制定并实施相关机制、技术和法律框架。中央政府对该项目提供预算支持，媒体也积极推广，强调了该项目的优势，帮助提高普及率。截至2013年3月，印度共发放3.16亿张身份证卡。

### 2. 尼泊尔

尼泊尔农业部门积极引导电台、网络、移动通讯等媒体和企业参与农业信息化体系建设，及时发布农业政策、技术信息、市场行情、气象、灾害预警等信息资讯。农业部门相关负责人说，信息发布平台和服务热线有效解决了生产种植中的难题，促进了农业增产，提高了农民收入。

### 3. 越南

越南将在未来开发一套完整的政府财政管理信息系统（GFMIS）。越南财政部指出，政府财政管理信息系统是个具有战略意义的管理系统，该系统能够通过向政府部门提供准确、及时的财政信息，确保政府透明度与问责制目标的实现。政府财政管理信息系统由众多核心管理信息解决方案构成，它既包括财政与预算管理信息系统，也包括国家会计系统与公共资产管理系统。

越南安江省智慧城市——西后江新都市区项目正式启动，该项目的用地面积为51公顷，总投资约9900亿越盾，包括高级小区、别墅、购物中心与娱乐场所等。这是拥有许多高级服务项目的多功能都市区，有助于安江省龙川市城市发展规划，西后江新都市区项目计划于2017年完工。

### 4. 泰国

泰国交通部陆上运输厅开通了货运信息中心网络系统。该系统对货运业者完全免费开放。货运公司可以及时登记发往各地货车的情况以及空车情况，同时也可以在该网站上寻找需要货运服务的信息，并在网上直接向需求者报价。需要服务的民众也可以登录网站在线查找并联系全国货运公司及了解空车情况或发布货运需求信息，以便货运业者查询。另外，民众还可以在网上查找获得陆上运输厅质量认证的货运公司的服务信息，因为获得运输厅认证的公司在安全、质量方面更有保障。为了配合这一系统的运作，运输厅还整合各地的货运线路信息，规划货车路线，并提供便利服务点，提升民众寻找货车的速度。

泰国电子商务发展迅猛。电商市值 7440 亿泰铢，主要由三大块组成，其中 B2B 电商占比 79.8%，B2C 电商占 19.3%，B2G（企业对政府）则为 1%。预计 2014 年起通过移动设备进行网购的约占 50%，而在 2013 年仅为 16%。

### 5. 马来西亚

马来西亚移民局正计划启用"电子签证"，以辨别签证真伪，并监控持有签证的外国人不会超时滞留在马来西亚。所谓"电子签证"，就是将无线射频识别技术应用到签证中。这种签证能使当局对持有签证的外国人进行定位追踪，确保他们不会在签证过期后还滞留在马境内。而这种签证还能让当局更容易地辨别签证的真伪。

### 6. 印度尼西亚

印度尼西亚万隆市全市已有 55 个社区服务网站，政府计划明年新增设 150 个，内容涵盖身份证办理、商业申请审批、交通监管、自然灾害监测等众多领域。万隆市"智能城市"现在处于全面开展的阶段。建成后的"智能城市"将为政府部门工作和全体万隆市民带来诸多方便，其中两大好处是：一、政府可以通过网站来监控各职能部门和机构的工作运营情况。二、市民可以通过现代交通通讯设施及时了解与生活工作有关的各种信息，包括交通状况、医院就诊、营业准证申请、社会服务信息等。

### 7. 新加坡

一项调查显示，新加坡公民对目前电子政务的满意度为 96%，企业的满意度为 93%。日本早稻田大学 2014 年的一项电子政务调查指出，新加坡近 98% 的公共服务已经同时通过在线方式提供，其中大部分都是民众需要办理的事务。如果居民想申请个人所得税减免这类的业务，不需要跑到税务部门，通过网络就能搞定。在国家图书馆的网站上，直接通过政府提供的账号登录后，就能查询、复制或下载想要的各种信息资源。

新加坡智慧社区建设也很成功。社区的居民在小区发现有公共设施需要维修，或者在任何一个角落看到垃圾未及时清扫，都可以随手拍照片并附上简单说明，然后通过专门的社区管理手机客户端或电子邮箱等方式发给责任部门，最多一两天，问题就会得到妥善解决。

"智能城市2015"计划实施中，物联网传感器的应用已经非常广泛，大大丰富了各种数据的收集。比如，汽车上有传感器，开车经过某条公路发现路面损坏，可以自动发送，也可以非常方便地通过手机定位等电子方式进行报修处理。在樟宜机场内每个洗手间都有二维码，旅客如果发现有设施需要维修以及有卫生问题，都可通过扫描二维码对该洗手间进行定位，帮助快速解决问题。

新加坡将于2017年推出全国性3D综合地图，以方便居民、企业、政府机构和学者利用这个平台查询建筑物内部设施和实时路况，并用于模拟测试等。

# 附录五：中亚、西亚国家信息化基本状况概述

## 一、战略规划

### 俄罗斯

2002 年 1 月，俄政府正式出台了《2002—2010 年俄罗斯信息化建设目标纲要》，目标是通过切实提高信息化过程的效果为向信息化社会过度创造工业技术、社会政治、经济文化基础和条件，纲要的制定标志着俄罗斯大规模信息化建设正式开始。俄罗斯国家卫星通信系统发展规划正在按计划执行。规划的一项主要内容就是至 2005 年部署 9 颗"特别快车"系列通信卫星。

信息立法在俄联邦立法中占有重要位置。1991—1995 年 6 月，俄罗斯共颁布 498 项规范法令，其中 75 项法令讲的是信息立法问题。另外 421 项规范法令反映与信息立法有关的问题，其中最重要的就是 1995 年 2 月通过和生效的《关于信息、信息化和信息安全联邦法》。1997 年，出台《俄罗斯联邦刑法典》，专门增加计算机信息领域犯罪的处罚规定。此外，相关信息法规还有《大众信息手段法》《关于信息、信息化和信息保护法》《通信法》《国家支持俄罗斯联邦大众信息手段和图书出版事业法》《著作权和相关权利法》《电子计算机和数据库程序法律保护法》《国际信息化交流参与法》《电子数字签名法》总统令《关于完善国家在大众传媒及通讯工具领域中的管理》以及《关于国家审查与注册数据库及数据仓库》《关于 2002—2010 年电子化俄罗斯联邦专项纲要》《发展统一的教育信息化环境（2001—2005）》《俄罗斯联邦信息化安全学说》《2002—2004 年信息化建设标准纲要》等。

2010 年，《信息社会（2011—2020）》国家规划出台。2011 年，该规划

正式取代实施多年的《电子俄罗斯》规划。联邦预算为《信息社会（2011—2020）》规划的实施每年拨出1231亿卢布。规划任务通过六个子规划来体现，分别为：《信息社会居民生活质量和商业发展水平》《电子政务和国家管理的效力》《俄罗斯信息和通讯技术市场》《信息社会基础设施》《信息社会安全》《数字转换和文化遗产》。

2013年11月1日，《2014—2020年信息技术产业发展战略及2025年远景规划》获批，战略规划中具体列出了人才储备和培养、信息技术应用与普及、增加IT研发投入、培育信息技术大型企业、扩大高技术出口、支持中小企业、保障信息安全等信息技术产业发展的13个方向。

2013年底，由俄通讯与大众传媒部编制的《2018年前信息技术产业发展规划》获批，提出了重点实施信息技术领域的研究和开发、发展和改善IT基础设施、系统培训IT程序员、减少人才流失和将享受社会保险缴纳优惠（14%）的IT企业员工数量门槛从30人降低到7人等几个关注点。

2014年1月，俄总理梅德韦杰夫确定了一项由教育科学部起草的《2030年前科技发展前景预测》。其中，信息通讯技术为优先发展方向，其次为生物科技、医药和健康、新材料和纳米技术、自然环境合理使用、运输和空间系统，能源效率和节能。根据文件，2020年前，科学技术开发费用支出在GDP中的比重将由目前的1.2%增长到3%。

### 哈萨克斯坦

2013年，《信息化哈萨克斯坦—2020》国家计划获批，旨在创造条件确保哈国步入信息化社会。主要任务有：确保国家管理高效，有效使用信息交通基础设施，为经济、社会和文化发展建立良好的信息环境，以及促进国内信息空间的发展。该计划要求到2017年各种电子车船票要占所售总数的40%，2020年达到100%；2017年要将哈国电视频道的播放扩大到100个国家，2020达到110个国家；计算机知识普及率2020年达到80%；到2020年要保证卫星广播电视覆盖哈国全境等。

### 乌兹别克斯坦

2011年底，乌总统签署"关于进一步实施和发展现代化信息通讯技术"的决议，确定了2012—2014年国家信息通讯领域发展规划。规划目标为分阶段在政府机构、企业和个人信息体系基础上整合国家信息系统；建立政府部门的自动化信息体系以提高工作效率和质量；扩大并改善网上政府服务、为政府机构、企业和公民包括农村地区提供广泛信息资源；根据信息资源、技术、体系包括信息安全系统发展现状改善信息通讯监管技术。

2014年底，2014—2015年基于Wi-Fi技术的宽带互联网发展规划正式实施，目标是在国内每个地区，包括机场、火车站、热点景区、公园、贸易中心等在内的公共场实现基于Wi-Fi技术的宽带无线互联网接入。

2015年2月4日，成立乌兹别克斯坦信息技术和通讯发展部，目的是进一步完善国家管理体系，加快引进现代化信息和通讯技术、"电子政府"系统以及国家经济领域信息系统，对电信基础设施和数据交换网进行现代化改造。

### 塔吉克斯坦

2004年，制订了《塔吉克斯坦信息技术的发展和应用》的战略纲要，目标是创造条件有效提高经济、国家和社会管理，以及全民使用信息技术，加快发展和建设塔现代化通信基础设施，促进计算机化的发展，培养高技术人才，完善法律和保障国家信息安全。成立总统直属的信息技术处，批准国家信息化发展战略，吸引国内外投资发展信息技术，扩大因特网使用范围。

2013年，"国家信息业发展战略计划"获批，内容包括：制订在社会、经济和文化等领域广泛使用先进的信息技术和计算机技术的措施和办法，增强居民的信息化建设意识，调动并引导居民熟悉并掌握有关信息和资料，为尽快在信息化方面同世界接轨创造条件。制订信息化建设的阶段性发展计划，并设立专门机构负责该项战略的实施。

### 土库曼斯坦

2014年12月29日，出台《土库曼斯坦互联网发展和互联网服务法》，保障境内用户自由登录互联网，明确在互联网上发布信息或传递信息的法律制度，防止在互联网犯罪等。

### 格鲁吉亚

2013年，格政府在奥地利研究机构协助下专门制订了信息通讯领域的"格鲁吉亚2014—2018年E-Georgia战略"，指出当前格鲁吉亚信息通讯领域发展现状、方向及目标等。

2014年初，格新政府发布"格鲁吉亚2020经济社会发展规划"，将提高国内科技水平和创新能力作为重要发展方向之一，尤其注重广泛运用信息通讯技术，

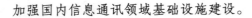

加强国内信息通讯领域基础设施建设。

**沙特阿拉伯**

沙特通讯与信息技术部联合财政部及通讯和信息技术委员会共同制定了国家电子政务项目——Yesser，主要目标是提高公有部门生产率和效率、为企业和个人提供优质便捷的服务、提高投资回报率、及时准确地提供所需信息。专门成立的战略管理办公室，负责跟踪并汇报项目实际进展。

此外，沙特还制定了《全国电子政务行动方案（2012—2016）》，旨在建立可持续的电子政务队伍、改善民众与政府互动的体验、培养合作创新文化和提高政府效率。

**也门**

2003年，也门政府曾计划投资6000万美元实施电子政务项目，以电子方式提供民用服务，但由于种种原因而夭折。2012年政府重新启动该项目，拟于2014—2015年开始实施。

**阿联酋**

2001年，内阁办公室委托财政和工业部制定数字政府战略规划，并于当年着手实施。2012年2月，内阁批准数字政府战略，该战略框架意在推动《阿联酋愿景2021》《阿联酋政府战略2011—2013》《阿联酋联邦数字政府计划2014》和《ICT产业发展》。

2012年，阿电信管理局发布了该国的《2012—2014联邦电子政务计划》。为消除部委间协作不畅的现象，该国计划创建一个联邦级的电子政务推动工作组，工作组成员将涵盖阿联酋所有联邦级部委和机构。阿联酋电信管理局为该计划拨款1.50亿迪拉姆（约合2.59亿元人民币）。据称，下阶段计划是将政务服务转移到除传统办事渠道外的多个平台上，包括互联网、固话、手机、信息亭等。

## 二、基础设施

**俄罗斯**

《2002—2010年俄罗斯信息化建设目标纲要》指出，俄罗斯信息基础设施建设的具体内容有1.制定国际与国内长途电话业务反垄断原则，建立公平竞争的环境；2.建设俄语因特网，强调建立符合俄罗斯历史文化传统精神内容的信息服务环境；3.俄罗斯通信和信息化部对本国通信设备整机制造商进口配件减免关税和缓征增值税，关税将从25％降低到5％—10％；4.税务部也正在研究将进口配件的增值税推迟到生产出成品后再缴纳；5.大规模发展家庭计算机；6.建立并发展电子商务系统；7.建立居民和各级国家权力机关相互作用的信息支持系统，切实改善国家信息资源的传播和利用。

2011年，俄通讯服务收入实现14250亿卢布，年同比增长5.1%。其中，邮政通讯收入实现1100亿卢布，年同比增长15.7%，移动通讯收入实现6290亿卢布，年同比增长6%，广播电视通讯服务实现547亿卢布，年同比增长15.7%，入网及流量收入实现1960亿卢布，年同比增长5.2%，市话、国内和国际长途通讯服务收入年同比下降14.4%，达到930亿卢布。2012年，通讯领域总收入实现3680亿卢布。其中，邮政通讯收入实现270亿卢布，移动通讯收入实现1590亿卢布。

截至2013年底，俄移动互联网用户普及率达到63%，移动通信的活跃用户有9000万人，与2012年相比增长了16%。4G普及率1.4%。每千人拥有电话线路数量为477.58线，每百万人安全互联网服务器数量为26.09台。2014年4月，俄罗斯50多个地区共有超过200万个LTE网络连接。莫斯科固定宽带接入普及率达88.6%，约有390万固定宽带用户。

2013年，俄IT基础设施市场增长动力主要来自政府机构。超大型IT基础设施建设项目主要包括奥林匹克运动会基础设施建设、地理信息系统和住宅信息系统建设以及统一国家卫生信息系统建设。与此同时，细分市场出现了全新的领域，即智能基础设施建设综合项目。

### 哈萨克斯坦

2010年，哈国电信公司的电话网覆盖率为每100人拥有23.16部。其中，城市每100人拥有30.72部，农村14.08部。截至2011年1月1日，哈国电信网拥有5144个交换站。其中，3002个为自动电话交换站，1584个为信息综合接人机房，540个为移动电话基站。哈国电信公司已安装的宽带接入设备端口为93.8万个，正在使用的有77.6万个，拥有宽带用户175.6838万人，并推出了iD-iD Net品牌高速入网服务，其内网接入速度每秒可达100兆，外网接入速度达每秒2兆。iD-iD Net服务已经覆盖阿斯塔纳市、阿拉木图市、塔拉兹市、巴甫洛达尔市、阿克托别市、希姆肯特市、阿特劳州、卡拉干达州和阿克套市。截止到2013年底，哈国每百万人安全互联网服务器数量7.39台，每千人所拥有的

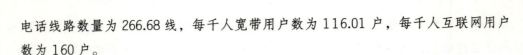

电话线路数量为 266.68 线，每千人宽带用户数为 116.01 户，每千人互联网用户数为 160 户。

### 吉尔吉斯斯坦

与中亚其他国家相比，吉通讯业发展速度、规模和总体状况均处于相对先进水平，在国民经济中占有相当重要的位置。仅以 2009 年为例，吉通讯业在 GDP 中所占比重约 10%，为 4.3 亿美元，同比增长 13.8%。据吉官方统计，截止 2010 年 4 月，吉有线电话用户为 50 万；移动电话用户 446 万，渗透率高达 83.2%；因特网用户 220 万，为国家人口总数的 40%（吉人口 536 万）。

到 2010 年 4 月，从事通讯业务的国内外运营商共计 260 家，经营范围包括固网、移动、声音传输、因特网、卫星电视、有线电视等通讯业务。其中，有 8 家电信公司拥有移动电话经营许可证，7 家公司已经开始从事移动通讯业务；拥有固网运营许可证的运营商有 50 家，其中，13 家正在提供服务，其余固网运营商尚处于起步阶段。截止到 2013 年底，吉每百万人安全互联网服务器数量 5.42 台，每千人所拥有的电话线路数量为 83.15 线，每千人宽带用户数为 9.62 户，每千人互联网用户数为 234 户。

### 乌兹别克斯坦

到 2013 年底，乌每百万人安全互联网服务器数量 0.79 台，每千人所拥有的电话线路数量为 69.12 线，每千人宽带用户数为 10.59 户，每千人互联网用户数为 382 户。

### 塔吉克斯坦

截止到 2013 年 1 月 1 日，塔国内提供互联网服务的公司约有 20 家，包括移动互联网用户在内，互联网用户的数量为 380 万人，半年来增长了近 3%。截至 7 月 1 日，手机用户的总数量已超过 990 万人，每百人拥有 65 部手机。现有 6 家移动通信服务的运营商。固定电话装机数量约为 40 万部，每百人拥有约 5 部固定电话。2014 年 4 月，塔吉克 Tcell 公司开始提供 4G 服务。

### 土库曼斯坦

国有移动运营商 TM Cell 的通信网络信号几乎已覆盖全国，移动用户已超过 260 万。通信网络广泛采用华为、诺基亚—西门子的设备，可向全部用户提供连接因特网、数据传输、音频和视频通话等业务。

**伊朗**

伊朗移动通讯使用 GSM 制式,最大移动通讯网络服务商是 TCI、MCCI 及 IRAN CELL,其网络覆盖率超过 70%。截止到 2013 年底,伊朗每百万人安全互联网服务器数量 1.27 台,每千人所拥有的电话线路数量为 383.84 线,每千人宽带用户数为 56.18 户,每千人互联网用户数为 314 户。

**伊拉克**

截止到 2013 年底,伊每百万人安全互联网服务器数量 0.27 台,每千人所拥有的电话线路数量为 56.27 线,每千人互联网用户数为 92 户。

**格鲁吉亚**

格鲁吉亚国内手机普及率已达 95%,其中 60% 仍为功能机,仅具语音通信业务,自 2012 年起,智能手机使用量年均增长率超过 100%。智能机的使用主要集中在首都第比利斯、库塔伊西及巴统等大城市。

至 2013 年底,2G 网络用户比例最大,为 59%,2G/3G 用户比例为 30%,3G 占 11%,EVDO 用户仅几百户。56 岁以上人群中,只有 3% 的人保持每周使用一次移动网络,而 58% 的人从未接触过网络。

固定网络领域,2013 年底,固网用户 43.5 万,其中仅首都第比利斯用户达 27.3 万。地区发展不平衡现象尚未得到有效缓解,50% 用户集中在第比利斯,15% 集中在库塔伊西和巴统,剩下的用户分布在小城市和乡村。

格光纤网络已得到一定程度普及,但发展很不均衡。截至 2013 年 10 月底,格光纤用户 22.1 万(占总用户近 51%),ADSL 用户 21.3 万(占比近 49%)。首都第比利斯城区光纤网络发展较快,目前光纤到户的比例超过 70%,首都之外区域光纤网络发展滞后,基本都为 ADSL 网络,尚未使用光纤技术。

**亚美尼亚**

截至 2010 年 11 月,亚国内固线和移动网络运营商 Armen Tel 电信公司所布置的 Hi Line 网络成功升级,升级后 2048 户宽带网络用户所使用的网络速率将从 512Kbps 翻倍至 1024Kbps。其推出的 ADSL 网络业务已经覆盖全国 38 座城市。截止到 2013 年底,亚美尼亚每百万人安全互联网服务器数量 40.31 台,每千人所拥有的电话线路数量为 194.33 线,每千人宽带用户数为 78.76 户,每千人互联网用户数为 463 户。

**阿塞拜疆**

阿塞拜疆采用的是 3G 移动通信标准，国内每 100 人有 110 个移动用户、73 个互联网用户、55 个宽带互联网用户、62 个计算机用户，移动用户比率比世界平均水平高 14.3%。该国近 5 年在移动通信领域的收入增长了 30%。国内网络普及率达到 65%，即全国人口中有 60% 以上的因特网用户，每百人中就有 30 个网络宽带用户。网络市场发展迅速，除固话线路 ADSL 连接外，还发展了 Wi-Fi、iBurus 和 WiMAX 和 3G 手机联网等，网络使用资费下降了 30%—50%。截止到 2013 年底，阿每百万人安全互联网服务器数量 8.5 台，每千人所拥有的电话线路数量为 186.74 线，每千人宽带用户数为 170.33 户，每千人互联网用户数为 587 户。

**土耳其**

2013 年第三季度，土耳其宽带互联网用户数量已达 3370 万，与 2008 年 600 万相比增加 4 倍多。移动用户 6890 万，增长 2.6%。其中，3G 移动用户增长 17%。固定用户下降 2.8%，为 1390 万。前三季度，固话和移动通讯净营业收入 63 亿里拉（约合 31.5 亿美元），网络净营业收入 16 亿里拉，通讯领域投资 9.06 亿里拉，网络投资 3.59 亿里拉。截止到 2013 年底，土耳其每百万人安全互联网服务器数量 50.43 台，每千人所拥有的电话线路数量为 180.85 线，每千人宽带用户数为 111.87 户，每千人互联网用户数为 462.5 户。

**叙利亚**

2009 年，叙利亚的固定电话端口为 550 万条，用户为 390 万，缺口在 250 万条上下，升级现有设备需要大概 10 亿美元。而到 2010 年底，叙移动用户总量为 1100 万用户，移动宽带用户为 9 万。截止到 2013 年底，叙利亚每百万人安全互联网服务器数量 0.44 台，每千人所拥有的电话线路数量为 202.25 线，每千人宽带用户数为 15.81 户，每千人互联网用户数为 262 户。

**约旦**

约旦政府信息和通信技术部（MoICT）已成立一个专门委员会着手评估南部卡拉克、塔菲拉和马安各行政区划作为国家宽带网络项目的一部分标书资金和技术方案，预计将很快公布中标者。

2011 年，海合会国家沙特阿拉伯、卡塔尔、阿联酋和科威特承诺 5 年为期，援助约旦 50 亿美元，约旦政府早前已宣布从中拨付 1.27 亿美元用于国家宽带网络建设。约旦国家宽带项目始建于 2003 年，已完成项目的 35％，迄今为止总投资 3600 万美元。因资金缺乏，项目在过去几年中数度停滞。截止到 2013 年底，约旦每百万人安全互联网服务器数量 26.94 台，每千人所拥有的电话线路数量为 52.02 线，每千人宽带用户数为 28.26 户，每千人互联网用户数为 442 户。

### 以色列

截止到 2013 年底，以每百万人安全互联网服务器数量 270.37 台，每千人所拥有的额电话线路数量为 448.07 线，每千人宽带用户数为 256.69 户，每千人互联网用户数为 708 户。

### 沙特阿拉伯

沙特阿拉伯的信息与通信技术产业在阿拉伯世界处于领先地位。2012 年底，沙特阿拉伯手机用户为 5300 万，普及率高达 181.6％。而且，智能手机的比例占到全部手机的 54.6%。截止到 2013 年底，沙特每百万人安全互联网服务器数量 34.24 台，每千人所拥有的额电话线路数量为 163.66 线，每千人宽带用户数为 73.25 户，每千人互联网用户数为 605 户。

### 巴林

截止到 2013 年底，巴林每百万人安全互联网服务器数量 141.87 台，每千人所拥有的电话线路数量为 217.8 线，每千人宽带用户数为 131.55 户，每千人互联网用户数为 900 户。

### 卡塔尔

2013 年 4 月，卡塔尔首都多哈和沿海地方的旅游区正式推出了首张 LTE 网络，该网络使用的是 800MHz 和 2600MHz 频段频谱，最初的服务仅能通过数据 dongle 和移动热点接入。

截止到 2013 年底，卡塔尔每百万人安全互联网服务器数量 161.85 台，每千人所拥有的额电话线路数量为 190.25 线，每千人宽带用户数为 99.36 户，每千人互联网用户数为 853 户。

### 也门

截止到 2013 年底，也门每百万人安全互联网服务器数量 0.66 台，每千人所拥有的电话线路数量为 46.83 线，每千人宽带用户数为 10.52 户，每千人互联网用户数为 200 户。

### 阿曼

阿曼电信公司（Omantel）于2012年在其网络上投资8400万阿曼里亚尔（约合2.18亿美元），部分投资将用于LTE网络升级，该运营商目前已授予几家基础设施供应商标书。截止到2013年底，阿曼每百万人安全互联网服务器数量62.77台，每千人所拥有的额电话线路数量为96.74线，每千人宽带用户数为26.22户，每千人互联网用户数为664.5户。

### 科威特

2012年11月21日，Zain在科威特全国范围内推出了"Wiyana Connect LTE"套餐计划，并携手华为发布丰富的LTE智能终端，包括智能手机、平板电脑、路由器、热点MiFi和数据卡等。用户可以在现有的GSM/UMTS网络及新建的LTE网络上随时随地享受到无缝的业务体验，例如视频会议、实景导航、高清视频点播、高速视频下载和社交网络，以及未来的移动互联网应用。截止到2013年底，科威特每百万人安全互联网服务器数量184.94台，每千人所拥有的电话线路数量为150.81线，每千人宽带用户数为13.95户，每千人互联网用户数为754.6户。

### 黎巴嫩

2012年，黎每百名居民中有9.71位固定宽带用户，互联网普及率中列全球第85位。截至2013年底，黎巴嫩每百万人安全互联网服务器数量42.98台，每千人所拥有的电话线路数量为180.42线，每千人宽带用户数为99.54户，每千人互联网用户数为705户，固定宽带普及率在全球199个国家和地区中列第88位、19个阿拉伯国家列第3位。

### 塞浦路斯

塞浦路斯2009年固定电话普及率44%，超过欧盟平均水平1.3个百分点，移动电话普及率136%，超过欧盟平均水平6.8个百分点，宽带网用户占总人口的22.2%，略低于欧盟22.9%的平均水平。截止到2013年底，塞浦路斯每百万人安全互联网服务器数量621.29台，每千人所拥有的额电话线路数量为305.92线，每千人宽带用户数为199.13户，每千人互联网用户数为654.55户。

## 三、技术应用

### 俄罗斯

信息终端机是一台能够允许俄罗斯公民登录到国家服务平台但并不能够接入

互联网的设备。通过信息终端机，俄公民可以获取政府提供服务的相关信息，可以使用支付功能，包括缴纳国家汽车检验局的罚款和住房公共基金。信息终端机允许个人登录国家服务平台，并能够保存个人登录和支付的历史信息。

信息终端机装有扫描和复印设备，确保将文件复印件发送至政府机关，并按个人需要打印出各种分类表、账单、证明文件和空白表。可以打印支付收据，访问俄罗斯中央银行，还能受理现金和银行卡两种支付方式。如果公民在操作过程中遇到了问题，可以拨打俄电信公司的呼叫中心，并通过 24 小时全程服务的远程视频获取必要的咨询。

目前，政府计划在莫斯科安装约 20 台信息终端机，该设备在未来将主要安装在接入互联网比较困难的地区，在 2014 年底前，计划在全俄安装 500 多台。

### 哈萨克斯坦

哈交通通讯部积极计划实施电子政府项目，截至 2012 年，60% 的社会服务已通过电子方式成功开展。通过电子方式发放的许可证，将逐步扩大到其他许可文件上，其中 80% 将通过在线模式发放。

到 2012 年底，共计对 249 个居民服务中心进行了现代化改造，推行了无障碍服务，优化若干商业手续办理过程，建立了统一电子排序。根据国家服务自动化监督和居民服务中心活动协调委员会信息，居民服务中心提供居民 1000 多万次服务，其中主要是公民证明文件和注册领域服务，不动产权证明和（无）犯罪记录证明。

### 吉尔吉斯斯坦

2013 年初，吉总统阿塔姆巴耶夫签署关于《外国居民法》的补充法案。该法案称，为了推动签证制度的自由化，吉国将采用电子签证，即向外国公民和无国籍人士通过包括互联网等方式提供电子形式签证，凭借该签证将被允许入境吉尔吉斯、居留、出境和过境。关于电子签证的办理和颁发规则将由吉尔吉斯政府具体制定。

### 乌兹别克斯坦

为提高吸引外资的效率，根据联合国开发计划署的项目，乌外经贸部已建立投资项目登记和管理统一电子系统。该系统将有助于加快和简化项目提出者与外经贸部、经济部、财政部等国家行政管理部门间的协商和审批过程，被批准的项目将自动进入乌投资信息网，网址：www.uzinfoinvest.uz，以方便潜在的投资者获取相关信息。

### 塔吉克斯坦

2013年，塔工商会签订了合作搭建电子交易平台的协议。该平台是欧亚统一电子商务平台项目的塔吉克斯坦分项目。搭建平台的目的是为塔国企业与其他国家和地区的企业之间沿欧洲—俄罗斯—亚洲—中国方向发展经贸联系建设基础设施。

塔国经营者在通过电子商务平台无论是在中亚还是在俄罗斯、乌克兰、中国及其他国家购买商品、销售自己的产品和寻找合作伙伴时，不需要支付额外费用。

电子商务平台的搭建将使塔国企业与俄罗斯、独联体国家及其他许多国家的买家和卖家建立起联系，同时也将使电子交易在塔国国内市场得到推广和发展。

### 格鲁吉亚

为进一步简化格进出口清关手续，增加贸易成交额、加强格运输走廊作用，格财政部税收局、司法部数据中心、美国国际开发署（USAID）等将联合筹建电子贸易平台。该项目由USAID资助，司法部数据中心将对该系统进行技术管理。电子贸易平台将为企业提供一站式服务并节约大量时间。

在国内广播公司的要求和国际组织的参与下，格将从2015年6月开启数字广播电视技术新时代。数字电视及广播技术的普及有助于格媒体的多元化，还对言论自由以及电视产业的发展起到重要促进作用。届时，经济部将组建数字广播局监督这一信息改革的开展，政府将对困难家庭免费提供机顶盒。

### 亚美尼亚

亚美尼亚YEREVAN水力发电项目民营水电站，利用DCS控制系统实现了自动控制"零"的突破。目前，该水电站已经顺利发电且并网运行。公司DCS控制系统主要用于该水电站的外网监控、母线及变压设备监控、高压开关柜监控、发电机调速器励磁柜的监控及保护。投入运行后，改变了YEREVAN水力发电项目民营电站技术落后、管理混乱的状况，保障了发电机和高压线路的安全，实现了增减功等发电机主要参数调节的远程化、自动化，大大减少了人工操作，提升了工作效率。

### 阿塞拜疆

2008 年，阿政府正式提出"跨欧亚信息高速公路"（TASIM）。根据规划，该条光纤信息高速公路从法兰克福穿越西欧、东亚到达中国香港地区，可能跨越德国、波兰、土耳其、格鲁吉亚，经过阿塞拜疆进入哈萨克斯坦、俄罗斯、乌克兰和中国等多国，全长 11000 公里，初始带宽 2Tbit/s。经过 5 年的讨论和规划，阿塞拜疆、中国、俄罗斯、土耳其以及哈萨克斯坦五国电信运营商以及其他参与方于 2013 年 12 月签署了《谅解备忘录》，更加明确了实施方案。中国电信以及阿赛电信（Azertelecom）、哈萨克电信（Kaztrancom）、俄罗斯电信（Rostelecom）以及土耳其电信（Turk Telecom）五大国家电信运营商组成 TASIM 联盟进行具体项目运作。

### 土耳其

2012 年，由土耳其铁路总局（TCDD）、土耳其科学技术委员会（TUBITAK）和伊斯坦布尔科技大学（ITU）联合研制的全国铁路信号系统取得成功。该研究耗资 460 万里拉，始于 2009 年土耳其第十次交通委员会。该系统经试运行之后，在爱琴海地区 338 公里长铁路线 21 个车站铺设，整个铺设将耗资 6500 万里拉，这将比由外国公司承包建设所花 1.65 亿里拉低许多。政府拟将此信号系统应用在全国 6100 公里尚没有信号系统的铁路线上，节省资金 20 亿里拉。

### 约旦

2008 年，约旦信息和通信技术部 MOICT 推出了一项新业务，用户可使用移动信息查询政策业务和公共机构的相关信息。公共媒介也会给居民发送一般性的信息，特殊目的 SMS。例如：通知居民税收情况。居民可发送信息到 94444，查询某些信息。使用该系统查询信息，居民需支付 0.10JD（当地货币），公共信息则是免费的。该项目的参与机构包括：车辆和驾驶者许可证部、民事服务局、阿曼市政府、收入和销售税部、约旦海关、住房和城市发展总局、约旦标准和计量机构。未来，将会有更多的机构和组织加入这一行列。所有的移动电话提供者也正在考虑加入政府的这一计划。

### 沙特阿拉伯

沙特政府创建了全国电子政府门户网——SAUDI，通过该网站沙特公民、居留者、企业家和游客可自由选择沙特政府和相关机构提供的 1400 种不同级别的电子服务。SAUDI 拥有用户开放数据、数字包容和数字参与等特色和手机、全天候呼叫中心等多个数字渠道。门户网还是沙特政府的公共关系工具，发布全国各地的新闻和活动。门户网 7×24 小时均可访问，每月最大访问量达 1360 万。SAUDI 门户网在 2013 年世界峰会奖全球大会电子政府和开放数据组中获奖。

2004 年 10 月，沙特货币机构正式推出 SADAD 支付系统——全国电子账单呈递与支付服务（EBPP）平台。通过平台全天候的服务，公民可以通过沙特银行轻松地在线支付公共事业账单。SADAD 为每项交易提供了审计追踪系统及数据报表，帮助减少欺诈现象的发生。SADAD 获 2009 年联合国公共服务奖。

### 也门

伴随着全球电子化的发展，也门在二十个世纪八十年代即开始普及计算机基础教育。据也门国家数据中心数据，目前 80% 以上的国家机构已实现电脑化，从事 IT 行业的大约有 2.5 万人，网民约占人口的 15%。也门政府始终坚持公务员 IT 知识的培训，开展公务员"数字"扫盲工作，使公务员能够熟练掌握计算机与网络的使用，更有效地完成行政、财务等诸多方面的工作。

自 2009 年以来，也门各部门相继与国际互联网连接，开通了网站，但这些"电子门户"尚缺乏交互功能，公民要想获得官方信息，还得通过个人申请，然后获得纸制资料。

### 阿曼

自 2009 年 9 月起，阿曼公民已开始激活其电子身份证中的电子钱包（ePurse）应用功能。让持卡人在部署完成后再激活卡片上的这项应用程序。马斯喀特银行作为"电子钱包"的发卡行，启动并实施了这个项目。今后，阿曼信息技术管理局（Information Technology Authority）将自行为电子钱包系统提供主机，并将该应用程序推广到阿曼各家银行。

阿曼公民和居民能够享受电子钱包的便利，而且无需更新电子身份证。对于阿曼政府来说，这套灵活的解决方案可以节省大量成本。用户可以使用电子钱包进行交易，支付行政管理费，尤其是出生证、结婚证、汽车登记、驾照和签证申请费用。还可用电子钱包为手机预付费账户充值，在许多大型超市购物。今后，电子钱包应用程序还将支持公共停车场和收费卡门的缴费。

**阿联酋**

阿政府努力拓展沟通渠道，开通了"阿联酋联邦反馈门户"——My Gov，为公民提供与政府部门沟通的全方位平台。门户网完整的管理框架能够及时有效地处理公民的反馈，再利用反馈信息拓展联邦政府服务范围，提高服务质量，提升公民满意度，满足《愿景2021》中把阿联酋打造为世界最好国家之一的要求。My Gov提高了政府以及决策的透明度和责任感，通过鼓励公众参与政治话题，提高了公民参与程度。

联邦车辆门户网——Markabati是阿联酋内政部新近启动的项目。该网站将公众与相关公有和私有部门连接起来，为交通服务、政府机构、海关和保险服务、车辆维修店、配件信息、报告管理系统、电子支付门户和租车公司提供统一入口。公众可在Markabati网站买卖车辆、申请驾照、购买车险、实施车检和续租车辆。

2014年，阿联酋杜电信运营商DU推出针对企业的"可穿戴服务"解决方案——skylight，是DU电信和APX实验室之间的合作项目，利用可穿戴眼镜来增加工作场所的生产力、安全和效率，尤其是在如物流、石油天然气和工程等复杂的行业。

**科威特**

向科威特居民提供国民身份证，是科威特公民信息管理局实施的政务计划的一部分。该电子多功能身份证，内嵌接触和非接触式智能卡技术，为外国居民提供具有高安全性印刷特征的塑料身份证。公民身份证发放工作已于2009年6月启动。身份证中内置的金雅拓非接触式技术提高了边境身份查验的速度、便捷性和安全性。利用卡片的接触功能，持卡人将能够以简单、安全的方式使用电子政务服务，并进行交易。外国居民将可以把他们的卡片用作科威特全境有效的身份证件。到第二阶段，此卡将升级为微处理器卡。

# 后 记

当前，新一轮科技革命和产业变革正在兴起，以网络空间、信息经济、工业互联网、智能制造、MOOC、在线政府、网络化社会监管为主要特征的信息网络社会愈发智慧化。信息化对于各国和地区未来的产业格局调整、经济持续发展、竞争力提升的影响越来越大，更多的国家和地区会从战略高度推动信息化发展。为摸清全球范围内信息化发展现状，帮助政府部门准确把握信息化发展的趋势和规律，赛迪智库信息化研究中心组织专门团队，组织撰写了《2014—2015年世界信息化发展蓝皮书》。

全书共分二十七章。由樊会文担任主编，杨春立、潘文担任副主编，潘文负责全书编写框架的设计、组织和统稿。具体各章节的撰写人员为：综述篇、政策篇、热点篇、展望篇由潘文撰写，发展篇由王蕊撰写，领域篇由李妙妮撰写，附件由潘文、王蕊、李妙妮、鲁金萍、袁晓庆共同整理。其他参加本课题研究、数据调研及观点提炼的人员有：肖拥军、姚磊、王伟玲、许旭、赵争朝、汤敏贤、高婴劢、徐靖、曹江龙等。本书的出版还得到了软件科学处的大力支持，在此一并表示诚挚感谢。

本书的内容和观点虽然经过广泛而深入的讨论，在编写过程中也经过多次修改和提炼，但由于涉及领域宽、研究难度大，有些实践还待时间考验，加之编者的理论水平、眼界和视野所限，难免存在不少缺点和不足，敬请广大读者批评指正。

**研究，还是研究**
**才使我们见微知著**

| | | |
|---|---|---|
| 信息化研究中心 | 工业化研究中心 | 规划研究所 |
| 电子信息产业研究所 | 工业经济研究所 | 产业政策研究所 |
| 软件与信息服务业研究所 | 工业科技研究所 | 财经研究所 |
| 信息安全研究所 | 装备工业研究所 | 中小企业研究所 |
| 无线电管理研究所 | 消费品工业研究所 | 政策法规研究所 |
| 互联网研究所 | 原材料工业研究所 | 世界工业研究所 |
| 军民结合研究所 | 工业节能与环保研究所 | 工业安全生产研究所 |

编 辑 部：赛迪工业和信息化研究院
通讯地址：北京市海淀区万寿路27号电子大厦4层
邮政编码：100846
联 系 人：刘颖　董凯
联系电话：010-68200552 13701304215
　　　　　010-68207922 18701325686
传　　真：010-68200534
网　　址：www.ccidthinktank.com
电子邮件：liuying@ccidthinktank.com

# 思想，还是思想
## 才使我们与众不同

编 辑 部：赛迪工业和信息化研究院

通讯地址：北京市海淀区万寿路27号电子大厦4层

邮政编码：100846

联 系 人：刘颖　董凯

联系电话：010-68200552 13701304215
　　　　　010-68207922 18701325686

传　　真：010-68200534

网　　址：www.ccidthinktank.com

电子邮件：liuying@ccidthinktank.com